现代大学德育创新研究丛书

大众文化影响下大学生生命价值观教育研究

梅萍等 ◎ 著

张耀灿思想政治教育学术研究基金资助

教育部人文社会科学研究规划基金一般项目

『大众文化对大学生生命价值观的影响及教育策略研究』（13YJA710031）最终成果

中国社会科学出版社

图书在版编目（CIP）数据

大众文化影响下大学生生命价值观教育研究/梅萍等著. —北京：中国社会科学出版社，2016.9

ISBN 978 - 7 - 5161 - 9307 - 5

Ⅰ.①大…　Ⅱ.①梅…　Ⅲ.①大学生—思想政治教育—研究—中国　Ⅳ.①F641

中国版本图书馆 CIP 数据核字（2016）第 270794 号

出 版 人	赵剑英
出版策划	卢小生
责任编辑	谢欣露
责任校对	周晓东
责任印制	王　超

出　　版	中国社会科学出版社
社　　址	北京鼓楼西大街甲 158 号
邮　　编	100720
网　　址	http://www.csspw.cn
发 行 部	010 - 84083685
门 市 部	010 - 84029450
经　　销	新华书店及其他书店

印刷装订	三河市君旺印务有限公司
版　　次	2016 年 9 月第 1 版
印　　次	2016 年 9 月第 1 次印刷

开　　本	710×1000　1/16
印　　张	20.75
插　　页	2
字　　数	309 千字
定　　价	78.00 元

凡购买中国社会科学出版社图书，如有质量问题请与本社营销中心联系调换
电话：010 - 84083683
版权所有　侵权必究

总　序

　　大学德育是一个常研常新的领域。这是因为，大学是培养中国特色社会主义事业合格建设者和可靠接班人的摇篮，是为各行各业输送专门人才的阵地；学校教育必须坚持贯彻党和国家的教育方针，在德智体美诸育中坚持德育的主导地位，才能顺利完成立德树人的根本任务。随着国内外形势的发展变化，党和国家中心任务的与时俱进；随着大学生一届届毕业走向社会，一级级新生又入学，都必然要求大学德育适应新形势，研究新情况，解决新问题。为此，对大学德育理论和实践的研究，从来都受到学术界的高度关注。

　　新中国成立60多年来，大学为国家社会主义建设各条战线培养输送了大批人才，许多大学毕业生在实践磨炼中成长为各行各业的精英或各级各地的骨干。在社会主义高等教育发展史上，大学德育做出了应有的贡献，也积累了丰富的经验。认真总结大学德育的历史经验和新鲜经验，能促进我们更好地认识和掌握客观规律，不断地加强和改进工作，从而推进大学德育的实践创新和理论创新。

　　思想政治教育学是一门应用学科，在重点开展应用研究的同时，也要注意加强基础研究。大学德育就是对大学生开展的思想政治教育，即对大学生开展的思想教育、政治教育、道德教育和心理健康教育的总称。正是由于大学德育的突出地位，所以，在思想政治教育研究中长期受到重点关注。"现代大学德育创新研究丛书"专题开展新中国成立以来大学德育创新发展的研究，专题开展我国高等教育走向现代化过程中的大学德育面临的新课题研究，其中《新中国高校德育史论》、《现代大学德育创新论》、《现代大学德育方法论》侧重于德育基础理论研究，《大众文化影响下大学生生命价值观教育研究》、《文化多样化背景下大学生志愿服务育人功能研究》、《价值多元背景下大学生价值观引导研究》、《大学生生态德育新论》、《大学生道德认同与培育研究》、《非意识形态化思潮对社会主义核心价值体系的影响及其对策研究》等则侧重于应用研究。

本套丛书的各位作者长期在思想政治教育工作的第一线，坚持以马列主义、毛泽东思想和中国特色社会主义理论体系指导研究，特别注重以习近平总书记系列重要讲话精神指导新的实践和研究。习近平总书记高举中国特色社会主义伟大旗帜，在治国理政中提出了许多新理念、新思想、新战略，如"以人民为中心"、"敢于担当"、"创新、协调、绿色、开放、共享"的发展理念，"两个一百年"的奋斗目标和中华民族伟大复兴的中国梦，"五位一体"的总体布局和"四个全面"的战略布局等。习近平总书记特别关怀大学生的成长，对大学生培育和弘扬社会主义核心价值观等也有直接的教导和深刻的论述。这一系列新理念、新思想、新论述既是我国高校德育创新发展的指导思想，也是现代大学德育重要的时代内容。在五大发展新理念中，创新居于首要和核心的地位。习近平在 2013 年 8 月 19 日中央宣传思想工作会议上的重要讲话强调了理念创新、手段创新、基层工作创新；2015 年 2 月 19 日在新闻舆论工作座谈会上的重要讲话中指出要以创新为要，实现理念、内容、方法、手段、体制机制等的全面创新。之所以如此强调创新，是因为我国的改革、发展进入了深水区和攻坚期，发展已从主要靠资源投入转向主要靠创新驱动转变。高校的改革、发展同样要适应和顺应经济新常态；在经过世纪之交大学扩招的规模急速拓展之后，同样需要通过全面深化教育改革，重点抓好结构优化调整和质量效益提升的工作，因此，同样应当重视创新，主要靠创新驱动发展。创新从来就是事物发展的不竭动力，在大众创业、万众创新的时代更加如此。因此，大学德育及其研究也要以创新为要，推进理念创新、手段创新和基层工作创新，适应新常态，引领新常态，推进新常态。本套丛书便是为此而作的一次新尝试。

当今在校就读的大学生基本上是 20 世纪末出生的"95 后"，很快"00 后"也将开始进入大学。在国内外复杂多变的形势下，在国家仍将处在社会主义初级阶段，仍要坚持基本经济制度的背景下，以公有制为主体、多种所有制共同发展，必然反映到观念上层建筑领域，思想文化、价值取向也必然呈现"一元主导，多元并存"的态势，大学生也不例外。因此，以社会主义核心价值体系和核心价值观引领现代大学德育创新发展就显得十分重要；提高德育的实效性也势必对德育创新提出新要求。相信本套丛书的出版，将会对高校干部、教师有所启迪。

"现代大学德育创新研究丛书"的编撰出版，是我所在的华中师范大学思想政治教育研究所加强思想政治教育学科建设的又一个重点项目。研究所自 1994 年成立以来，为社会培养了一大批思想政治教育专门人才，有的已经成为各级思想政治教育管理部门的领导，有的已经成为思想政治教育学科领域的中青年专家，更多的成为思想政治教育实践领域中的优秀工作者。学校 110 周年校庆之时，我的学生罗爱平捐资设立"张耀灿思想政治教育学术研究基金"，让我感到十分欣慰。正是因为有了该基金的资助，"现代大学德育创新研究丛书"才能得以顺利出版。当然，该丛书的出版也得到了学校和马克思主义学院领导的大力支持，得到了中国社会科学出版社卢小生等同志的无私帮助，这是我们全体丛书作者不会忘记的。

张耀灿

2016 年 3 月

目　录

第一章　大学生生命价值观形成的大众文化背景分析 …………… 1

　第一节　何谓大众文化 ………………………………… 1
　第二节　中国大众文化的兴起与发展 ……………… 9
　第三节　当前中国大众文化的特点 ………………… 17
　第四节　当前中国大众文化的优势与局限 ………… 29

第二章　大学生对大众文化依赖与喜好状况的调查 … 45

　第一节　大学生对大众文化依赖与喜好的状况与特点 …… 46
　第二节　大学生对大众文化依赖与喜好状况的差异比较 …… 64
　第三节　影响大学生对大众文化依赖与喜好的因素 ………… 72

第三章　大众文化影响下大学生生命价值观的实证研究 ………… 81

　第一节　大众文化对大学生生命价值观的影响特征 ……… 81
　第二节　大学生生命价值观的总体特征 ………………… 85
　第三节　大学生生命价值观的差异比较 ………………… 93

第四章　大众文化影响下大学生生命价值观的形成规律 ………… 115

　第一节　大众文化渗透与生命价值观形成是个
　　　　　双向互动的过程 ……………………………… 115
　第二节　大学生生命价值观的形成特点 ………………… 122
　第三节　大学生生命价值观的形成规律 ………………… 135

第五章　大众文化影响下大学生生命价值观教育的立足点 ……… 147

　　第一节　正视大众文化对大学生生命价值观教育的
　　　　　　多重影响 …………………………………………… 147

　　第二节　以社会主义核心价值观引领大学生生命
　　　　　　价值观教育 ………………………………………… 156

　　第三节　化大众文化为大学生生命价值观教育的
　　　　　　有效载体 …………………………………………… 164

第六章　大众文化影响下大学生生命价值观教育的
　　　　内容与方法 ……………………………………………… 181

　　第一节　大众文化的渗透丰富了生命价值观
　　　　　　教育的内容与方法 ………………………………… 181

　　第二节　大学生生命价值观教育的主要内容 …………… 192

　　第三节　大学生生命价值观教育的主要方法 …………… 225

第七章　大众文化影响下大学生生命价值观教育的
　　　　有效机制 ………………………………………………… 250

　　第一节　大众文化与校园文化的共生互动机制 ………… 250

　　第二节　网络文化引导与网下生命教育的同步机制 ……… 262

　　第三节　心理健康教育、审美教育与价值观引导的
　　　　　　并行机制 …………………………………………… 271

　　第四节　自我生命认知、家庭生命启蒙与学校、社会生命
　　　　　　教育的联动机制 …………………………………… 285

附录1　大众文化与大学生生命价值观状况的调查问卷 ……… 300

附录2　关于大学生生命价值观与人生态度的访谈提纲 ……… 307

附录3　关于大学生对大众文化依赖与喜好状况的访谈提纲 …… 308

参考文献 …………………………………………………………… 309

后记 ………………………………………………………………… 322

第一章 大学生生命价值观形成的大众文化背景分析

不管历史发展到任何时代和何种阶段，文化永远是最为炫目和引人关注的亮点。在社会诸领域的现象和事物中，文化无疑最具复杂性和多样性。依据不同的坐标体系和参照价值，人们对文化可以进行不同的分类和诠释。当代多元化共存的背景之下，文化领域的交流与交融前所未有，这也带来了新型文化的勃兴，其中当数大众文化最为炽热与耀眼。大众文化将文化的性质与商品的属性结合在一起，既对人的思想观念、价值态度、生活方式、生命轨迹产生了深刻影响，也转化了文化本身在当代境遇下的新形式和新特征。而要对大众文化进行全面的理解与解读，就必须从理论和实践两条路线出发，对大众文化是什么的问题做学理上的澄清和确证，对大众文化在当代中国发展的具体状况做客观的观察与分析。

第一节 何谓大众文化

大众文化作为当代独特的文化景观，以迅雷不及掩耳之势走进千家万户并成为人们日常生活的必要组成部分，因其进入的低门槛、参与者的草根性和内容的娱乐性，一经登场，便风靡于大众之间并形成一股经久不退的热潮，从而宣告了大众文化时代的来临。而大众文化的本质内涵是什么、带有哪些基本特征却尚未有定论，这需要我们借鉴、综合中西学者关于大众文化的不同定义，并将大众文化与其他文化比对而进行特征的分析，以把握本书所需概念的科学性和合理性。

一　西方学者关于大众文化的不同看法

工业革命在西方发展的历史更为久远、程度更为纵深，加上较快的市民化进程，这些都为大众文化在西方的萌生和壮大提供了有利的土壤。而大众文化在社会生活中的兴起也受到西方众多学者的关注，他们从理论上对大众文化进行了定义和阐释。因此，关于大众文化的理论探究和诠释需要借鉴西方学者的相关研究。

（一）法兰克福学派从功能的角度，建构的"大众文化批判说"

对法兰克福学派的产生形成、思想渊源、生成语境等，有学者已做了详尽的研究，本书并不一一赘述，而是将重点放在该学派对大众文化的研究和阐释之上。阿多诺、马尔库塞和本杰明把大众文化定义为"社会水泥"、"文化工业"，相应地也把大众文化的功能主要定格为消极的，即大众文化在当代的流行剥夺人的多样情感、侵蚀人的丰富心理、降低人的高尚审美趣味。阿多诺从流行音乐的角度审视大众文化，认为流行音乐的畅销形成了"音乐拜物教"，而这就导致了人的欣赏力的退化，并不断形成商品化、技术化和齐一化的"文化工业"，主张用"文化工业"的概念取代大众文化。因而，他指出："应该消除一种误会，即防止人们望文生义，认为大众文化的主要特点是从人民大众出发，为人民大众服务。"[①] 马尔库塞则通过对大众文化及其对立面——高雅文化的论述，更确证了大众文化的压抑性和单面性特质，认为大众文化是"社会控制的新形式"。这种控制是通过大众文化的肯定性来实现的，而这种肯定性是一种带有虚幻的、欺骗的肯定，"肯定文化把美好的时刻永恒化了；它使那些短暂的东西永存不灭"[②]，"在肯定文化中，甚至不幸也成了一种默认的附属手段。通过把美好的东西作为现实的东西的展示，艺术使叛逆愿望得以镇静"[③]。而本杰明则从大众文化利用的复制技术出发，认为现代机械复制的运用虽有一定的进步性，却使得艺术品的"展示价值"——视听享受和直观体验的价值超过了"膜拜价值"——抽象思考和意义传递

---

①　陈学明、吴松、远东编：《社会水泥——阿多诺、马尔库塞、本杰明论大众文化》，云南人民出版社1998年版，第5页。

②　同上书，第86页。

③　同上书，第92页。

的价值，进而导致"复制品能为接受者在其自身的环境中去加以观赏，因而它就赋予了所复制对象以现实的活力，这两方面的进程导致了传统的大崩溃——作为与现代危机对应的人类继往开来的传统大崩溃"①。这些论断可以表明，法兰克福学派的相关人物对大众文化的定义是从消极功能说展开的。

（二）费（菲）斯克从受众的角度，提出的"大众参与和生产说"

费（菲）斯克与西方其他学者的不同在于他摒弃了精英主义的文化立场，看到了受众在大众文化创造和流行中的特定作用。大众对于大众文化并不是消极的接受和追随，而是根据自己的经验对大众文化的意义做出不同的判断。基于这样的理解，费（菲）斯克提出："大众文化是大众在文化工业的产品与日常生活的交界面上创造出来的。大众文化是大众创造的，而不是加在大众身上的；它产生于内部或底层，而不是来自上方。"② 大众在宰制性力量和强势力量面前的弱势，使得他们改变、调整抵抗的策略和艺术，发展、创造出一种新的力量与强大的压迫性力量抗衡，这种新的力量就是大众文化。"大众文化是由居于从属地位的人们为了从那些资源中获取自己的利益而创造出来的……在社会控制之外始终存在着大众文化的某些因素，它避开了或对抗着霸权力量。"③ 可以看出，费（菲）斯克对大众文化的理解突出了大众的参与作用。

（三）约翰·斯道雷综合的大众文化"六重定义说"

英国桑德兰大学传媒与文化研究中心主任约翰·斯道雷在其《文化理论与大众文化导论》一书中，对各学派和学者关于大众文化的定义进行了分类与整合，认为关于大众文化有六种观点：第一种从量化范畴和量化指标出发，认为指出大众文化是那些被很多人所广泛热爱与喜好的文化；第二种从高雅文化的排他性出发，认为所谓大众文化就是除"高雅文化"之外的其他文化，是为满足乌合之众而批量生产

---

① 陈学明、吴松、远东编：《社会水泥——阿多诺、马尔库塞、本杰明论大众文化》，云南人民出版社1998年版，第177页。

② ［美］费斯克：《理解大众文化》，王晓珏、宋伟杰译，中央编译出版社2001年版，第31页。

③ ［美］菲斯克：《解读大众文化》，杨全强译，南京大学出版社2001年版，第2页。

的商业文化；第三种定义则将大众文化等同于"群氓文化"，指出大众文化的受众是一群毫无分辨力的消费者；第四种定义则认为大众文化是来源于"人民"的文化，是属于"人民"的"本真的"文化，是一种民治、民享的文化；第五种定义则从"霸权"的概念出发，认为大众文化既不是自上而下灌输给"群氓"的欺骗性文化，也不是自下而上的由"人民"创造的对抗性文化，而是两者进行交流和协商的场域，同时包括了"抵抗"与"收编"；第六种定义是从后现代主义出发，认为后现代文化已不再具有高低之分，因而大众文化与高雅文化也并不存在绝对的界限。①

　　大众文化的理论渊源、历史流变和基本内容是丰富多样的，既有文艺学、社会学、文化学的相关学者进行的不同性质的理论研究，也有对大众文化的具体形式，如对流行音乐、电影电视、畅销小说、服饰装扮等进行的实践研究。而为了突出本书的侧重点，故只分析、列举了西方部分学者关于大众文化的理论。这是为了在大众文化的诸多研究成果中找到与本书的结合点，因而并不能代表大众文化的真实研究状况就是以上所列举的全部。

二　中国学者关于大众文化的不同观点

　　大众文化在我国虽属于后发型，但伴随着社会主义市场经济的快速发展和人们文化消费需求的不断增长，大众文化在我国也获得了有利的发展条件和时代机遇，在壮大繁荣的同时也从各方面影响着社会和民众。对这一崭新的文化景观和文化现象，我国文艺学、文化学领域的相关学者也进行了研究，并取得了丰硕的成果。诸如金民卿的《大众文化论——当代中国大众文化分析》、陆扬的《大众文化理论》、邹广文的《当代中国大众文化论》、孙占国的《当代中国大众文化研究》、陈刚的《大众文化与当代乌托邦》、贾明的《现代性语境中的大众文化》等学术著作，还有教材类的陶东风主编的《大众文化教程》、黄会林主编的《当代中国大众文化研究》等。此外，还有诸多学术论文，从不同角度对大众文化进行了研究，以下主要列举部

---

① ［英］约翰·斯道雷：《文化理论与大众文化导论》（第五版），常江译，北京大学出版社 2010 年版，第6—17 页。

分学者关于大众文化的定义。

（一）依据大众文化兴起的时代背景，提出的"文化生产说"

陶东风认为，大众文化"主要是指随着现代社会的兴起而形成的、与当代大工业生产密切相关，以大众传媒为主要传播手段、进行大批量文化生产的当代文化形态"①。陈刚认为，"大众文化是在工业社会中产生，以都市大众为其消费对象，通过大众传播媒介传播的无深度的、模式化的、易复制的、按照市场规律批量生产的文化产品"②。与上述定义较为相似但不完全相同的，有邹广文对大众文化的定义。他认为，"'大众文化'（mass culture）是在现代工业社会中所产生的、与市场经济发展相适应的一种市民文化"③。这三位学者对大众文化的定义在表述上虽略有差异，但都看到了大众文化产生所必需的特定历史条件和时代背景，即大众文化与工业化的快速发展和工业社会的兴起不可分割，并且大众文化是依照文化工业的生产模式和运作规律进行批量生产的产品。

（二）依据大众文化面对消费社会，提出的"文化消费说"

有学者从大众文化的功能和作用角度，提出了大众文化在消费社会所具备的特殊功能。王一川认为，"大众文化是以大众传播媒介（机械媒介和电子媒介）为手段、按商品市场规律去运作、旨在使大量普通市民获得感性愉悦的日常文化形态"④。金元浦教授则从更为全面的角度对大众文化进行了定义，即"它主要是指兴起于当代都市的，与当代大工业密切相关的，以全球化的现代传媒（特别是电子传媒）为介质大批量生产的当代文化形态，是处于消费时代或准消费时代的，由消费意识形态来筹划、引导大众的，采取时尚化运作方式的当代文化消费形态"⑤。而根据《科学发展观百科辞典》的解释，也

---

① 陶东风主编，何磊、贺玉高执笔：《大众文化教程》（修改版），广西师范大学出版社 2012 年版，第 23 页。

② 陈刚：《大众文化与当代乌托邦》，作家出版社 1996 年版，第 22—23 页。

③ 邹广文：《当代中国大众文化及其生成背景》，《清华大学学报》（哲学社会科学版）2001 年第 2 期。

④ 王一川：《大众文化的含义》，《文艺报》2001 年 10 月 12 日。

⑤ 金元浦：《定义大众文化》，《中华读书报》2001 年 7 月 25 日。

主要说明大众文化的消费性质，即"大众文化是以工业社会的发展为背景，经技术革命特别是传播技术革命而出现的一种文化，是现代工业社会高度发达的市场经济的产物，伴随高科技生产而呈现纷繁的文化消费"。① 可见，两位学者对大众文化的定位和功能都从消费社会和消费对象入手，强调大众文化所带来的新型消费，即能够为普通大众带来文化消费的文化形态。

（三）"不同视角的文化说"

文化学教程则从不同角度对大众文化进行了界定，主要包括哲学认识论、价值论、心理学、传播学、审美论、功能论、生产消费和内在构成八个维度。"从哲学认识论角度来看，大众文化是现代工业社会和市场经济社会的产物，是文化工业、媒体工业、经济文化所形成的社会过程。从价值论角度来看，大众文化是对一元化政治社会和传统伦理社会进行文化反拨的娱乐性文化，它不是一个道德化的行为，而是一个文化商业过程。从心理学角度来看，大众文化是大众社会进行自我抚慰的文化形态，是感性的欲望文化。遵循快乐原则和投大众所好是其出奇制胜、广结人缘的策略。从传播学角度来看，大众文化是借助现代传媒而对受众实施持续影响的技术性文化。大众文化仰仗工具理性，扩张着自己的权力意志。从审美角度来看，大众文化是一种形式压倒内容的文化，是一种高度形式化的仿像文化或者影像文化。它以无与伦比的外在形式美而掩饰内在美的稀缺。从功能角度来看，大众文化依靠市场追求利润最大化。从内容构成来看，大众文化是'文先质后'，即形式总比内容被优先考虑。"②

根据上述各位学者对大众文化的定义，我们可以发现其共同点是对大众文化所依赖的工业背景和传播手段的肯定，并看到了大众文化从不同方面影响大众的现实。这些定义是对大众文化概念的一般分析，是我们需要借鉴的。但是考虑到大众文化作为特定类型文化的特殊性及其与其他相关文化概念的复杂关系，在定义大众文化时还需要

---

① 奚洁人主编：《科学发展观百科辞典》，上海辞书出版社 2007 年版，第 175 页。

② 陈建宪主编：《文化学教程》（第 2 版），华中师范大学出版社 2011 年版，第 241 页。

把握大众文化与其他文化的联系和区别。

三 大众文化与其他文化的区别

（一）大众文化与主流文化、精英文化的区别

主流文化"是指一个社会、一个时代所倡导的起主要影响兼具整合和引领作用的文化，是在诸多文化中起主导地位，具有高度的融合力、较强的传播力和广泛认同的文化形式"[①]。作为官方话语体系的承载者和维护者，主流文化决定着国家、社会发展的前景，承载着民族、人类的希望，其正确、先进的价值意蕴和观念取向是基于历史和现实的综合考量，对社会和个体都具有指导意义。通过主流文化的培育、熏陶作用，有助于增强民族的凝聚力和向心力，从而不断实现社会进步和国家发展。而精英文化，西方社会评论家列维斯认为，它是以受教育程度或文化素质较高的少数知识分子或文化人为受众，旨在表达他们的审美趣味、价值判断和社会责任的文化。精英文化承担着启迪民众觉悟、提高民众素养、聚合民众精神的责任，是崇高性、人文性、思想性、为他性的统一。

大众文化与这两种文化相比，则具有自身的特征。首先从存在的历史条件来看，大众文化的存在具有相对性，其产生是伴随着工业革命的发展和产业经济的兴起。而主流文化和精英文化则是任何阶级社会中都存在的文化现象。其次从作用功能来看，大众文化的商品属性决定了其功能是现实的和世俗的，其中有文化生产者利益的考量。而主流文化和精英文化的功能则更多的是社会性的和整体性的，是为了社会的整体进步。再次从文化的品位格调来看，大众文化带有更多的娱乐轻松性质，并变化诸多形式以吸引大众的眼球。而主流文化和精英文化的取向则是严谨崇高的，并不是为了取悦于大众的价值偏好。最后从文化的生产和传播来看，大众文化主要是根据市场经济的法则，生产内容多种多样，并面向所有大众；在传播上借助可以利用的各种手段和工具，并能够敏锐地抓住现代新型的传播媒介。而主流文化和精英文化的创造是基于多种因素综合考虑的结果，在传播上虽也

---

① 迟云等：《自觉自信自强——涵养当代中国文化建设的内驱力》，济南出版社2013年版，第126—127页。

利用新兴的传媒工具，但主流文化主要依靠政府和相关部门的文件报告，是从上至下的执行和实施，而精英文化则是通过精英群体内部的对话交流进而以学术研讨、著书立传、公众演讲等方式向大众进行传播。

（二）大众文化与传统文化、民间文化的区别

传统文化是指在过去的历史条件下所创造并影响至今的文化，传统文化的内涵虽然简单，但外延十分广泛。每个民族器物层面的文化遗迹、生活中的语言民俗、思想上的价值观念和处世态度等都是传统文化在当代的缩影，每个人都间接直接、或多或少地受传统文化的影响。而民间文化则主要是民众在日常生活实践和生产实践中所创造的用以排解苦闷、消遣放松的文化，带有质朴性、随意性和纯真性的特点，并在不同的地区有不同的形式，诸如各种手工文化、风俗文化等。

严格来说，大众文化和传统文化、民间文化也有着密切的联系，大众文化生产的来源和素材，很多都是对传统文化中某些要素的继承、融合与再造，而民间文化的题材、形式也同样是大众文化所运用和借鉴的。也正是由于这种密切的关系，使得深受传统文化影响之深和喜爱民间文化的普通大众更容易接受大众文化所传递的内容和意义，从而拉近了大众与大众文化的距离。但是，大众文化与这两种文化相比，也独具自己的特征。

首先，大众文化有多种表现形态，出现速度与消失速度是成正比的。今年的大街小巷流行着嘻哈风、摇滚乐、网络语，过几年就会完全变样，可能又会出现文艺复古风、电子金属、火星文等，大众文化通过不断变化着外表和包装，以出现的快速度俘获大众的心理。然而，这些景象往往都是昙花一现，并不能保持长久，甚至都难以出现在大众的集体记忆之中。而传统文化和民间文化形成的时间往往更长，甚至需要经过历史的积淀，随着时间的推移，这些文化的基因可能会淡化，但总或隐或显地存在于一代代人的记忆之中而难以割舍。

其次，大众文化的生产、运作、传播是标准化、规范化的。文化市场的产业人深谙文化经营之道，他们将商品经济所带来的自由权利得以最大限度发挥，并在市场规则的保护下系统筹划和精心运作大众

文化的生产和流通过程。而传统文化和民间文化则并不具备那么严格的系统性和标准性，文化的创造更为自然和人性化。

最后，大众文化的整体发展趋势是更为成熟、更为庞大的。大众文化固然有诸多缺陷和弊端，然而在当代社会，人们却离不开大众文化所构筑的五彩缤纷的世界。每个人都不时地接受大众文化所传递的信息、享受大众文化所带来的轻松，因而大众文化在当代是必然的客观现象，并且会不断走向成熟壮大。与之相比，传统文化和民间文化随着历史的推移和社会条件的变化，会逐渐被后人淡忘和遗弃，只有不断的继承、弘扬和创新才能保持旺盛的生命力。

鉴于本书研究的内容，在综合考虑前人研究成果的基础上，主要引用中国社会科学院金民卿教授对于大众文化的定义，即"大众文化是反映工业化技术和商品（市场）经济条件下大众日常生活、在社会大众中广泛传播、适应社会大众文化品位、为大众所接受和参与的意义的生产和流通的精神创造活动及其成果"①。该定义既突出了大众文化产生的特定背景，又反映了大众文化的基本内容，并定位了大众文化的基本性质，比较全面和客观。

第二节　中国大众文化的兴起与发展

任何事物的产生和发展都是内外因共同作用的结果，大众文化同样符合这样的规律。中国的大众文化的兴起与西方大众文化的传入有着重要的关联，但重要的是中国国内的诸多发展使得大众文化具备了发展的条件。大众文化在中国经过了逐步发展壮大的历程，并且经过了不同的阶段。关于大众文化在中国发展的历史追溯，学者们也有不同的见解。孙占国认为，中国大众文化的发展历程主要体现为三个阶段：开放文化空间——引进与模仿；发展文化工业——创意与发展；

---

① 金民卿：《大众文化论——当代中国大众文化分析》，中共中央党校出版社 2002 年版，第 34 页。

消解异质文化——扩张与霸权。[①] 金民卿则认为，中国大众文化的真正产生和发展是 20 世纪 70 年代末以后随着改革开放事业的推进开始的。"从 20 世纪 70 年代末到 90 年代中期，当代中国大众文化的发展经历了海外大众文化的引进和模仿、中国本土大众文化的蓬勃发展、有中国特色大众文化的形成三个阶段。"[②] 张捷鸿也将中国大众文化的兴起与发展过程分为三个阶段，分别是 20 世纪 80 年代的萌芽期、90年代的发展期、90 年代后期的成熟期。[③] 有的学者对大众文化的理解并不只局限于工业经济的背景之下，因而从更为宏观的视野考察中国大众文化的发展史，"中国近代大众文化先声：古代俗文化传统；转型期的文化激荡：外来文化的输入和本土文化的近代化；本土大众文化成熟和中心城市的第一波大众文化浪潮；新中国成立——1978 年间，大陆大众文化的中断期；20 世纪 80 年代大众文化的复苏期；20世纪 90 年代初以后，大众文化的第二波高潮"[④]。

　　以上几位学者根据不同的侧重点对中国大众文化的发展历史进行了分析，是有益的探索，为我们理解这一问题提供了重要借鉴。而根据经济基础决定上层建筑的基本原理，大众文化作为社会上层建筑的重要体系，其产生和发展从根本上来说是由经济发展的状况所决定的。我国自建立社会主义市场经济体制后，改变了过去单一公有制的经济基础，形成了以公有制为主体、多种所有制经济共同发展的社会主义初级阶段的基本经济制度，多种所有制的存在带来多样化的利益群体，从而产生多样化的价值观念和多样化的大众文化。因而根据大众文化产生所需要的特定条件，笔者主要以经济发展程度和大众社会的发育程度作为基点，对大众文化在我国的发展历史进行梳理和回顾。

[①] 孙占国主编：《当代中国大众文化研究》，吉林人民出版社 1999 年版，第 78—130页。

[②] 金民卿：《大众文化论——当代中国大众文化分析》，中共中央党校出版社 2002 年版，第 69 页。

[③] 张捷鸿：《大众文化的美学阐释》，中国海洋大学出版社 2006 年版，第 17—19 页。

[④] 刘自雄、闫玉刚编著：《大众文化通论》，中国广播电视出版社 2007 年版，第 37—47 页。

一　改革开放实施：大众文化初露端倪

中国的改革开放是全方位的，对内改革和对外开放政策的实施，在经济、文化、政治、日常生活等各领域都产生了深远影响。改革开放的实质是解放和发展生产力，进一步解放人们的思想，建设有中国特色的社会主义。在这一政策的号召下，国内进行各行各业的调整和改革，极大地促进了社会生产力的发展，提升了经济发展的速度。而打开国门看世界的同时开启了与国外的交流，既扩展了国人的眼界、视野，也引进、吸收了国外各种经验技术和思想文化。改革开放的政策使凝固已久的冰河缓缓解冻，大众文化也开始在改革开放的和煦春风中生根萌芽，一位叫邓丽君的台湾女歌手带着她的天籁之音悄然来袭，各种大众文化热潮自此一发不可收拾；柔靡轻款的歌声未息，香港的声画开创了数十年的视听武打之风。

大众文化在改革开放后逐渐兴起，但却经历了一个从外引入的过程，而且这一阶段的大众文化产品大都以引进为主，其中具有影响力的主要表现为流行音乐和影视剧。诚如有的学者所说："新时期最早出现的大众文化的代表，是从港台地区传入的邓丽君的流行歌曲，如《何日君再来》、《美酒加咖啡》等，以及影视剧《霍元甲》、《上海滩》等。对于在单一的'革命文化'（以样板戏为典型）中长大的、时值20岁上下的青年，听这些歌曲真的是如沐春风，其震撼力、亲切感难以言表：世界上居然有如此动听的'靡靡之音'！"① 港台歌手柔靡轻款的音色、舒缓细腻的曲调，俘获了一大批受众的心理，使得政治色彩浓厚、曲风单一的红色歌曲逐渐被代替，流行音乐之风已悄然在神州大地刮起；而影视剧中饱满丰富的人物形象、跌宕起伏的剧情和精心设计的服装造型，都震撼了观众的视觉，使人们如痴如醉，不断引发收视浪潮。而1983年中国的第一届春晚可以说是中国本土大众文化兴起的缩影，包括了歌曲舞蹈、小品相声、武术魔术表演等多种类型的文化形式极大地调动了观众的参与热情。在今天看来，其中的主题内容和人物服装可能显得有些单调，但却承载了一代人的文化记忆，因为这使得普通民众得以享受文化盛宴，最后甚至发展成中

---

① 陶东风：《畸变的世俗化与当代中国大众文化》，《探索与争鸣》2012年第5期。

国老百姓的文化依托。伴随着改革开放的推进，大众文化更是不断破土而出，展示出强大的影响力，"80 年代中期尤其是 90 年代初以来，一种全新的消息性的大众文化，从流行音乐、卡拉 OK、迪斯科到通俗文学、亚文学、千篇一律的肥皂剧、情节雷同制作模式化的港台电视剧，几乎令人目不暇接，急速地占据了大众文化生活的空间"①。

　　中国的大众文化在改革开放后的兴起，有着一定的原因。改革开放的实施极大地提高了社会生产力，国家贫穷落后的面貌有所改变，人们的日常生活也得到了改善。在这样的背景之下，人们的消费需求更加多元化，这也促成了消费社会的发育，进而有助于大众文化的形成，因为大众文化的存在与文化的消费不能分割。这乃其一。"弘扬主旋律，提倡多元化"的方针使得文化领域实现了多层次、全方位的发展，文化领域积极的创新和引进，促成了多样性文化的存在，这为大众文化的产生提供了相对良好的环境空间。大众文化的格调趣味更符合普通民众的文化需求，故而使得大众文化能够强有力地获得受众，这乃其二。在改革开放之前，文化领域较为单一，革命变奏曲、建设主题曲是文化的主线，人们被强烈的意识形态、政治性和集体性的文化氛围所笼罩，缺少个人的精神感悟和态度体验。而改革开放后外来文化的引入，让大众有了全新的体验，自我苏醒、张扬个性、轻松享受的荷尔蒙被激发，原来文化不只是为他的，完全是可以为我的，这样就促进了人们对新的文化的追求和热捧，进而更推动了大众文化的产生和发展。

二　市场经济确立：大众文化迅速兴起

　　改革开放改变了中国社会发展的整体面貌，而社会主义市场经济体制的建立则是改革开放深入和扩大的必然，并为中国经济腾飞、文化繁荣、社会发展提供了更为充满活力和具有效率的制度支持。市场经济所倡导的自由、效率、竞争法则，为各行各业的发展都提供了前所未有的机遇，文化市场和文化产业也借助着这样的有利环境得以迅速突起。"不仅大众文化的产生与市场经济发展紧密联系，而且它的

---

① 　陈立旭：《改革开放以来的中国文化发展》，《中共中央党校学报》1999 年第 1 期。

中心化也是只有在发展市场经济的前提下才能出现的现象。"① 其中，中心化就是指大众文化不断弱化主流文化的影响、排挤精英文化的空间。而随着市场经济的全面建立，我国的大众文化在引入和进口的同时，也逐步开始了自主生产和创造，在数量和类型上也不断突破。

这一时期的大众文化发展表现在多个领域。在大众传媒领域，如"90 年代初期涌现了以《华西都市报》为代表的都市报浪潮，它们属于新一代的市民媒体，超越了中国传统晚报的编辑风格；内容更加'软化'、通俗化、时尚化，大量使用图片，报纸越来越厚。风起云涌间，这批新兴报纸迅速取代了老一代晚报独领风骚的地位。其次，诞生了一批以城市小资群体为目标受众的时尚类报刊，从北京的《精品购物指南》发轫，随后在上海相继诞生《申江购物导报》、《上海壹周》和《上海星期三》，它们用大量的消费主义资讯引领着中心城市小资群体的时尚潮流。最后，诞生了一批定位于城市白领阶层的时尚刊物，以《瑞丽》、《时尚》为代表，把西方时尚界的服饰、化妆品、汽车、家居、饮食、音乐、电影、畅销书等前沿资讯全盘端给中心城市的那些需要品位来界定自身的高收入人群"②。这些大众传媒所覆盖的内容是多样的，并不仅局限于主流媒体所报道和传播的单调内容，更为人们所喜爱。而在电视节目领域，湖南卫视创立的《快乐大本营》，以及所主办的《超级女声》吸引了一大批观众，成为大街小巷、男女老少最热门的议论话题。选秀节目中相对公平的比赛规则、另类新异的参赛选手，最终造就了异常火热的平民狂欢。各种古装剧、情感剧、偶像剧都纷纷扎根荧屏，不仅创造了一个个收视神话，也捧红了众多年轻明星，带来的综合效益十分可观。而在流行音乐领域，港台歌手不断进驻内地，四大天王、周杰伦等被人熟知，但内地的一些歌手，如那英、崔健等也逐渐确立了自己在歌坛的影响地位。在电影领域，人们的观影热情不断上涨，中国的第五代导演张艺谋、陈凯歌、冯小刚等以不同的拍摄视角和主题内容确定了自己的独特风

---

① 朱效梅：《大众文化研究———一个文化与经济互动发展的视角》，清华大学出版社 2003 年版，第 29 页。

② 刘自雄、闫玉刚编著：《大众文化通论》，中国广播电视出版社 2007 年版，第 45 页。

格。总的说来，这一时期我国的大众文化已经以不同的形式迅速兴起，并且基本实现了自主和自为的创造。

市场经济条件下我国大众文化的迅速兴起，除了有改革开放所创造的基础条件和先导力量，更是因为市场经济发展所内具的特质。首先，市场经济更为开放和自由，为大众文化的迅速发展提供了强大的人才力量。大众文化的兴起是由与之相关的人推动的，需要从事文化产业的群体。在计划经济时期和改革开放初期，国家对文化领域有较为严格的控制，对相关人员也有严格的选拔。而市场经济条件下，文化已演化成一个庞大的产业体系，准入资格面向所有具备相关条件和愿意从事文化行业的人群。人们也不再对文化产业的娱乐性和追求利益性抱以轻蔑的态度，越来越多的人敢于从事大众文化的生产，如影视演员、编剧编导、网络歌手等。其次，市场经济促成了以消费者为主导的买方市场的形成，为大众文化的兴起提供了大量的文化受众。在市场经济尚未实施之时，人们的日常消费相对单一，而且是由国家定额配置，只能满足基本的生活所需。由于经济发展水平相对较低，人们的购买力也十分有限。而市场经济的全面推进所带来人们经济收入的提高和市场上各类商品的不断增加，不断刺激人们的消费欲望，使市场实现了从卖方向买方的转变。民众在满足生活所需的前提下，越来越注重文化的享受和消费，而大众的文化需求则催生了各种类型的文化产业，并使得面向普通大众的文化产品随之出现。最后，市场经济中高科技产业的发展，为大众文化提供了有效的技术支持。大众文化的传播和流通不能离开高效便捷的传播媒体，而在市场经济中，各种新兴产业的出现也实现了传播领域的革命，纸质媒介和印刷媒介逐步被网络媒介所代替，这为大众文化铺天盖地的来袭提供了最好的传播工具。而在大众文化生产中融入的高科技技术，如数字影像技术、计算机图像技术、高速录影技术等，使得大众文化产品的动感性、形象化、逼真化效果更为突出，并不断提高大众文化的质量，使得大众文化快速兴起。

三　社会多样化发展：大众文化全面繁荣

考察现代的文化景观，大众文化早已矗立在文化舞台的中央，非其他文化所能企及。尽管对大众文化仍然存在着不同的声音，但这却并不阻碍它在现代社会中的独行其道，因为大众文化已然成为客观的文化现象，并不以人的主观意志为转移。进入 21 世纪，伴随多种所有制经济的共同发展，社会开始分层，利益开始分化，出现多种利益群体，人们的价值观念也日益多样化，这就为大众文化的多样化发展提供了土壤。同时伴随改革开放的深入，经济全球化的渗透，中西不同文化传统的碰撞，传统和现代思想观念、价值准则的差异，更为大众文化的繁荣提供了可资运用的多样化材料。大众文化的生产者灵活地运用和整合多元文化共存所导致的各种分歧和冲突，将之融合进大众文化的多种形式，不断制造出新的噱头，以文化创新之名行文化工业生产之实，推动大众文化在社会多样化发展中的持续繁荣。

　　随着市场经济的发展，大众文化的形式主要体现在影视娱乐等领域。但在一元主导、多样发展的现代社会中，大众文化除了继续保持在影视音乐、报纸杂志、畅销小说等方面的优势，还不断催生出网络文化、时尚文化、都市文化等新形式，并且与各种亚文化相结合，如与青年亚文化的交织，进驻主流文化阵地，显示出强大的生命力。网络文化是现实社会经济生活的结晶，它涵盖社会生活中的各领域。网络文化来源于生活，网络文化的发展归根结底以社会为基础。而大众文化发展到现代社会，其传播和影响的范围是与网络紧密联系的，网络上的诸多内容其实就是大众文化基于虚拟网络的二次转化。时尚文化则是在特定领域由少数人发起、传播，进而成为大多数成员所参与和追逐的文化，生产和生存的周期都极为短暂，其特点是奔跑的、易逝的、消解意义的，但是在当时却能让大众为之狂热。与其他文化相比，时尚文化的运作成本更为低廉，并且没有固定的套路，只讲求当时的轰动效应和强烈影响，因而也是大众文化在现代的重要形式。都市文化虽带有地域性的色彩，但如今中国的各个都市除了在历史遗迹、饮食方言上有所差异，大都非常相似，忙碌的白日工作和丰富多彩的夜生活共存、高耸林立的现代建筑与有待拆迁重建的简陋房屋并在、多种娱乐消遣方式的提供却依然让人觉得压抑烦躁的矛盾，这些都是都市文化的真实写照。而这些文化不管是在器物层面，还是在精神层面，又是大众文化所倚重的对象，将这些内容反映到大众文化产品中又供人们消费。

　　此外，尽管现代社会各种文化异彩纷呈，但各种文化之间也出现相互融合之趋势。主流文化也开始借助、利用大众文化的形式提升自己的影响力，各种反映历史、带有主流话语的影视剧在现代并不少见。如广受好评的红色电影《智取威虎山》，将革命时期英雄人物的侠肝义胆精神重新演绎，让人们重新回顾这一时期的历史，并契合现代人的视角和思维，给予观众全新的感觉。2015 年 1 月 13 日《光明日报》刊文《看红色经典如何叫好又叫座》，对这部电影给予了较高的评价。其他的各种体现正面和主流价值观的抗战剧、历史剧、伟人事迹剧等，都获得了大众的好评。而作为中国主流媒体的央视，也创造了不同类型的综艺娱乐节目，如《开心辞典》、《出彩中国人》、《星光大道》、《非常 6 + 1》、《挑战不可能》等在宣传正能量、普及文化知识的同时，也为大众参与提供了新渠道。而带有中国特色的各种纪实片，如《舌尖上的中国》、《远方的家》、《记住乡愁》等，使人们对我国的悠久历史和丰富资源有更多的了解，增强了民众的民族自信心。大众文化还不断进入校园，与青年亚文化和校园文化结合，影响在校的学生们，他们通过接受不同的大众文化，释放了学业和生活的压力，但同时也使自己的思想观念发生了改变。

　　当今中国，是一个"一元主导，多元并存"的社会，而大众文化这样的全面繁荣，究其原因，就在于不与"一元"相对立的前提下的"多元"。首先，文化表达话语的多元。人在文化中的自我实现产生出丰富且独创的话语，这些话语具有多元的文化色彩，例如文学中的话语、音乐的格调等，而无论是毫无避讳的自我表白，抑或洞悉世态的呐喊，都成为大众文化的重要组成部分，大众在接纳这种思维方式的同时审美趣味也日趋多样化。其次，文化审美的多元。"标准"的刻度在现代已逐渐丧失，一成不变的事物不存在，人们对于"美"的解读不再依据传统的美学经典，也不再去看美学家、评论家的眼色。对于各种事物的鉴赏和现象的评价，完全出于当事人的生活经验与生活旨趣，本着自我娱乐与娱乐大众的心态。这种审美态度随意化和多样化，必然会带来多种形式的大众文化的繁荣。最后，文化精神的多元。"多元"也意味着异质思维和声音得到包容，不同的价值观得以共存。今天，人们得以在精神层面或者文化层面，借助一种非权威拟定的表现方式来呈现自我，以彰显自我实现的价值和不同的声音。而大众文化正是在多元共存的背景之下，成为一种极具张力的代言工具，人人都可以通过大众文化表达出另类的声音，创造者代言自己的独特思维，接受者展示自己的批判能力，所有人都是文化的主体，这种多元的存在最终促成了大众文化的全面繁荣。

第三节　当前中国大众文化的特点

中国大众文化经历了一个从外引入的过程，因而在形式表现和一般艺术特征上与西方大众文化有相似之处。但大众文化在我国的成熟和壮大却是根植于中国人民的生活实践和中国的具体国情的，并且以中国民众作为文化受众，这就决定了有着区别于西方大众文化的本质特征。因此，有学者提出，当前中国大众文化的基本特征主要表现为五个方面，即"社会主义性、人民性、民族性、规范性、兼容性"[1]，这五个特点比较全面地概括了中国大众文化的显著特点。而有的学者则认为，分析中国大众文化的中国特色，需要考虑到多种因素，因为"前工业、工业、后工业社会的纠葛，现代性、后现代的争执共生，东方与西方经济与文化的相互渗透，经济与意识形态方面表现出来的杂糅错位的特殊语境，这使得中国的文化空间呈现出前所未有的复杂"[2]。因而，要把握中国大众文化的特点，就必须对"大众"、"大众社会"、"中国有无精英文化"、"大众文化的商业性与艺术性结合"等进行客观的分析，这样才能展示中国大众文化的中国特色。此外，有的学者从转型期这一背景出发，认为中国的大众文化具有不同于西方大众文化的特征，即"'平民意识'与主流意识形态的融合；民主与霸权的二重张力；全球化和本土化的异质诉求；消费文化的彰显与

---

① 金民卿：《文化全球化与中国大众文化》，人民出版社 2004 年版，第 211—219 页。
② 谭好哲、马龙潜主编：《文艺学前沿理论综论》，山东大学出版社 2001 年版，第 288 页。

人文精神的式微"①。以上几位学者对中国大众文化的特点做了较为科学的分析，为我们全面把握当代中国大众文化的整体状况提供了思路。而要分析当前中国大众文化的特点，除了要进行大众文化一般特点的分析，还需要将大众文化作为一个整体系统，考察其时代境遇、创造主体、受众群体、主题内容、传播途径、影响性质等的特殊性，进而客观把握当前中国大众文化的特点。

一　大众文化时代境遇：信息化、全球化、现代化

任何事物和现象的发展在不同阶段都会呈现出不同的形式和内容，而这种差别的产生就在于不同的历史环境和社会条件所产生的影响，因而，对事物或现象的特定环境背景进行分析，是理解和分析该事物、现象的前提。中国大众文化经过了不同的时代背景，在发展中既有相似的地方，也有所差异和变化。对当前中国大众文化的分析，则是要将其置于现实的和现存的时代境遇，其中信息化、全球化和现代化是不能忽视的宏观背景。

所谓信息化，是指"由计算机和互联网生产工具的革命所引起的工业经济转向信息经济的一种社会经济过程"②。在现实社会实践中，信息化也早已成为各领域发展的基本支撑，对信息的掌握和运用甚至成为某个领域发展的关键。信息容量的扩大、传播效率的提高、形态内容的多样化，使得信息化成为当今时代发展的必然趋势，人们都自觉或不自觉地接受着各种信息的影响。而当代中国大众文化在信息化的背景下，也获得了更为有力的条件，并呈现出不同的特点。大众文化在借助信息化技术支持使自己强大的同时，也向大众输送和传递各种不同的信息，包括各类八卦娱乐信息、养生保健信息、人生处世信息等。这就与以前的大众文化有所不同，即更为准确地把握人们对信息的关注和需要程度，将这些信息融入不同的大众文化形式中，让大众通过接受信息的方式依赖和信任大众文化，进而扩大自己的受众基础。

---

① 程建军、赵硕：《转型时期中国大众文化的特征分析》，《江海学刊》2011 年第 3 期。

② 姜爱林：《中国信息化的涵义与一般特征》，《经济纵横》2003 年第 4 期。

　　而全球化作为人类社会发展现象过程，强调要打破各个民族、国家、地区之间的屏障，加强彼此的联系。全球化包括了多个方面，而文化全球化则是其中的重要方面，这既会导致文化多样性的减少、不同文化和价值观的冲突，也会为各个国家的文化创新带来新的机遇。在文化全球化的背景之下，中国的大众文化在国内发展壮大的同时，也积极地走向世界，参与同其他国家的大众文化互动。国内的影视作品在获得票房收入的同时，也努力角逐国际上的各种奖项，参与相关的文化活动，既展示中国的文化特质和风土民情，也不断提高文化产品的创作质量和价值意义；部分中国演员也出演好莱坞的影片，提升中国演员的影响力。另外，经济全球化意味着资金、技术、管理、人才等的流动更为开放，这使得中国的大众文化在生产时，可以吸引外资的支持，引进在大众文化生产上具有丰富经验的人才，并借鉴国外的管理经验和高新技术，从而推进中国大众文化的发展进程。

　　现代化是一个多重意义的概念，体现在经济领域意味着产业结构和资源配置的科学性、高效性，在文化领域意味着现代价值观念和思想态度的获得和践行，在社会领域意味着社会整体形态的变迁。现代化的这些价值意蕴，对当前中国的大众文化发展有积极的作用。首先，这要求大众文化产业结构向更科学的方向调整。在现代化背景下，大众文化要不断向前推进，就必须以科学、合理的方式安排文化运作的全过程，这就改变了以前大众文化散乱、混沌的状态，使得整个大众文化产业更有组织性和规则性。其次，要求当代大众文化必须符合现代化的价值观念。在文化主题和内容的传播上要反映现代化的基本精神，符合现代化的潮流，针对现代人的心理特点，抛弃落后腐朽的文化内容，这样才能为大众所认同和接受。最后，要求大众文化要与社会发展的现代化趋势相适应。大众文化是商业性、产业型的文化，是以追逐利益为目标的。但作为群众文化生活的重要内容，大众文化也应该体现文化的社会功能，与社会发展的趋势保持一致，这样才能促进大众文化的长远发展。

二　大众文化创造主体：利益取向多于精神涵养

　　大众文化的产生是文化产业从事者进行文化实践活动的结果，文化创造主体的价值取向决定了文化的性质。在我国大众文化发展早期，整个文化产业的规模并不庞大，人们对大众文化尚未完全认可，大众文化所带来的利益还未完全展现出来。此时从事文化生产的部分人员还有相对独立的思想意识，他们在追求利益的同时，更多的是展示自我的独特价值。而伴随着大众文化产业发展成熟所带来的可观利益，体系化的结构和庞大的规模使得大众文化的生产者更多地考虑文化生产的利益，而较少关注文化内在的启迪价值和精神涵养。考察当代中国大众文化的诸多形式发现，也许大众文化能让人们通过文化消费给生产者带来可观的收益，能给人们带来短暂的、表面的放松消遣，但却无法深入人们的内心，也无法让人们体验到思想的灵动和精神的舒展。

中国当前的大众文化生产，始终面临着如何协调好商业性与艺术性、商品性与文化性、享乐性与精神性的矛盾，而这些矛盾的根源就在于生产者的价值取向。在当前中国的大众文化市场中，从业人员的数量和类型是十分复杂的，既有把文化当成一种真正的事业来发展的，他们对文化的精神内涵和价值意义有较深的理解；也有把文化作为一种谋求利益的手段，他们只看到了文化运营后所带来的潜在利益；还有把文化作为另类自我凸显和展示的符号，他们将文化作为个体价值实现的过程。这些不同价值取向的大众文化生产者，带来了大众文化类型的多样化，但数量最多的仍是大众文化的利益取向，这就导致中国大众文化发展的表面繁荣。虽然各类形式的大众文化不断出现并为大众所接受，但是并未给大众带来真正意义上的文化享受，只是通过单纯的文化消费而获得暂时的娱乐感和轻松感，并不能有深层的思想感悟。

当前中国大众文化生产者的利益取向也表现在两个方面：第一是大众文化生产投入与产出的不平衡。在市场经济条件下，经营者获取更多利益的一个主要途径就是通过低投入和高产出的差额。大众文化生产作为特殊的文化实践活动，也存在着这样的现象，即"为了追求商业效益，大众文化生产者往往倾向于用最低的投入换取最高的回报，所以不可避免地在生产过程中偷工减料、粗制滥造，相对于精英文化的精致和主流文化的严肃来说，大众文化的商品性使它在思想内容、艺术形式等方面都遗留下了很多有待解决的问题"①。第二是大众文化生产者以文化的商业性为重,忽视了艺术性。大众文化的商业性是其显著特点,但并不否定文化也应该含有的艺术性,两者在大众文化发展中应该是统一的。"真正取得商业成功的文化工业产品绝不是简单地迎合大众的低级品位,趣味低下的庸俗文化产品也绝不会取得商业上的真正成功。文化产业的性质决定了其产品的成功必须定位在商业性和艺术性二者的最佳结合点上。"② 而中国的大众文化生产者却并未过多观照大众文化的艺术性,更多的是把大众文化定位在市场上流通的商品,只关心文化产品所能实现的利益。反观国外的大众文化产品,以奥斯卡获奖电影为例,这些影片并不仅仅是商业上的成功,更能带来人们内心真实的触动和艺术上的感知,也因此成为商业性与艺术性完美结合的经典。而当代中国各种形式的大众文化在精神内涵上却并不能获得受众的认同,不能走进人们的内心,只能是作为娱乐消遣的一种方式和感官上的愉悦享受,并以此来实现商业利益。

三　大众文化受众群体:娱乐消遣多于批判反思

当代中国大众文化的全面繁荣,是以强大的受众群众为基础的。不管何种地位和身份的人们,都不能逃离大众文化所营造的文化圈。而人们对大众文化也并不排斥和抵触,并以参与、享受大众文化作为调剂和缓和社会生活中诸矛盾的重要手段。由于大部分受众群体缺乏较高的文化素养和理性观念,他们在对待大众文化时,不可能像专业的文化研究者那样对大众文化进行文化本质的批判、社会功能的反思抑或是价值取向的判断。对普通大众来说,大众文化所提供给他们的主要是生活中调剂和休闲的方式,因而严肃的、理性的和质疑的批判反思精神在大众文化的受众中较少存在。即使有网民对部分电视节目、影视演员进行网上批判,但这种批判更多的是依据个人喜好和主观态度而进行的情绪发泄和跟风喧闹,并没有切中批判的要害和实现批判的意义。在当代文化产业中,各类剧评、影评、娱评"井喷式"

---

① 张贞:《"日常生活"与中国大众文化研究》,华中师范大学出版社 2008 年版,第167 页。

② 谭好哲、马龙潜主编:《文艺学前沿理论综论》,山东大学出版社 2001 年版,第292 页。

的增长，并不必然意味着人们能够以客观的态度去看待各种大众文化，这其中夹杂了太多的人为因素和利益因素，并不能完全看作是受众对大众文化所具有的批判反思精神。人们更多的是随波逐流、人云亦云、随声附和地跟着文化生产者的指挥棒，以娱乐、戏谑、游戏的心态参与着大众文化的集体式狂欢。

中国民众对大众文化的娱乐消遣态度是在两方面呈现的。第一是对大众文化产品本身的娱乐化、无所谓态度。大部分人在消费大众文化产品时，只是把它们当作休闲来打发时间，或者用来调节情绪、发泄情感的特殊商品，而且还有众多这样的商品供自己挑选，所以基本都会抱着无所谓的态度。而在被称为"娱乐至死"的时代，一切都以娱乐化和游戏化的心态去面对。人们不愿意深入思考大众文化缘何有如此大的魔力而使人着迷，而更愿意沉浸在大众文化所带来的满足与欢笑中，放弃了价值判断、放弃了思考本身甚至放弃了基本的感情冲动，这种满足和欢笑即使只停留在感觉和感官的层次，也已足矣。第二是对大众文化从业者的消遣态度。中国的许多大众，向来对他人特别是公众人物的隐私有着了解的癖好。而影视剧演员、歌手、时尚分子被暴露的各种隐私，其情感、家庭、经历等都成为大众茶余饭后热聊和消遣的话题。在当代，人们对各领域明星的崇拜可以达到极端热烈的程度，但也可能因为一件事情而使某个明星在网络上受到漫天的唾弃和攻击，大众甚至可能会左右一个公众人物的命运。事实上没有哪个人是十全十美的，而大众却偏执地要求公众人士能够达到完美的境界，如果公众人物出现了瑕疵，那么大众就会使其从云端跌向地狱，这何尝不是大众消遣娱乐的一种体现。

当代中国民众的这种娱乐消遣态度是有其内在原因的。首先，这是当代社会发展的必然现象。在社会历史发展中，不同时期的主流文化是为统治者的意识形态服务的，精英文化则是超越于普通民众的现实生活的，而多元共存的当代社会使得反映大众日常生活的大众文化不断壮大，并最终为大众所享用。这为大众释放压力和缓和精神提供了新的渠道，大众再也不用机械地接受主流文化和精英文化的形塑，而能主动地参与文化的生产，参与这种文化的目的就是使自己放松娱乐。因此，他们对大众文化的态度就更为随意和无所谓，即使对大众文化既否定、鄙视也赞同、支持，也不会对自己造成什么不良的影响，毕竟这只是一部影视剧、一首歌曲、一本小说，并不会对现实生活造成实质性的影响。其次，这是由大众文化的基本性质决定的。"大众文化是以通俗、娱乐、肤浅为文本特征的，而这又是由其交换逻辑、消费原则和快乐哲学所决定的，这也是大众文化能够成为'文化聚焦点'的原因。"① 文化产业进入商业生产的轨道和市场运营体制后，所形成的文化就不再以思想性、现实性和社会性为首要创作宗旨，而是以娱情性、消遣性和休闲性为市场导向，它通过强调快感、直观和情趣俘获大批受众。知识水平较低、生活经验简单的大众在这种文化氛围的影响下，更易激发本我的感官欲求和快乐享受，并且进一步消除自我和超我所进行理性批判反思的可能，终究导致了大众的娱乐消遣态度。

四　大众文化主题内容：涵盖日常生活各个领域

大众文化虽是商品性的文化，但也包含各种主题内容，而这些主题内容与大众社会生活的贴近决定了大众文化必然会被人们所广泛接受。主流文化的主题内容是统治阶级统筹和制定的，虽也反映日常生活的诸领域，但主要以反映社会主流价值观与和谐现象为主，从而稳定社会统治秩序；精英文化的主题内容也是广泛的，虽然也来源于生活，但经过精英分子的改造和升华，主要在于引导和提升人们的精神、道德境界，对普通人来说过于崇高和抽象。而大众文化与这两种文化的不同，既在于它对人们日常生活艺术化、形象化、平民化的处理，也在于能基本涵盖人们社会实践中日常生活所涉及的各个领域，因而才能使大众文化具有强大的影响力。

大众文化涵盖日常生活领域的广泛性可以从多个方面一探究竟。首先是对情感生活的关注。人们在人际交往和生产生活中都会发展出各种各样的情感，正是这多种类型的情感维系着人们日复一日的生活，几乎所有人都与外在化的对象建构着丰富的情感。而大众文化则看到了人们的情感特质，在文化生产中以表现普通人的情感生活为主题，不管何种题材的电影电视、文娱节目几乎都有复杂交织的情感，

---

① 舒扬：《当代文化的生成机制》，中央编译出版社2007年版，第216页。

体现个体的亲情、爱情、友情和体现集体的爱国情感、英雄主义、社会为先等，将人们现实生活中的情感遭遇和情感诉求以形象化、艺术化的方式反映，能够达到沟通人心的目的。其次是对消费生活的强调。大众文化的主要目的就在于引导、刺激人们的消费，以实现自己的利益。因而，各种广告文化、时尚文化、潮流文化都不断制造噱头，以极具穿透力的广告标语和强大影响力的公众人物进行着各类消费品的宣传，包括养生保健、教育咨询、服饰装扮、餐饮旅游、美容保养等各个方面。人们的消费类型和消费爱好在大众文化的影响下发生了极大的变化，这是大众文化进驻消费生活的重要表现。最后是对生产的涉入。大众文化作为工业化发展的产物，将文化同其他商品一样进行产业化的生产，进而促进了不同文化产业的勃兴，如专业性的文化娱乐制作公司、文化运营机构、文化开发项目等，使得越来越多的精神生产成为当代社会发展的重要趋势，并不断满足着人们的文化需求。

大众文化是随着现代工业的发展而兴起的文化形态，并不像主流文化和精英文化一样具有深厚的历史积累，这决定了大众文化要取得发展的优势，只能在文化主题和内容上寻找突破口，而对大众普通生活的反映和再现恰好是大众文化优势的体现。文化产业运作和文化商品化生产是大众文化存在的前提，这决定了所生产的文化商品必须要进行消费，并且要尽可能地提升消费速度以加快资本的流通和新旧产品的交替。因而，不断刺激消费、影响消费、扩大消费是大众文化发展的重要策略，这就使得大众文化生产者不断寻找新内容、奇构思、异主题，而这些主题和内容都是来源于人们最生动的社会实践和生活实践，大众文化只是对这些主题进行了艺术上的处理和再造。由于核心内容能够为人们所理解，所以能够获得大众的接受。此外，大众文化不同于精英文化和主流文化的特点，也在于大众文化对日常生活的肯定。"大众文化强调个体是从'日常生活'而非'非日常生活'找自我的。按照精英文化和主流文化的观点，即使个体需要用日常生活来维持生存，其人生价值和意义的实现也必须落脚在启蒙、升华等非日常生活领域。可是在大众文化这里，个体的'自我'最真实地寄托在日常生活和日常生活事物上。"① 大众文化正是基于自身的特点，在产品中展示了普通人平凡琐碎的、看似千篇一律又有显著差异的日常生活，但是对这些内容的精心化处理又使得大众的心理和情感产生了变化，进而推动大众不断进行新的文化消费以增强大众文化的影响力。

五　大众文化传播途径：多种媒介的交叉运用

大众文化是具有物质外观和具体形态的文化产品，但同样也含有思想和观念性的内容，因而大众文化最终得以消费和流行也需要经过传播的过程。在当代中国，大众文化传播的频率之高、速度之快、内容之多已然成为客观的社会现象，传播技术的变革和先进性使得大众文化传播突破了地域范围的限制，而传播手段的更新和传播技巧的运用又使得大众文化的传播能够获得庞大的受众。在大众文化传播中，媒介的作用不能忽视，就像有的学者所说，"媒体、媒介是促使大众文化传播现象得以产生和发展的最为根本性的条件"②。

关于媒介，有学者将之理解为"一种能使传播活动得以发生的中介性公共机构"③。而在专业性的传播学理论中则这样认为，"媒介就是插入传播过程之中，用以扩大并延伸信息传送的工具"④。对于媒介的意义，加拿大著名传播学家麦克卢汉在《理解媒介》一书中提出的观点可谓一语道破，"媒介（亦名为人的延伸）是一种'使事情所以然'的动因，而不是'使人知其然'的动因"⑤。诚如麦克卢汉所说，媒介所带来的作用并不是让人理解某种事物，而是让事物按照某种预期的方式得以运行。大众文化与媒介的关系在于："媒介的存在直接影响进入这个文化平台的大众文化产品的内涵与性质、影响它的内涵

① 张贞：《"日常生活"与中国大众文化研究》，华中师范大学出版社 2008 年版，第99 页。

② 何兴隆：《大众文化传播的特点及其文化价值观的导向》，《江西师范大学学报》（哲学社会科学版）1992 年第 1 期。

③ 叶虎：《大众文化与媒介传播》，学林出版社 2008 年版，第 20 页。

④ ［美］威尔伯·施拉姆、威廉·波特：《传播学概论》，陈亮等译，新华出版社 1984年版，第 144 页。

⑤ ［加］马歇尔·麦克卢汉：《理解媒介——论人的延伸》，何道宽译，商务印书馆2000 年版，第 82 页。

与性质如何相应地受到语境变化中的具体变化，以及受众对它的反应。由此可见，媒介塑造着信息，在大众文化的传播过程中起到了相当重要的作用。"① 媒介可以按照不同的角度进行分类，根据媒介出现的先后顺序，可分为符号媒介、语言媒介、文字媒介、印刷媒介、电子媒介和网络媒介等；而根据媒介所作用的人的感官的不同，可分为听觉媒介、视觉媒介和视听媒介。

当代中国的大众文化在利用印刷媒介、文字媒介、语言媒介的同时，也注重各种新型媒介的运用，特别是对电子媒介和网络媒介的依赖。传播学的成熟和发展，使得大众文化的传播也借鉴、融合相关的技术和理论，其中对媒介的运用是重要的方面。各种平面媒介，如报纸、杂志、图书等，在内容呈现上主要是以文字和图片的形式，且对受众有较高的要求，因为受众必须掌握纸质文本和印刷信息所需要的技能技巧，并且能够领会这些媒介所传递的信息。因而，这些媒介有一定的局限性，只能是大众文化针对部分人群所运用的媒介。科学技术的发展催生了多媒体媒介的产生，包括电影电视、网络、电子等。多媒体媒介在内容呈现上将视听影音综合起来，更加有动感、形象和易懂，也更容易被所有的社会群体或阶层接受，不管这些人的年龄如何、受教育程度如何、文化背景如何。所以，大众文化在传播中，也会利用这些媒介进行不同形式的大众文化传播，如通过人们观看电影电视的方式进行影视文化的传播，同时还通过人们上网的方式进行网络文化的传播，还通过电子设备在各种社交工具上进行流行音乐、现代服饰、广告文化等的传播。可以说，当代中国的大众文化在传播方式和途径上已经达到了较高的水平，这和多种媒介的运用是不能分开的。

六　大众文化影响特点：普遍性、多样性、长期性

大众文化在我国发展的历史虽不如西方那样久远，但它一经产生，就显示了无穷的活力，并对中国大众和中国社会产生着深刻的影响。这种影响是错综复杂的，因为虽然是文化工业化生产的文化产品，但大众文化也仍然是一种文化。而文化对人和社会的影响则是多维的，因为人们"日常活动的形塑不仅受个人社会地位的影响，而且

---

① 陈灵强：《多维视野中的大众文化》，浙江大学出版社 2007 年版，第 140 页。

受人们身处其中的文化情境的影响"①；而"每一个社会都部分地由文化构成，并在其基础上运行，并且每个社会都需要文化"②。大众文化作为文化发展的商品化形态，在更复杂的程度上对社会和人们产生着普遍性、多样性和长期性的影响。

（一）大众文化影响的普遍性

这个主要是从大众文化影响的人群、范围、领域来说的。首先，在当代中国，几乎所有人都不能撇开与大众文化的关系。各种相关的文化活动，都有大众文化的成分，只是在程度和形式上有所差异。大众文化影响的主要是普通的大众，他们是大众文化的忠实受众；大众文化也会对社会其他阶层的群体产生直接或间接的影响，他们也在享受着大众文化带来的轻松愉悦；而对大众文化持批判否定态度的精英群体，他们也被置身于大众文化所营造的环境中，他们对大众文化进行批判也正说明了大众文化所带来的影响之大，即使这种影响是正负兼有的。其次，大众文化影响着当代中国的绝大部分地方。现代化的大都市，古朴宁静的小乡村，闭塞保守的山野，都有着大众文化的印记，而只是在影响的程度上有所不同。在灯火阑珊的大都市，人们热衷于跟随时尚文化的脚步；而在偏僻寂静的农村，人们兴致勃勃地观看各种家庭情感剧、综艺晚会，这都是大众文化的主要形式。近些年来非常火热的广场舞，更是大众文化影响城乡的最好例证。最后，大众文化影响的领域也是十分广泛的。大众文化也间接地推动了社会诸领域的发展，如影视产业的火爆、传播行业的兴盛、旅游餐饮的勃兴等，这些领域借助大众文化的繁荣也不断取得丰厚的利益。此外，由于大众文化根据社会发展的状况进行产业调整，这种影响的普遍性还会不断扩大。

（二）大众文化影响的多样性

第一，大众文化影响性质的两面性。正如一个钱币有两面一样，任何事物所带来的影响也是两面的，积极和消极并存。大众文化的积

---

① ［英］英格利斯：《文化与日常生活》，周书亚译，中央编译出版社2009年版，第7页。

② 同上书，第6页。

极性是不能否定的，例如为普通大众提供了文化享受的新方式，有助于大众的文化普及与教育，推动了文化产业在市场经济条件下的合理布局，并且能够推动经济建设的发展。但是，其消极性的一面也为众多人所担心，即大众文化对人们理想追求的弱化，对大众审美观念的降低，对文化意义和价值的损害等。第二，大众文化对人们影响的多样性。由于大众文化本身所具有的多样形态，因而对人的影响也是多样的，例如对人们的价值观念、思想态度、消费行为、审美趣味、情绪心理等都会产生影响。第三，大众文化对社会的影响也是多样的。大众文化与社会的政治、经济、道德实践也存在一定的联系：在政治领域有学者研究了当代中国的大众文化与意识形态；经济领域则将大众文化的研究与经济互动相结合；道德领域则研究了大众文化的和谐价值。这些不同的研究从侧面也说明了大众文化影响的多样性。

（三）大众文化影响的长期性

由于大众文化在当代中国的发展正处于繁荣和炽热的阶段，其影响并不会迅速消失，而且随着大众文化产业在规模上的不断增大、发展程度上的不断成熟，这种影响的时间将更为持久。这主要是由于中国民众对文化的需求是不断增加的，通过大众文化的诸多形式，他们可以获得相对的文化需求满足。为大众文化产业带来丰厚利润的电影，在当日中国持久不衰，即使人们对电影的质量并不那么满意，但仍有一批批观众像着了魔似的踏入电影院。根据中华人民共和国国家新闻出版广电总局电影局通报，2015 年度全国电影总票房达 440.69 亿元人民币，其中，国产片票房数达到 271.36 亿元，占总票房的 61.58%。而政府对大众文化的管理，如 2011 年出台的《广电总局将加强电视上星综合节目管理》和 2013 年出台的《关于做好 2014 年电视上星综合频道节目编排和备案工作的通知》文件，以及 2015 年国家新闻出版广电总局发出的《关于加强真人秀节目管理的通知》等，都有助于提高大众文化的格调，降低大众文化媚俗和过于娱乐化的倾向，使得大众文化的发展方向更为规范和有序，这也将意味着大众文化的影响是更为长久的。

第四节　当前中国大众文化的优势与局限

大众文化产生于西方社会的语境之中，并且在西方工业革命中获得了迅速发展。但大众文化并不是西方的专有名词，我国社会条件的成熟使得大众文化一经扎根就在神州大地上展示出无穷的活力。当今中国的人们，在社会生活的诸多方面已与大众文化产生了密切的联系。这正如有的学者所说："生活在当今中国都市的人们，不管个人是否喜欢，都无法否认一个事实：大众文化的潮流正拨动着几乎每个市民的心弦……可以说，大众文化正在每日每时地和潜移默化地影响，甚至塑造人们的情感和思想，成为人们日常生活的一个当然组成部分。"[①] 然而，大众文化从诞生之日起，就同其他新兴的事物一样，其性质和功能是两面的、兼有的、复合的。大众文化所固有的缺陷和弊端使其备受文化研究者的批判，然而大众文化所具有的特殊优势和积极功能却也促使其不断地繁荣蓬勃。

一　中国大众文化的优势

中国的大众文化从根本上说是依赖于中国特色的文化实践和人们的社会实践，在依照市场经济法则运行的同时，也受到政府相关政策的支持和法规的管理，这就使得当前的中国大众文化基本符合社会发展的方向和我国的社会主义性质，因而能够对我国的社会实践和民众产生积极影响。大众文化之所以能够有巨大的影响力，从根本上也体现了大众文化的内在特质优势，是社会历史发展中合规律性与合目的性的统一；也是大众文化所具备的特有价值功能优势，体现在满足人们精神需要、更新民众观念、推动社会经济发展和促进多元文化共存等方面。

（一）大众文化满足了普通人的精神需要和文化享受

人是物质需要、物质生活与精神需要、精神生活的统一体，在物质条件达到一定程度甚至物质生活还不十分充裕时，人仍然有着对精

---

① 王一川：《当代大众文化与中国大众文化学》，《艺术广角》2001年第2期。

神需要的渴望。马克思关于人的全面发展学说中，强调人的发展是整体的、全面的、多维的，而其中精神需要的满足和精神生活的发展不可或缺。他在论述工作日时说道，"工人必须有时间满足精神需要和社会需要"①。可见，人的精神需要并不是可以割裂的、与人脱离的，正是由于精神需要的产生和满足促使人类在历史长河中创造出灿若星河的文化瑰宝，形成了丰富多样、形态各异的文明。然而，在现实社会发展中，人的精神需要却受到多种因素的制约，并不是所有人都能获得并发展自己的精神需要。每个人的物质条件、教育经历、社会经验等都不同，处于社会上层的人有更多的机会和条件来实现和丰富自己的精神需要。还有一大部分人在生活压力的重负下，很难将精神需求放入社会生活的量表，更多的是以熟人之间的人际互动、民间的习俗活动来获得精神的慰藉。而我国社会发展中的基本矛盾，即人民日益增长的物质文化需要同落后的社会生产之间的矛盾还没解决。我国经过改革开放30多年的实践，国民经济总量稳步增长，人们的物质生活也逐渐提升，这时人的精神、文化需要也随之凸显并被广泛强调。普通人也希望通过文化参与和文化活动来调剂生活、释放压力，提高自身的文化素质和个人修养。但是，我国的文化发展还不能完全达到人们的要求。这两个因素导致了人们的文化享受和精神需求在一定程度上受阻，迫切需要促进文化生产和创新，以尽可能地破除阻抗因素。伴随着改革开放兴起的大众文化，在一定程度上缓和了我国社会文化发展中的困境，并对人们精神需求的满足产生了积极作用。

1. 大众文化通过娱乐轻松的内容调和人的精神冲突

"从文化内容上看，大众文化一般以游乐文化为主体，具有泛文化的特征，即社会的大文化。它以娱乐为功用，盈利为主导，受者主要为了消遣，是一种文化享乐。"②确实，大众文化之所以为人们所痴狂，在于它摒弃了主流文化的规约、精英文化的神圣，完全是世俗的、现实的、游戏的，使人们能够接近它、理解它，重要的是在参与中人们获得了愉悦、轻松的体验，一种无须深度思考、无须追问意义

---

① 《马克思恩格斯全集》第44卷，人民出版社2001年版，第269页。

② 孙占国主编：《当代中国大众文化研究》，吉林人民出版社1999年版，第178页。

的直接性、感性体验。这种体验也许被精英分子所不屑，但是却给普通人带来了调和精神冲突的舒缓剂。如各种情景喜剧和综艺节目逗人开心、排挤压力的作用，轻音乐治疗心理、抚慰人心的作用，励志剧鼓舞人心、增强自信的作用，网络游戏角色体验、排除烦闷的作用，流行小说转换时空、丰富想象的作用等，都有助于缓和现代人内在的冲突感。

2. 大众文化通过多种多样的形态释放人的精神压力

大众文化发展到今日，在形态和种类上已呈现出纷繁复杂的面貌，除了传统的影视文化、流行小说音乐、杂志报纸等，还衍生出时尚文化、广告文化、网络文化以及形形色色的亚文化。这些不同形式的文化都为人们带来了相对积极的影响，尽管有人批评说这种影响是虚幻的、非真实的、不可靠的，但并不排除人们确实能从某些大众文化产品中获得精神上的愉悦和心理上的慰藉。大众文化对人们日常情感生活投入了极大的关注，以普通人的视角观照和透视人与自我、人与他者所建构、交织的复杂情感，实现满足人们情感诉求的功能；大众文化也对消费型的感官文化进行了整合，使人们获得当下的感官体验和直接的情绪发泄，帮助人们释放精神压力。

3. 大众文化通过易入易进的方式实现人们的文化参与、文化享受

在普通人看来，文化只能是社会少数精英分子所创造和参与的，好像与自己关系不大。然而，大众文化的产生改变了这种情况。大众文化是面向所有群体的，是向所有民众敞开大门的，在大众文化中没有阶级之分也没有地位差异，人人都是平等的参与者，并不需要特殊的准入资格和准入条件，一切只要你愿意为之。因而，这使得大批普通民众蜂拥投向大众文化的浪潮，尽情享受大众文化带来的欢乐和狂欢体验。大众文化准入的低门槛实现了文化创造的新气象，即将普通人变成了文化参与的主体，并让人们在大众文化享受中获得了全新的文化体验。大众文化广泛的参与度、强烈的平民特质有助于当代人在钢筋混凝土构成的现代建筑中，在错综复杂的网状交通中，在川流不息的喧嚣嘈杂中，获得虽然浅显但仍带有意义的文化滋养。

（二）大众文化提供了普通民众更新观念和丰富生活的新途径

大众文化作为一种新类型的文化，也符合文化的一般要素和特

征，即包含相应的价值观念和思想态度。此外，大众文化也是来源于生活并映射到生活的，正是由于大众文化将重心放在对生活的关注和观照，才能引发多数人的共鸣和强烈反响。因而，大众文化在一定程度上也为人们提供了新的思想观念，更新人们的观念系统；也有助于扩展、丰富人们的日常生活，让人们在享受大众文化中获得不一样的生活体验。

1. 大众文化宣传了多样化的知识信息

大众文化在不同历史阶段，都能根据社会条件的变化进行创新和突破，并紧紧追随当下的社会发展趋势，以多样化的价值观念吸引不同受众的注意力。大众文化通过大众传播媒介输出、传递新知识、新信息、新思想，使人们接触到不同思想文化的交融和碰撞。在影视剧中的人物角色设定、剧情安排、线索发展等都是基于现代化的背景，并体现现代人所面临的一系列问题，诸如人们在家庭婚姻中所面临的困境、在职场社交中所遇到的挫折等，使人们在处理相似问题时可以进行有益的、选择性的借鉴，而不是按照传统的思维和措施来应对，这也有助于民众思想观念的更新。此外，各种综艺节目，将目光对准了普通人物，给他们展示自己才艺和实现梦想的舞台，让人们敢于追求、敢于挑战、敢于表现自我，让普通人也能站在镁光灯的照射下焕发光彩，这既是对多样化的包容，也使人们观看节目时获得更多的思考感悟。还有对中国传统文化解读的讲坛、历史事件分析的评述、养生保健的节目、时尚文化的资讯等，都从不同角度传递着社会生活诸领域中的新内容，使人们在观看、欣赏中获得了多样性的知识信息，并逐渐改变、更新人们的传统观念。

2. 大众文化拓展了新的生活休闲方式

不同社会、不同民族都有着自己特有的休闲娱乐方式，并形成相对固定的生活休闲空间。主要包括欣赏自然、接触自然、亲近自然而进行的自然生态互动，形成自然性的户外休闲空间；根据地理环境和种族特质所形成的游戏性互动，形成人与人的社会性休闲活动。这两种休闲方式大都是在户外进行的，且需要与他者进行相应的互动。而在当代社会，大众文化的盛行发展出了新的生活休闲方式。观看影视、收听音乐、阅读小说已成为人们休闲的重要内容，手机、电脑的高科技技术使得影视、音乐、文字欣赏变为随时都可行的常规化事件，而且这些活动的开展既不需要走出家门，也不需要他人参与，很多人更喜欢一个人从事这些活动的感觉；城市中各种新奇刺激的游戏机填补人们精神空虚、打发无聊时间，而室内的游戏节目，如密室逃脱、桌球、台球、碰碰车等也受到众多年轻人的追捧；KTV的出现，使人们在工作结束、朋友聚会时不用费脑子去寻找放松的地方，人们在包厢内任意呐喊、引吭高歌，尽情发泄自己的不满，抑或是表达自己的喜悦；还有在中老年群体中广泛流行的交谊舞、广场舞，极大地丰富了他们的日常生活，让中老年人也拥有了适合自己、有益身心的休闲方式。大众文化的发展使每个人都能根据自己的爱好和兴趣选择不同的放松方式，从而极大地拓展了人们的休闲生活空间，也促成了新的休闲方式的形成。

（三）大众文化推动了社会产业结构的变化和市场经济的发展

在我国社会产业结构中，农业是基础，工业是主导，第三产业是重要的补充。随着当代社会经济的转型和新兴产业的发展，第三产业的发展规模已实现了成倍的增长，在为国民经济做出突出贡献的同时，也满足了人们多层次、多方面的需求。而第三产业中的新闻出版业、广播、电视、电影和音像业、文化艺术业、娱乐业等正成为重要的经济增长点，而这些行业恰好也是大众文化所依赖的，并且发展程度较高。当代中国的大众文化，以文化的产业化运作和庞大的受众群体间接地推动了社会产业结构的变化，并对市场经济的发展产生了积极影响。

1. 大众文化有助于增加文化在社会产业结构中的比重

人们文化消费需求的持续增长需要增加文化生产比重，发展文化产业。《中共中央关于深化文化体制改革推动社会主义文化大发展大繁荣若干重大问题的决定》指出，发展文化产业是社会主义市场经济条件下满足人民多样化精神文化需求的重要途径。文化产业的强大既需要政府有计划地组织和引导，以保证文化产业的正确方向和社会主义性质；还需要引入市场经济的规律，公平竞争、自负盈亏，发挥文化市场主体的作用。而大众文化就是在市场经济条件下所发展、壮大起来的文化规模性生产，这使得大众文化在服务社会、满足人们文化消费需求中，间接性地推动了我国文化事业的发展。大众文化所带来的强大经济效益需要扩展文化在社会结构中的比重。社会生产既包括物质部门的生产和流通，也包括文化领域的生产和流通。由于文化生产所创造的效益相对于物质生产来说，是逐渐显示的、长远可见的、隐性渗透的，因而很多人并不看重文化生产的特殊价值，文化事业的发展也受到了阻碍。然而，大众文化以其独特的文化运作机制，不断刺激、扩大人们的文化消费，实现了文化生产所带来的巨大经济效益。各类影视剧，不管观众对其口碑如何，但大都能在成本之外获得或高或低的票房收入。特别是近几年来火爆银屏的青春片，其制作成本相对较低，但强大的青年受众使这类影片的经济效益极高。其他的大众文化产品也使人们在文化享受中获得了相应的经济效益，这使得文化在社会发展中的重要性更加凸显，客观上也要求文化产业比重的增加。

2. 大众文化带动了相关产业的发展，也激发了市场经济的活力

大众文化并不是孤军奋战的，它总是与其他行业有着密切的关系，既依赖这些行业所提供的资源和条件，如大众文化对大众传播手段的依靠、对新兴科学技术的运用、对名人效应的注重等，也对这些行业的发展产生了积极的反馈，以自己的发展壮大为这些行业提供了有利的条件。大众文化所衍生出的众多文化产业，如各个都市所设计、建造的文化街区、文化工坊、文化创意园、游乐园、主题公园，吸引大批青年群体；各类教育咨询机构、培训机构，则是大众文化对教育行业的介入；还有在大众文化的刺激下人们所看重的品牌消费，人们在消费时不再将质量和款式作为唯一的考虑，更加入了品牌意识和品牌理念，这使得不同领域的制造业也调整策略，以品牌和信誉抓住消费者的心理。大众文化所带来的是连锁式的反应，通过传播手段引导人们的文化消费，进而带动生产和流通，既决定市场主体在特定时期内所生产的物品种类和规模，也要求快速的流通转化为实际的经济效益。而且大众文化是灵活的、弹性的，并不固守在特定领域，也不满足于一时的经济效益，它会不断地求变、求快、求新，掀起新一轮的社会波动，这在一定程度上也激发了市场经济的活力，在带动其他产业发展的同时也推动了社会经济的增长。

（四）大众文化实现了文化领域多种类型文化的交流与融合

文化是个复合型、多维度的概念，可以按照不同的角度进行分类与解释，而随着社会发展所产生的新文化，使得文化多样化成为客观的社会现象。文化多样化是对不同文化体系和文化价值的尊重，现代社会的多元化在文化领域体现得更为明显。"21世纪在文化上可能是多样的，而且也是可行的。实际上，只有在文化上是多样的，才可能是可行的：一致性在人类领域里可能像在自然领域里一样是极其有害的。"① 文化多样性所带来的并不是对人类社会的发展造成混乱，而是不同文化的和谐共处与共生共伴，以实现"各美其美，美人之美，美美与共，天下大同"的理想境界。大众文化的产生和发展，促进了多种文化的交织与融合，有助于推动文化多样化的实现。

1. 大众文化与主流文化、精英文化的融合

大众文化是商品性的文化，带有较为明显的利益取向，但这并不必然说明大众文化绝对是低俗的、粗劣的，大众文化也可以吸收主流文化和精英文化的优秀成分。主流文化中强调的政治信念、思想态度、责任意识也反映在很多大众文化作品中，比如红色影视剧、主旋律小说等，大众文化在为人们提供文化享受的同时，也尽可能地发挥文化育人的作用；大众文化也积极融入精英文化的某些特质，在创造内容和文化品位上也加入神圣性的因素，注重文化的质量。此外，主流文化大众化也需要借鉴大众文化的宣传方式和宣传手段，也需要学习大众文化关注人的现实生活的内容，使主流文化能够真正为人们所认同和接受。而"以大众为主角的社会文化模式取代了以精英为主角的文化模式"，这使得精英文化要获得发展的空间，也需要逐渐向下转移，即认可大众的文化主体地位和特殊价值。所以，大众文化与主流文化、精英文化虽然存在着摩擦和隔阂，但却并未妨碍大众文化与这两种文化的融合、互动。而且伴随着社会多样化程度的加深，大众文化与主流文化、精英文化的关系会更加紧密，这也有助于文化多样性的发展。

---

① ［美］拉兹洛：《决定命运的选择：21世纪的生存抉择》，李吟波等译，生活·读书·新知三联书店1997年版，第121页。

2. 大众文化促进传统文化、现代文化、后现代文化的共存

从时间维度和性质内容来看，传统文化、现代文化、后现代文化分属于不同的社会历史发展阶段，而且有着侧重点不同的文化内涵和文化指向。传统文化主要产生于农耕时代，以器物文明和传统风俗为代表；现代文化产生于工业社会，以信息技术和现代价值观念为反映；而后现代文化则是一个相对尚未确定的概念，但带有解构、颠覆、边缘等特征。大众文化既宣扬传统的价值观念，利用传统文化的因子影响社会大众，因为每个人都不能与传统割裂；大众文化也倡导现代的思想观念、反映现代的社会景观，因为现实的人就是生活在现代的时空境遇下；大众文化为了争夺更多的受众，也加入了后现代的某些元素和内容，影响广大的青年群体。在大众文化的视野中，这三者的界限并不是绝对的，每种文化都可以丰富大众文化的素材和内容，只要是可以吸引人们的注意力，大众文化并不排斥引入不同类型的文化内容。因而，在大众文化的作用下，这三种文化实现了共存，并不断促成多元文化格局的形成。

大众文化使得多种类型的亚文化迅速发展。亚文化又称集体文化或副文化，指与主文化相对应的那些非主流的、局部的文化现象，亚文化是特定群体所创造、共享的，并带有本群体的价值观念。我国现在也存在着多种类型的亚文化，如青年亚文化、企业亚文化、网络亚文化、都市亚文化等。青年亚文化以青年为主体，诉说青年的话语、反映青年的心理，在当代发展得最为炽热，但仍旧有大众文化的某些特质，如易变、流行、另立等；而企业文化是大众文化在企业这个特殊组织中的变形和演变，根据企业的性质，又可进行更细致的分类；网络亚文化则是大众文化在虚拟网络的转变，其中具有代表性的网络流行语、网络恶搞、网络社交等也是以网络大众为参与对象的；而都市亚文化的不同形态，如当代人热衷的夜生活、不同风味的大排档、针对不同人群的购物街区等都是大众文化风靡都市的佐证，并吸引众多人驻足在城市打拼和奋斗。这些亚文化都有其不同的风格与意义，也是当代中国重要的文化现象。大众文化与这些文化是伴随而生的，并且随着大众文化的发展成熟，也促使这些文化不断获得发展的条件。这些亚文化以大众文化为重要的发展母体，从中不断繁衍和扩

展，最终在大众文化的作用下成为具有自身特性的文化类型。大众文化推动了多种类型亚文化的形成发展，大众文化在与这些文化的复杂关联中也造就了多元化文化的并存。

二　中国大众文化的局限

当代中国的大众文化虽呈现出较为繁荣的景象，但是大众文化的内涵式发展仍然显得比较欠缺。我国大众文化的质量仍然是参差不齐的，部分优秀的大众文化作品对人们的思想观念和生活方式起到了积极的影响，也能够满足人们的文化需求，但还有大量的消极庸俗的大众文化产品不断弱化、侵蚀人们的价值心理，导致人们文化素质的下降。因而，肯定大众文化的积极影响，并不是要遮盖、忽视大众文化所可能产生的各类负面影响，对这些消极影响也需要进行客观的、理性的分析。

（一）大众文化夹杂的西化式内容冲击了本土文化的影响力

中国大众文化经历了从外引入的过程，因而必然包括西方大众文化的内容。而当今世界交流交融不断扩大的趋势，使各个国家、民族之间的文化来往变得更为频繁，这也使得中国民众接触了大量西方文化和价值观念。西方文化是以西方人的思维方式和价值态度为主导的，是对其特定社会历史传统的反映，为了扩大、延伸西方世界的影响，西方文化借助大众文化的隐性形式不断侵入其他国家的社会、文化、思想阵地。在西方文化的大举入侵之下，中国的本土文化遭受了冲击，既包括主流意识形态文化受到的挑战，也包括传统文化受到的威胁。

1. 对我国意识形态的挑战

大众文化从其本质来说，是价值相对中立的文化现象，利益是其直接的动机和目的。然而，大众文化的创造者、传播者是有思想观念和价值意识的，在大众文化生产中会根据自己的意图融入自己所认同的价值观、思想观，这使得大众文化也带有一定的意识形态色彩。我国当前的大众文化是由两部分构成的：一是由本土性发展起来的、反映中国社会实践的大众文化，二是从西方引入的、具有西方思想观念的大众文化。而从西方引入的大众文化对我国意识形态产生了消极性的影响。"以美国为首的西方国家利用其文化产品（如电影、电视剧、书籍、广告等）的输出对社会主义国家公开地或者隐蔽地推销其政治制度、价值理念、意识形态、生活方式等。"① 这导致西方大众文化中隐藏的个人主义、英雄主义、世界主义、普世伦理等价值观，对我国集体主义价值观造成冲击。西方大众文化通过有目的的宣传和展示，将西方描述成美好、幸福、自由、平等的国度，这使得越来越多的中国人信奉资本主义比社会主义更具优越性，在一定程度上造成了民众的信仰危机。在西方大众文化的影响下，"发展中国家的民众；尤其是青年一代受其影响颇深，许多年轻人的生活方式、思维方式、价值向度等在悄然发生变化，原有的本民族的文化传统、生活方式、价值观念受到了冲击，严重影响了民众的民族认同感"②。此外，当前中国大众文化的许多形式，在价值判断和价值态度上是混乱的、中立的甚至是西化的。比如，对中国的国情、现状并没有进行真实反映，缺乏正确的标准看待现实社会发展；对人们生活方式和思想观念的引导上并没有考虑我国的社会主义性质，一味地崇尚西方并以西方为标度，让人们陷入拜金主义和享乐主义的泥淖却忽视了对国家和社会的责任使命。这严重影响了人们的思想认识，并扰乱了主流意识形态的功能发挥。

2. 对我国传统文化的威胁

在当代社会发展条件下，传统文化仍会展现自己的力量，因为传统本来就是斩不断的，传统具有一种断而相续的特性，没有哪个民族和个人能够完全脱离传统的影响。传统文化对人的思维方式、价值观念会产生持久的影响，并表现在人的行为活动中。中国传统文化注重伦理亲情、友善和谐、自我约束、社会为先，这些观念既有效指导、调控个体的行为，也保持、推进社会的稳定。而我国大众文化对西方思想观念的加入，以及众多西方大众文化产品的输入，使人们世代相继的观念逐步发生了变化。西方文化所呈现出来的，是对自由的推崇，不要任何束缚与制约，以"我"的视角去思考、去行动，社会、国家、集体、家庭并不能超越于个体之上。这导致人们在进行文化体

---

① 臧传军、刘昕霞：《西方文化渗透对我国意识形态安全的影响研究》，《人民论坛》2013 年第 8 期。

② 同上。

验时潜移默化地受到负面影响，即相信自我的唯一性和独特性价值，忽视道德法则和社会规范，不注重道德的提升和道德品质的完善；淡化血缘亲情，割裂家庭责任；强调人生享受，不去履行义务；要求社会为我，较少提及奉献。此外，通过在我国建造各类主题公园、倡导快餐饮食、引领服饰潮流等，西方大众文化直接涉入人们日常生活，让人们在消费这些文化产品时获得西式的生活方式，特别是降低青少年群体对我国传统文化的感知度和认同度，从而不断减少传统文化的遗传基因，这将会对我国的传统文化造成严重的威胁。

（二）大众文化的商品属性消解了文化本真的人文精神

1. 大众文化是商品经济和工业化发展的产物，因而必然有明显的商品性质

文化的商品化和商品性的文化，所主要考虑的并不是文化的性质和意义，而是通过文化消费以获得更多的效益，这在当前中国的大众文化市场中也有深刻的体现。即文化生产者将文化的商品属性最大程度地放大，导致"大众文化培育出的是一种异化的人格。大众文化既不关心人的精神焦虑，也解决不了人的生存难题，其文化消费性把人们带入一个幻想的世界，它对世界和秩序的全新编码只满足感官的愉悦和欢乐"①，而这既是文化人文精神的欠缺，也是文化基本意义的失落。

2. 大众文化强调感官刺激、释放本我力量，导致自我的虚位和超我的虚无

文化具有引导、调控人向积极方向发展的功能，并通过文化的向上性实现人的超越和提升。然而，大众文化的商品属性却使其忽视了文化所具有的人文功能，对利益的追求使得大众文化吸引和俘获大众的基本方式就是对感官刺激的满足，使人不假思索与考虑就能获得快乐的体验和享受。无深度性、平面性、直观性是大众文化的特征，它所追求的是为了让人们参与更多的文化消费，以实现文化商品的价值，思考的意义被放逐，虚假的幸福掩盖真实的痛苦。"由于在众多的大众娱乐文化中，强化和突出了文化形式的感官刺激功能、游戏功

---

① 陈龙：《大众文化的异化功能与现代人格》，《首都师范大学学报》（社会科学版）2000 年第 1 期。

能和娱乐功能，文化中应有的道德理性、审美价值、思想深度、终极关怀等内涵不断被削弱。许多大众文化消费者，是在一种忘却自我意识或自我判断的状态下，感受着高科技手段带来的某种浪漫、奇异、刺激。"① 大众文化对感官刺激的强调和人文功能的丧失，直接导致的则是个体心理结构中本我力量的膨胀，快乐原则成为支配和指导个体生活行为的首要原则，原始的冲动性、感性欲望被无限夸大；而理性自我难以对自然本我进行严格的控制与约束，造成自我的虚位；最终导致理想状态的超我无法实现。

3. 大众文化塑造出千篇一律的单面人，减少了人的丰富性

作为人类优化自身存在的一种活动，文化从本质上是体现深刻的人文关怀精神的，有助于丰富人的多面性。具有游戏娱乐成分的民间文化，是从人民内部发起和创造的，但仍然有着明显的人道主义特质，即坚信人的勤劳、善良、勇敢等诸多价值，并且有助于提升人的文明素养，可以说，"锻炼体能和智力的游戏，作为培养人类才能的一种手段，在文明化方面具有很高的价值"②。但在大众文化所制造的文化世界中，却使得人们的丰富性减少了，最终形成了千篇一律的单面人。工业化、批量化、模式化的文化生产方式，使得"大众文化对大众的塑造不仅表现于其模铸了千面一孔、丧失个性、犹如机器齿轮上的部件的大众，更在于它无情地消解着人的理性精神和生命的意义世界，使人的尊严与价值、生命轮回的意义与人的历史承诺在纵情声色、寻欢作乐的忘川般的嬉戏中彻底消融掉"③。大众文化导致人的个性丧失表现在诸多方面，思想观念上对时尚、新潮的追求与渴望，审美态度上与大众文化所倡导的美的标准趋同，视听感官上与影视剧、流行音乐的节奏保持一致，这使得人的主体性思考能力和批判能力不断在降低。而在大众文化的虚假狂欢过后，人们又要重新回归枯燥的日常生活，所引发的是更为落寞的状态和更加孤寂的心境。大众文化的强烈刺激和机械模塑，使人们对外在丰富性的感受减少了，人的自

① 赵继轮：《当代中国大众文化的道德追寻》，《道德与文明》1999 年第 3 期。

② ［英］爱德华·泰勒：《人类学——人及其文化研究》，连树声译，上海文艺出版社1993 年版，第 285 页。

③ 孙占国主编：《当代中国大众文化研究》，吉林人民出版社 1999 年版，第 205 页。

我力量丧失了，人的全面发展更加难以实现。

（三）大众文化的现实追求弱化了社会的聚合力量

当前我国的综合国力正不断上升，社会各领域的发展都取得了可喜的成绩，但我国仍处于社会主义初级阶段，还需要团结全社会的力量进行现代化建设并推进社会发展的进程。而作为社会发展的软实力，文化更应该发挥凝聚人心、聚合力量的社会功能，使人们能够在社会主义核心价值观的引导下共筑中国梦、共圆中国梦。因而，"文化产品的生产不能仅考虑到产品本身所具有商品价值及对消费者而言的效用价值，更要考虑到对社会及文化发展，对人的全面发展有益的人文价值，也就是要体现出对社会、对人民负责的精神，有利于培育'四有'公民和现代化建设"①。这说明大众文化在基本取向上除了以利益为考量，也要坚持社会取向，能够为社会服务、体现社会功用。然而，当前中国的大众文化，却并没有发挥应有的社会功能，反而使大众在文化享受和消费中逐步降低了社会的聚合力量。

大众文化来源现实、强调现实、反哺现实，使得人们的心态也带有更多的世俗性和现实性因素。大众文化的现实性追求使人们不再将崇高的信念、高尚的信仰作为精神支柱，国家、社会、民族的前途和命运已不是个人奋斗的目标，努力关注现实生活和当下人生是多数人的考虑。大众文化以文化消费为途径，刺激社会其他领域的消费，导致人们的消费欲望不断增加，造成了社会享受之风的流行。社会成员需要进行适度的消费，以满足自己的生活、生存需要，但消费过度和消费滥觞就会消弭人的心理和精神，使人们过于关注消费所带来的快感。这种世俗化的消费心态更会造成人们过于强调享受和权利，而无视责任与义务，影响整个社会的风气，也不利于社会的整体进步。部分大众文化产品使人们沉醉于无意义的游戏和享乐之中，消解人的意志和精神，侵蚀人的情感和思想，使人们在对精神鸦片的极度依赖中逐步丧失社会建设者的角色。电视广告、流行歌曲、时尚盛典、潮流前端等不断诱惑人们，特别是对青少年造成了消极影响，使他们在五光十色的世界中迷失自己，进而不利于社会未来发展中人才的培养。

---

① 孙占国主编：《当代中国大众文化研究》，吉林人民出版社1999年版，第205页。

（四）大众文化的独行其道打破了文化的原有状况和生态格局

以大众文化利益为主导的导向必定要使其增加受众，扩大规模和空间，甚至形成文化垄断局面，这就打破了文化原有的生态格局，对意识形态的主流文化造成威胁，对精英文化、高雅文化形成冲击，带来文化生态的失衡。

1. 大众文化对主流文化影响力和控制力的挑战

通过主流文化的信仰教育、价值观引导、规范规劝和系统整合，能够维持社会的稳定和增强人们的向心力。而产业化运作的大众文化，其功能却是与主流意识形态的功能相悖的，这种功能是通过人们自愿的文化消费实现的，因而是间接的、消费性的、商业性的。各类报纸杂志、电视电影、文学作品、网络游戏等，都是承载意识形态内容的特殊商品。这些商品对人的影响不仅在于刺激消费，更是"影响着人们的心理、思维，对人们有直接的价值导向和行为导向的作用"[①]。在大众文化的影响下，关于道德领域的善恶评价、经济领域的义利取舍、政治领域的认同与反对、生活领域的享乐与奋斗、社会领域的权利与义务等，这些本来有着确定标准和评价尺度的社会现象在当代社会都变得不那么确定了，也难以评价了，使得各种现代价值观便与传统的价值观发生了矛盾和冲突。而大众文化借助现代传播手段广泛、快速地渗透到社会的各个地方，使其发挥着以往任何文化形式都无法比拟的作用，这也导致其承载的享乐性、个人性、消费性、消解意义的、非确定性的意识形态功能不断发挥。这种带有强烈个人主义色彩的意识形态，对主流文化的控制力和影响力不断产生着挑战。大众文化的消费性意识形态对当代中国的主流文化产生了极大的挑战，这也改变了我国文化的原有状况，即政治性和意识形态性文化的相对减少。

2. 大众文化对精英文化和高雅文化的排挤

大众娱乐时代的来临使得大众文化横扫文化领域，大众文化的显著地位不断挑衅精英文化和高雅文化创造者的文化权威，普遍广泛的影响力不断挤压精英文化和高雅文化的存在空间，世俗现实的价值取

---

①　徐海波：《意识形态与大众文化》，人民出版社 2009 年版，第 180 页。

向不断消解精英文化和高雅文化的意义内涵。

（1）大众文化对精英文化和高雅文化权威的挑战。在文化领域，精英文化和高雅文化的创造者大都具有较广博的知识基础、深刻的人文意蕴、丰富的艺术体验和崇高的理想境界，他们掌握着文化解释和评价的权力，并拥有文化传播和发布的权威，这带给了他们相对较高的社会声望。然而，大众文化时代，却逐渐改变了这一切。在当代中国，各种学术精英、科技专家、著名作家、音乐家、书法家、画家等的号召力虽然还在继续保持，但却不及各类明星的影响力上升和蔓延之快。很多人对各领域专家、学者的名字可能并不知晓，对他们的专业贡献和科研成果更不了解，但却能响亮地叫出一个个大牌明星的名字，并对这些明星的个人资料和演艺经历了如指掌。明星的新闻发布会、歌唱会、歌友会、粉丝见面会、专辑书籍售卖会等，会有大批狂热的粉丝去捧场，很多人甚至节衣缩食、不远万里的只为见偶像一面，足见明星的强大吸引力；相比之下，除了在学校和相关的事业单位召开各种学术讲座、研讨会、科研培训，学术和科技的信息很难在大众中传播和推广。而大众文化在供大众娱乐的同时，也传递一定的思想内容，大众从中也可以获得关于生活和人生的价值信息，并且以这些信息内容来指导自己的生活实践，这使得他们不再依赖社会的精英分子所传递的思想观念。大众对事物评价的生活化、经验化和简单化倾向，导致他们趋同于大众文化所传播的信息内容，而对精英文化和高雅文化的崇高性、神圣性特质表现出怀疑、远离甚至不认同的态度。在他们看来，这些神圣性的文化与自己的生活和经验关联不大，既不能走进自己的生活也无法改变自己的生活。这种对大众文化的推崇和跟风，直接导致了人们对精英文化和高雅文化创造者影响力的忽视，对他们文化权威的挑战。如有的学者所指出，"知识分子在文化问题上已有的特殊权威不断遭到位于传统文化机制准则之外的新的生产、革新和评价模式的质疑"①，这种质疑在当代，很大程度上是由大众文化的泛滥所导致的。

----

① ［英］戴维·钱尼：《文化转向：当代文化史概览》，戴从容译，江苏人民出版社2004年版，第108页。

（2）大众文化对精英文化和高雅文化存在空间的挤压。大众文化生产者为了获得更多的利益，扩大规模、拓展领域是其重要的方法，这就使得精英文化和高雅文化的存在空间不断减少。这反映在现实生活中，很多人更愿意去影院看一场众星云集的喜剧或大片，狂热地追各种新出的电视剧，也不愿意观赏一场音乐会、话剧表演，他们的理由是观赏话剧和音乐会消费太高，而且关键是不能理解其中的精神内涵和表达主题；还有人更愿意拿着手机、对着电脑翻看不同类型的网络小说，关注明星的八卦资讯，也不愿意静下心来细读一部名著或美文，他们觉得网络小说想象力更丰富、明星八卦更有趣，而名著思想太过厚重和深沉，美文太过精美和有深度。对很多人来说，精神上的快餐虽缺乏营养，但是却快捷、经济、实惠，能够打发当时的无聊时间，能够给人当下的满足感。而当下的一时满足带来的只能是短暂的快乐，大众文化的无意义感和浅显只会让无聊和烦闷再次袭来，人们会再度屈从于感性的欲望而去消费其他大众文化产品，这就形成了恶性循环，但却使大众文化形成了稳定的受众群。由于大众文化就是源于生活并供大众享受的，它不给自己贴上人文风尚、艺术涵养、精神旨规和思想深度的标签，却以其直白、平庸、简单、现实化的利剑，冲破了具有价值意蕴和文化内涵的精英文化和高雅文化的牢笼和藩篱，使人们拜倒在大众文化产品的拜物教下，使得原本具有突出优势的精英文化和高雅文化不受重视甚至遭到了排斥。这也改变了文化的生态格局，精神性、人文性、意义性浓厚的文化形态在减少，而商品性、物质性和世俗性的文化产品在增加。

以上对大众文化的含义、中国大众文化发展的历史、当前中国大众文化的发展特点、中国大众文化所产生的影响进行全面的分析与梳理，旨在把握当代中国大众文化的具体状况，以进行研究视角的融合和研究主题的切入。即是为了分析大众文化对大学生生命价值观产生何种影响，在哪个层面产生影响、如何产生影响，并依据分析的结果进行对策的探讨和建构。上述对大众文化的相关分析、梳理是在借鉴前人研究成果的基础上，并通过实际的观察进行的论证，在某些观点提炼、语句表述、事实证明上可能还不十分准确，但从总体上能基本说明当代中国大众文化的发展概况，并奠定本书主题的基础。

第二章 大学生对大众文化依赖与喜好状况的调查

大众文化作为当今时代的一种重要文化形态，已经渗透到社会生活的各个方面。大众文化对大学生的生活态度、思维方式、价值观念等诸多方面都产生较大的影响。细致探究大学生对大众文化的依赖与喜好状况，深入分析其中的原因，对更好地促进大学生的健康成长具有重要意义。

2014年4月到6月，我们课题组运用典型抽样方法，分别从东部、西部、中部、北部、南部五个地区在全国选取了10个有代表性的省市——北京、天津、上海、江苏、四川、广西、贵州、湖北、湖南和陕西，抽取了17所不同层次高校（如985、211、普通本科、高职高专）作为施测学校（即中国人民大学、南开大学、南京大学、复旦大学、四川师范大学、华中师范大学、湖南大学、武汉理工大学、西安交通大学、贵州师范学院、广西医学院、湖北民族学院、江汉大学、湖北理工学院、武汉交通职业技术学院、中南财经政法大学武汉学院、武汉信息传播职业技术学院），进行了"大众文化与大学生生命价值观状况的实证调查"，发放调查问卷2700份，回收有效问卷2591份，有效回收率是95.96%。运用SPASS17.0进行数据输入处理。同时，本书为了能更全面、更有效地反映大学生对大众文化的依赖与喜好状况，除了运用该调查的数据统计结果，还补充了一些权威网站的统计数据，并以实证研究为基础，综合运用多种研究方法，以求多角度、多方面、多层次地探究大学生对大众文化的依赖与喜好状况。

第一节　大学生对大众文化依赖与
喜好的状况与特点

一　大学生对大众文化依赖与喜好的状况

调查发现，大学生了解、接触的大众文化形式呈现多样化分布。调查结果显示，对大学生影响较大的大众文化形式包括：偶像明星（19.4%）、电影和电视剧（74.7%）、流行歌曲（33.8%）、综艺节目（31.5%）、畅销书（19.5%）、网络游戏（9.1%）、新媒体（微信、微博、QQ等）（57.1%）、动漫（10.3%）、广播（2.9%）、其他（2.5%）（见图2－1）。归类比较，大学生所依赖与喜好的大众文化形式主要集中在影视文化、网络（新媒体）文化、流行歌曲及偶像崇拜这四个方面，以下就从这四个方面来具体呈现大学生对大众文化的依赖与喜好状况。

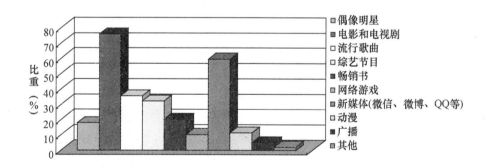

图2－1　身边影响较大的大众文化形式

（一）对网络文化的依赖与喜好状况

2015年2月，中国互联网络信息中心（CNNIC）发布的《2014年中国青少年上网行为研究报告》显示，从年龄分布来看，青少年网民中19—24岁所占比例最大，为49.6%；且手机、台式电脑和笔记本电脑三种设备的上网比例分别为 87.6%、70.1% 和 44%。[①] 2016 年1月22日，中国互联网络信息中心发布的第37次《中国互联网络发展状况统计报告》显示，截至2015年12月，中国网民规模达6.88亿人，互联网普及率达到50.3%，其中使用手机上网的比例为90.1%，手机网民规模达6.20亿人，较2014年年底增加6303万人。电脑端向手机端迁移趋势明显。另外，我国网民以10—39岁年龄段为主要群体，比例达到75.1%。

本问卷调查报告则显示：大学生"平均每天用于上网的时间"中有54.9%的学生上网平均时间超过3小时，其中有31.6%的学生平均每天用于上网的时间为3小时左右；有23.3%的学生平均每天用于上网的时间为4小时以上；有10.4%的学生平均每天用于上网的时间为1小时以内；有34.0%的学生平均每天用于上网的时间在2小时左右（见图2-2）。同时，报告也显示大学生2014年的周上网时长较2013年多4.2小时。

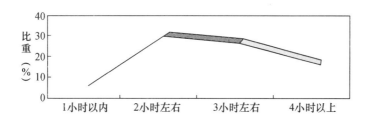

图2-2 大学生平均每天用于上网的时间

此外，在学生选择不超过三项"上网经常做的事情"中，排在前三位的分别是：69.4%的学生选择"看视频"，52.5%的学生选择"查资料"，33.6%的学生选择"聊天"。此外还有，26.2%的学生选择"浏览网页"，24.2%的学生选择"玩游戏"，23.2%的学生选择"网购"，19.2%的学生选择"接收通知和邮件"，13.6%的学生选择"发微博看微博"。同时，分别有36.1%和33.2%的学生认为网络的

---

① 中国互联网络信息中心：《2014年中国青少年上网行为研究报告》，http://www.cnnic.net.cn/hlwfzyj/hlwxzbg/qsnbg/201506/P020150603434893070975，2015年6月3日。

最大吸引力分别为"获取信息"和"消遣放松",有14.9%的学生认为网络的最大吸引力是"方便快捷",有14.3%的学生认为网络的最大吸引力是"沟通交流"。中国互联网络信息中心发布的《2014年中国青少年上网行为研究报告》也显示,大学生利用互联网和手机网络在信息获取、交流沟通、网络娱乐及商务交易等网络应用行为方面均有较高的比例(见图2-3)。

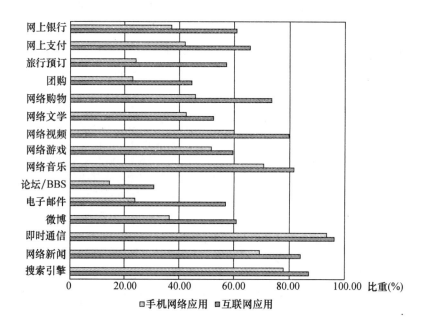

图2-3 大学生网络应用行为

注:资料来源于中国互联网络信息中心发布的《2014年中国青少年上网行为研究报告》

可见,大学生对网络的应用已经成为一种普遍现象,且随着智能手机的普及和Wi-Fi无线网络的广泛覆盖,网络已经成为当今大学生日常生活、学习以及与外界沟通的重要媒介。

(二)大学生对影视文化的依赖与喜好状况

大学生选择影视文化以娱乐放松为主要目的,69.7%的大学生认为影视节目是"用来缓解现实生活的枯燥与压力"。

大学生对影视类型的喜好调查显示,1541名学生喜欢看喜剧片,占被调查学生数的 59.5%；1238 名学生喜欢看爱情片，占 47.9%；697 名学生喜欢看科幻片，占 26.9%。这是最受学生喜爱的三种类型。此外，还有 22.0% 的学生喜欢看悬疑片，21.3% 的学生喜欢看纪录片，18.5% 的学生喜欢看警匪片，而只有 8.5% 的学生喜欢看家庭伦理片（见表 2 - 1）。可见，具有娱乐性的影视类型是大学生的首选。

表 2 - 1　　　　　大学生选择的电影、电视剧类型　　　　单位:%

	当代大学生选择的电影、电视剧类型（限选三项）											
	喜剧	爱情	武打	恐怖	科幻	纪录	警匪	悬疑	战争	动画	家庭伦理	其他
频数	1541	1238	474	318	697	550	480	571	290	471	220	57
比重	59.5	47.9	18.3	12.3	26.9	21.3	18.5	22.0	11.2	18.2	8.5	2.2

大学生对影视剧出自地区的选择调查显示：66.6% 的学生选择欧美地区，54.5% 的学生选择大陆地区，40.3% 的学生选择港台地区（见表 2 - 2）。此外，选择日韩的学生也达到了 39.6%。而只有 5.4% 的学生选择泰国，2.4% 的学生选择印度以及 1.7% 的学生选择其他地区的影视剧。这表明欧美、大陆、港台、日韩地区的影视剧吸引了绝大多数大学生。这说明欧美地区影视作品的制作技巧、剧情编排等更符合现今大学生的文化欣赏品位。

表 2 - 2　　　　　大学生选择的电影、电视剧产地　　　　单位:%

	欧美	大陆	港台	日韩	泰国	印度	其他
频数	1725	1413	1043	1027	139	63	43
比重	66.6	54.5	40.3	39.6	5.4	2.4	1.7

此外，中国互联网络信息中心《2013 年中国网民网络视频应用研究报告》显示：截至 2013 年年底，我国网络视频用户规模达 4.28 亿，且与整体网民相比，网络视频用户中，用户年龄结构偏年轻化，

其中高学历、高收入受众相对更多。大学生群体观看视频依赖于电脑设备的占 88.7%，依赖于移动设备的占 74.1%。[①] 同时，本调查显示，大学生所依赖的影视观看途径中，选择电影、电视剧的学生通过网络看视频的占 73.9%。由此可见，大学生观看影视的途径主要依赖于电脑和手机网络，一是与大学寝室没有配备电视机有一定关系，二是相对于传统影视媒体，网络视频的及时性、主动接收性、播放随时性、高灵活性等特点更好地迎合现今大学生用户的需求。

（三）对流行音乐的依赖与喜好状况

调查显示，大学生所偏好的音乐类型中，有 63.2% 的学生喜欢轻音乐，44.9% 的学生喜欢励志音乐，43.0% 的学生喜欢经典老歌，这是学生们最喜欢的三种音乐类型。还有 38.0% 的学生喜欢伤感音乐，26.2% 的学生喜欢摇滚音乐，而喜欢说唱音乐和红歌的学生则很少，分别只占被调查学生总数的 6.1% 和 4.5%（见图 2-4）。可见，大学生更喜欢能给自己带来正能量，且能以简单怀旧的方式填补自己精神匮乏的音乐类型。

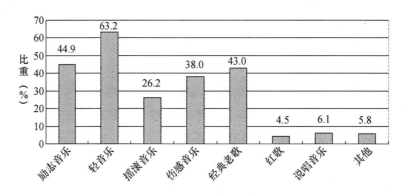

图 2-4　大学生喜欢的音乐类型

同时，大学生对流行音乐的偏好呈现审美娱乐化趋向。有 69.7% 的大学生认为"流行音乐可以缓解现实生活的枯燥与压力"。同时，有 78% 的大学生认为"流行音乐可以缓解和安慰自己伤心、焦虑等

[①]　中国互联网络信息中心：《2013 年中国网民网络视频应用研究报告》，http://www.cnnic.net.cn/hlwfzyj/hlwxzbg/spbg/201406/P020140609392906022556，2014 年 6 月 9 日。

负面情绪"（见图2－5）。这与流行音乐的大众化特质相关，流行音乐以其大众性、时尚性等特征更能以最简洁的形式表达大学生最复杂的情感，从而引起情感和思想上的共鸣。

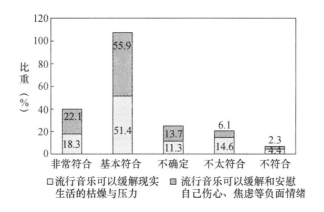

图2－5　大学生对流行音乐的审美倾向

此外，调查显示，大学生接触流行音乐的途径主要依赖于智能手机，有80.7%的大学生优先选择手机客户端。而且，中国互联网络信息中心《第35次互联网发展状况统计报告》的数据也显示，2014年手机音乐用户规模较去年增加了7538万，总体规模达到3.66亿，使用率较去年增长了7.6个百分点，达到65.8%，是使用率增幅最大的手机娱乐类应用平台。① 可见，大学生更青睐于通过智能手机来接触流行音乐，这也是当前智能手机的普及化与便捷化的发展趋势使然。

（四）对偶像明星的依赖与喜好状况

对大学生喜欢的偶像类型的调查显示，55.4%的学生偏好的偶像类型是明星，45.1%的学生会选择商业精英，33.7%的学生选择学术名人，这是学生们选择最多的三项。此外，还有29.7%的学生喜欢的偶像类型是作家，26.7%的学生喜欢的偶像类型是政治人物，15.6%的学生喜欢的偶像类型是草根英雄。可见，大学生选择崇拜的偶像类型深受自己的处世态度、知识阅历及价值取向等因素的影响。

---

① 中国互联网络信息中心：《2014年中国手机网民娱乐行为研究报告》，http：//www.cnnic.net.cn/hlwfzyj/hlwxzbg/201507/P020150715645290153392，2015年7月15日。

同时，大学生存在以偶像为榜样的精神依赖现象，有41.8%（基本符合和非常符合比例之和）的学生选择"会以自己崇拜的偶像明星为榜样激励自己"。此外，大学生群体中还存在通过各种途径关注偶像的行为取向，有37.2%的学生选择"会通过微博等新媒体时刻关注自己喜欢的明星"（见图2－6）。可见，大学生对偶像的选择与崇拜具有一定的精神激励性与依赖性。

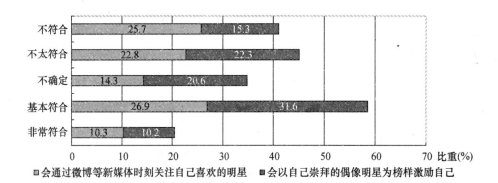

图2－6　大学生对偶像明星的依赖

二　大学生对大众文化依赖与喜好的特点

文化依赖与喜好涉及学生的情感态度、价值观、行为方式等方面，彼此之间相互交织、相互渗透。通过大学生对大众文化依赖与喜好状况的广泛调查，本书形成了大学生对大众文化依赖与喜好状况的整体判断。基于这样的判断，大学生对大众文化依赖与喜好状况呈现以下一些显著特征。

（一）大学生喜好积极向上且有时代气息、偏向感官享受的文化

在多元文化包围的环境下，大学生对大众文化类型的选择自由度较大，但从选择结果来看，积极向上的文化类型仍占主流。比如在大学生喜欢的音乐类型中，排在前三位的分别是轻音乐（63.2%）、励志音乐（44.9%）、经典老歌（43.0%），选择原因是它们能够给予人更多的正能量。轻缓休闲、温馨浪漫的轻音乐，如一首《秋日私语》，能让你紧张的神经摆脱复杂的思绪；给予人心灵启发与勇气的正面阳光的励志音乐，如一首《我相信》，能在你心灵受到挫伤的时

候告诉你"抛开烦恼，勇敢的大步向前"；久经时光的冲刷依然振奋人心的经典老歌，如 Beyond 的《光辉岁月》，能带你寻找逝去的时光故事。这些音乐之所以成为大学生选择的对象，是因为这些极具时代感且不乏现代性气息的作品符合他们追求自由、平等、开放以及自我发展的现代性审美品位，可见，学生对这些具有时代性音乐的喜好就"意味着对传统的一种超越，对新的社会性的认同"①。

另外，在"'90 后'大学生唱红歌显得落伍和老土"的问题上，调查显示 4.6% 的大学生认为"非常符合"，13.1% 的大学生认为"基本符合"，31.6% 的大学生认为"不太符合"，30.2% 的大学生认为"不符合"，另外 20.5% 的大学生选择"不确定"（见图 2 - 7）。如果把"非常符合"、"基本符合"整合成"同意"选项，把"不太符合"、"不符合"整合成"不同意"选项，可以看出，共有 17.6% 的大学生同意"唱红歌显得落伍与老土"，而 61.8% 的大学生并不认为"唱红歌显得落伍与老土"。红歌作为弘扬革命精神和爱国精神的绝佳载体，主要目的在于促使学生形成高尚的道德品质，养成高尚的爱国情操。例如，《我的祖国》、《没有共产党，就没有新中国》、《学习雷锋好榜样》、《我的中国心》等经久不衰的经典红歌，就包含着昂扬向上的人生态度、大公无私的奉献精神、满腔热忱的爱国情怀，都引起了大学生的情感共鸣，激励着他们在学习工作中勇于奋斗、开

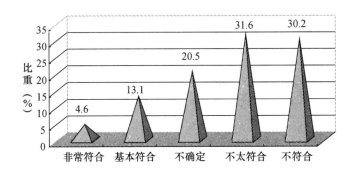

图 2 - 7　"90 后"大学生唱红歌显得落伍和老土

① 扈海鹂：《解读大众文化：在社会学的视野中》，上海人民出版社 2003 年版，第233 页。

拓进取。可见多数大学生在思想观念上偏好于这种传递正能量的文化作品。

　　但是，在大学生选择喜欢的音乐类型的调查中，又显示出他们在情感倾向与行为选择上存在着不统一，比如，选择红歌的学生只占调查学生总数的 4.5%。甚至，有关"'90 后'大学生再唱红歌显得落伍和老土"的问题与他们选择的音乐类型之间存在显著差异性①（$\chi^2 = 138.421$，P < 0.001，见表 2 - 3），数据显示，在认为唱红歌不会显得落伍和老土的学生中，只有 11.2% 的学生选择红歌。可见，大学生在情感上认同红歌传递的崇高精神，但因其缺乏时代气息很少成为大学生选择的对象。所以，大学生喜欢积极向上且具有时代气息的大众文化类型。同时，调查显示，在他们选择的对自己影响较大的大众文化形式中，电影和电视剧占 74.7%、流行音乐占 33.8%、新媒体文化占 57.1% 等。无论是对流行音乐的偏好，还是对影视文化的选择，存在的共性就是偏向感官享受。

表 2 - 3　唱红歌是否显得落伍和老土与喜欢的音乐类型的列联表

| | | | 喜欢的音乐类型 | | | | | | | |
			励志音乐	轻音乐	摇滚音乐	伤感音乐	经典老歌	红歌	说唱音乐	其他
唱红歌显得落伍和老土	是 (N = 455)	非常符合	36.4% (43)	50% (59)	40.7% (48)	35.6% (42)	26.3% (31)	5.9% (7)	6.8% (8)	4.2% (5)
		比较符合	34.1% (115)	57.9% (195)	32% (108)	41.2% (139)	28.5% (96)	3.3% (11)	6.8% (23)	5.6% (19)
	否 (N = 1598)	不太符合	46.4% (379)	65.4% (534)	25% (204)	37.6% (307)	47.4% (390)	4.4% (36)	5.3% (43)	5.9% (48)
		不符合	52.4% (409)	65.5% (511)	20.4% (159)	37.3% (291)	52.7% (411)	6.8% 53	4% (31)	5.3% 41
χ^2			138.421***							

────────────

　　① 本书假设显著性水平 α 为 0.05，由于概率 P 值近似于 0，则应拒绝零假设，认为两者之间具有显著性差异，在书中用"*"表示，* 表示 P < 0.05，** 表示 P < 0.01，*** 表示 P < 0.001。下文同此。

（二）大学生使用媒介多样化以及对网络媒介的依赖性

随着信息技术的发展，电脑网络及智能手机的普及，实现了"所有学生对所有学生的传播"，这也不仅为大众文化的传播提供了新的平台，而且成为大学生方便、快捷地接触大众文化的主要途径。根据中国互联网络信息中心 2015 年 6 月发布的《2014 年中国青少年上网行为研究报告》中关于大学生对自身网络依赖行为的调查数据显示：15.3%的大学生认为"非常符合"；51.8%的大学生认为"比较符合"；28.4%的大学生认为"不符合"；4.0%的大学生认为"非常不符合"；0.6%的大学生感觉"说不清"①（见图 2-8）。可见，高达67.1%的大学生认同自身对网络产生依赖性行为。在大学生接触大众文化的方式调查中也发现，89.1%的大学生通过电脑，80.7%的大学生通过手机，40.3%的大学生通过电视，29.1%的大学生通过朋友、同学介绍，剩下的 2.8%、1.9%、1.5%的学生通过现场观看、海报和调频广播的途径（见图 2-9）。由此可见，他们接触媒介具有多样性特点，但也显示出手机、电脑网络已然成为大学生了解大众文化的主要依赖媒介，根据美国大众传播社会学家鲍尔·洛基奇提出的媒介依赖理论，认为受众是依赖媒介提供的信息来满足他们的需求。大学

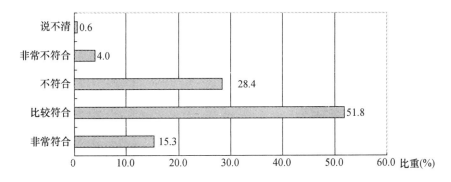

图 2-8　大学生对网络的依赖度

注：资料来源于中国互联网络信息中心于 2015 年 6 月发布的《2014 年中国青少年上网行为研究报告》。

---

① 中国互联网络信息中心：《2014 年中国青少年上网行为研究报告》，http：//www.cnnic. net. cn/hlwfzyj/hlwxzbg/qsnbg/201506/P020150603434893070975，2015 年 6 月 3 日。

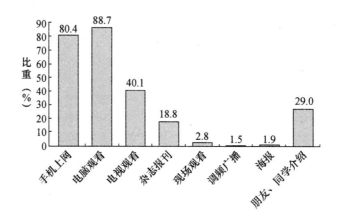

图2-9 大学生了解大众文化的方式

生对大众文化需求的满足更多地依赖网络提供的信息，他们对网络的依赖性具有以下特点：

1. 自由选择性依赖

在问及上网经常做的事情中，69.5%的大学生选择"看视频"，52.5%的学生选择"查资料"，33.6%的学生选择"聊天"，26.2%的学生选择"浏览网页"，24.2%的学生选择"玩游戏"，23.2%的学生选择"网购"，19.3%的学生选择"接收通知和邮件"，13.6%的学生选择"发微博看微博"（见图2-10），可见对网络的应用，大学生的选择空间是比较大的，自由度也较高。

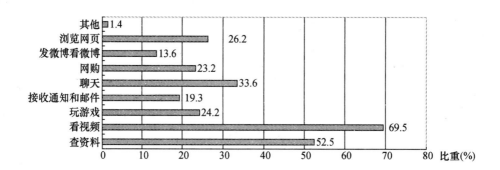

图2-10 大学生上网经常做的事情

同时，数据显示，身边影响较大的大众文化形式中选择电影电视剧和综艺节目与上网经常做的事情之间存在显著差异（$\chi^2 = 142.947$，$P < 0.001$，见表2-4）。选择电影电视剧的学生通过网络看视频的占73.9%，选择综艺节目的学生通过网络看视频的占72.95%。大学生之所以更倾向于通过网络观看视频，最显著的特点就是通过网络可以自由选择，网络视频突破了传统电视媒体的限制，通过网络，大学生可以根据自身的喜好与需求随时点播自己喜欢的网络视频资源。可见，大学生对网络视频的自由选择性是其主要依赖特点之一。

2. 及时便捷性依赖

问及网络对自己最大的吸引力的问题时，"获取信息"（36.3%）、"方便快捷"（15%），分别排在第一位和第三位。通过各种网络搜索引擎，尤其是手机的普及，大学生可以及时获得更新的新闻时讯，通过微信、微博等好友圈的互动与"点赞"参与虚拟世界中的网络交流，这种获取信息的及时性、便捷性也使他们对网络产生依赖心理。

表2-4　　　影响大众文化与上网经常做的事情的交叉列联表　　　单位:%

		上网经常做的事情								
		查资料	看视频	玩游戏	接收通知和邮件	聊天	网购	发微博看微博	浏览网页	其他
身边影响较大的大众文化形式	电影电视剧	54.4 (1053)	73.9 (1429)	21.4 (414)	19.0 (368)	35.3 (683)	25.1 (485)	13.02 (51)	27.5 (532)	1.1 (22)
	综艺节目	50.6 (411)	72.95 (93)	19.8 (161)	17.2 (140)	39 (317)	27.4 (223)	14.91 (21)	27.8 (226)	1.1 (9)
χ^2		142.947***								

注：括号内为频数。

3. 求知发展性依赖

调查显示，52.5%的大学生上网经常做的事情是"查资料"，同时36.3%的大学生认为，网络对自己最大的吸引力是"获取信息"，如下载论文、课程学习资料，观看网络教学视频。这说明，除了休闲娱乐，丰富的网络资源为大学生的自我成长提供了更多的途径，这也使得当代大学生越来越依赖网络来提升自己。

文化借助各种媒介传播，当大众文化与新型网络媒介结合在一起时，大学生对网络媒介的依赖性逐渐增强，表达了自身的文化依赖与喜好心理。这种依赖与喜好有利于开阔眼界，丰富生活方式，但他们对网络媒介的过度依赖，也会使网络媒介所携带的负面信息不可避免地对他们产生不良影响。

（三）大学生以身心需求为依据来选择大众文化

需要是文化生产的动因，也推动了大众文化的生产。"文化是包括一套工具及一套风俗——人体的或心灵的习惯，它们都是直接地或间接地满足人类的需要。"① 学生作为社会群体的一部分，具有对社会关系的依赖性。学生与社会文化互动的部分原因就是要满足自身的心理需求，如安全需求、自我实现需求、情感需求等。正是因为学生有这些需要，才会接受能满足这些需要的文化形式，进而在这种需要与满足的过程中实现对某一事物的依赖与喜好。

"使用与满足"理论的代表人物美国社会学家 E. 卡茨提出，人们作为受众，接触使用传媒的目的都是为了满足自己的需求，这种需求和社会影响因素、个人心理因素有关。调查显示，大众文化满足大学生的心理需求主要表现在：一是娱乐消遣需求。在对"影视节目、流行音乐只是用来缓解现实生活的枯燥与压力"的调查中，18.3%的学生表示"非常符合"，51.4%的学生表示"基本符合"，也就是说有69.7%的学生对此表示认同（见图 2 - 11）。二是社交需求。在对"网络提高了我的人际交往能力、扩大了我的交往范围"的调查中，分别有13.4%、38.2%的学生表示"非常符合"和"基本符合"，有51.6%的学生对此表示认同。三是求知需求。对"求职类的节目对个人求职很有启发，我能学到更多的求职知识"的调查，有70.1%的学生对此表示认同。四是心理自慰需求。在对喜欢的偶像类型的调查中，55.7%的学生选择明星。在对"我会以自己崇拜的偶像明星为榜

---

① ［英］马林诺夫斯基：《文化论》，费孝通译，华夏出版社2002年版，第15页。

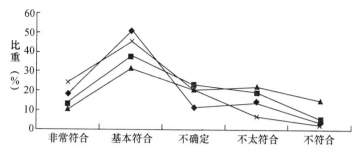

◆ 影视节目、流行音乐只是用来缓解现实生活的枯燥与压力
■ 网络提高了我的人际交往能力、扩大了我的交往范围
▲ 我会以自己崇拜的偶像明星为榜样激励自己
✕ 求职类的节目对个人求职很有启发，我能学到更多的求职知识

图 2 - 11　大众文化满足的心理需求

样激励自己"的调查中，41.7% 的学生对此表示认同。将二者进行交叉分析显示，其中 50.6% 的学生将自己崇拜的明星偶像作为自己的榜样（见表 2 - 5）。可见，当代大学生存在以明星偶像作为自己的精神动力或人生参照的现象，也正是这类文化的存在满足了大学生某些方面的身心需求，才会受到大学生的青睐并在该群体中得以广泛传播。

表 2 - 5　　崇拜明星者对"我会以自己崇拜的偶像明星为榜样激励自己"的态度

单位:%

	非常符合	基本符合	不确定	不太符合	不符合	合计
比重	13.3	37.3	23.2	18.4	7.8	100
频数	190	535	333	263	112	1433

　　根据马斯洛的需求层次理论，大学生的需求有一个从低级向高级发展的过程，大学生通过大众文化满足自身基本的身心需求后，会追求更高级的需求去实现自我，以达到理想自我。社会学家安东尼·吉登斯认为，自我认同主要通过自我反思与参照他人两种途径实现，其中，自我认同的核心部分是"理想自我"，通过与他人和社会的互动，个人思想与行为逐渐形成，并且内心渴望塑造一个"理想自我"。大学生认同某种大众文化，也是希望通过参照他人表达或实现内心渴望的"理想自我"。如对"《中国好声音》等选秀类节目能够满足草根阶层自我实现的愿望"的调查结果中，"非常符合"占调查学生总数的 9.2%，"基本符

合"占调查学生总数的 39%，即 48.2% 的大学生表示认同（见图 2 –
12）；"动漫可以让人从中体会到不同的文化，受到鼓舞或明白一些道理"
的调查中，17.3% 的大学生认为"非常符合"，44.4% 的大学生认为"基
本符合"，即 61.7% 的大学生表示认同；此外，还有 78.2% 的大学生认为
"影视节目中的温馨画面会提高自我感受幸福的能力"。

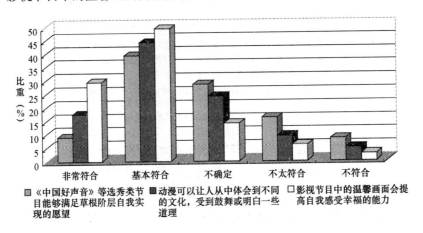

图 2 – 12　大众文化对自我的满足

　　由此可见，一方面，大学生会根据自己的生活实践来理解大众文
化的意义；另一方面，他们在接受既定大众文化的时候，往往会不自
觉地顺从文化制作者的意愿，并在这种意愿框架内接受这种文化对自
己的影响。大众文化逐渐成为影响大学生寻求自我，进行社会化的重
要因素。如库利提出的"镜中我"理论，通过将大众文化所提供的形
象、观念乃至行为方式作为"镜子"，大众文化承载的新的意义，在
一定程度上成为大学生关于自我形象的"镜像"，从中衡量并塑造自
身，成为大学生模仿学习的"榜样"与偏好的对象，体现他们对自我
身心需求的满足。

　　但自我身心满足是一个动态的过程，大学生在满足自身需求的进
程中也存在一定模糊性与不确定性。例如，关注大众文化是否影响正
常生活与玩手机的行为表现存在显著差异（$\chi^2 = 121.869$，$P < 0.001$，
见表 2 –6）：在对"虽然关注偶像明星、综艺娱乐、网络游戏，但不
会影响我的正常学习和生活"是否符合的调查中，分别有 32% 与

50.6%的大学生选择"非常符合"和"基本符合",还有11.4%的大学生选择"不确定",在这些学生中问及"我一起床就想玩儿手机,睡觉的时候也玩手机,我无时无刻不想玩手机"是否符合时,却有56.2%的学生表示认同。在30道表示对大众文化看法的题目中,设置了"不确定"选项,此项的选择比率在10.4%—37.7%,平均每道题目显示"不确定"的比率占19.5%。他们表现出的知行矛盾、不确定现象也说明了大学生在追求自我身心需求的过程中存在的自我不确定性,当社会评价与自我评价不一致时,容易导致大学生处于一种无方向感,且对自身角色、身份定位出现不确定性的状态。在这种价值冲突与心理焦虑下必然导致自我模糊。

表 2-6　　　关注大众文化是否影响正常学习和生活与
玩手机的行为表现的交叉列联表　　　单位:%

		无时无刻不想玩手机				
		非常符合	基本符合	不确定	不太符合	不符合
虽然也会关注偶像明星、综艺娱乐、网络游戏,但不影响我的正常学习和生活	非常符合 (N=826)	11.6 (96)	16.8 (139)	13.4 (111)	29.7 (245)	28.5 (235)
	基本符合 (N=1306)	6.4 (83)	21.4 (280)	18.9 (247)	33.4 (436)	19.9 (260)
	不确定 (N=269)	12.3 (33)	26.0 (70)	29.0 (78)	24.2 (65)	8.6 (23)
	不太符合 (N=149)	10.1 (15)	17.4 (26)	23.5 (35)	33.6 (50)	15.4 (23)
	不符合 (N=32)	12.5 (4)	6.3 (2)	6.3 (2)	37.5 (12)	37.5 (12)
x^2		121.869***				

（四）大学生偏好自由开放和个性化的大众文化取向

"价值选择是遵循一定的标准而进行的,价值标准是价值观得以建立的基础。"[①] 大学生在选择大众文化的时候,总是根据自身的主观偏好以及身边文化对自身需求的满足状况,形成自己的文化取向。

---

① 刘怀光、赵昆鹏:《当代媒体文化与青少年》,中西书局2011年版,第231页。

　　大学生对大众文化的选择具有个人自由开放性特点，比如：他们会按照自己的意愿选择自己喜欢的不同地区的影视剧，66.6%的学生选择欧美的，54.5%的学生选择大陆的，40.3%的学生选择港台的，39.6%的学生选择日韩的，5.4%的学生选择泰国的，2.4%的学生选择印度的等；根据自己的心情选择自己想听的歌曲，63.2%的人喜欢轻音乐，44.9%的人喜欢励志音乐，43.0%的人喜欢经典老歌，38.0%的人喜欢伤感音乐，26.2%的人喜欢摇滚音乐等；根据自己的需求选择自己想看的综艺节目，36.6%的人喜欢求职类节目，57.2%的人喜欢访谈类节目，20.8%的人喜欢婚恋类节目，40.1%的人喜欢明星类节目，21%的人喜欢选秀类节目等；根据自己的喜好关注自己的偶像，55.4%的人喜欢明星，45.1%的喜欢商业精英，33.7%的人喜欢学术名人，29.7%的人喜欢作家，26.7%的人喜欢政治人物，15.6%的人喜欢草根英雄等。另外，不少人通过网络做自己想做的事情，通过各种流行语或网络微表情诙谐地表达自己的观点与情绪。综观发现，这种特点具体表现为：一是个人思想情感表达的自由，二是个人具体行为的自由。二者是一个相辅相成的关系，正是因为大学生有思想情感自由释放的空间，才会有这种自由的行为表现；也正是通过行为实践满足了自己追求自由的心理需求，长此以往便形成了这种自由开放、个性化的文化取向。

　　大众文化的多样化发展，契合了大学生个性化世界延伸的需求，使得他们偏好多样、自由、凸显个性的文化消费形式，但他们在文化选择上的自由性、异质性行为，有时会与自己原有的价值认同或社会主流价值观相冲突。例如，在问及"好莱坞电影比国内电影更有魅力"是否符合时，调查结果显示，高达68.5%的学生对此表示认同。好莱坞电影之所以受到欢迎得益于其独特的魅力，如2010年内地上映的《阿凡达》是卡梅隆继《泰坦尼克号》之后刷新全球票房的又一新作，他的作品让观众在眼花缭乱的视觉效果中得到强烈的震撼与满足，其精致的电脑特效更为观众带来一场视听盛宴。但让我们深为忧虑的是，在《变形金刚》、《钢铁侠》、《蜘蛛侠》等影片中所颂扬的个人英雄主义、人类至上、金钱万能等思想与社会倡导的主流价值观不完全吻合，这些不良文化因素会影响到大学生的价值取向及他们的思维方式、文化反思及文化批判能力，降低大学生的理性思维和对社会主义主流价值观的认同。

（五）大学生对大众文化的依赖将有可能向深度发展

调查显示，大众文化已经逐渐融入大学生的日常生活之中，尤其是自媒体的出现，以及智能手机技术的更新升级，相对于传统的大众传媒形式，大众文化借助多媒体媒介以更新颖、便捷的方式渗透到大学生生活的方方面面。随意点播的电视剧、电影、音乐，方便快捷的百度智能解答，跨越时空的信息交流，快速及时的时事更新等，电脑、手机、iPad 作为技术依托实体，通过微博、微信、QQ、易信等不同形式的网络媒介给大学生提供了更为宽广、自由的选择空间。大众"对媒介影响潜意识的接受，使媒介成为使用者的无墙的监狱"[1]。随着社会信息化的发展，他们对多样化大众文化的需求与满足呈现出日常依赖性，而且随着技术的升级发展，网络、电脑、手机应用越广泛，这种依赖的程度将有可能向深度发展。

调查数据显示，大学生对大众文化各具体类型的依赖与信任表现在：69.7%的大学生认为影视节目、流行音乐用来缓解现实生活的枯燥与压力（1702[2]）；28.9%的大学生觉得自己无时无刻不想玩手机（1703）；51.5%的大学生认为网络可以提高自己的人际交往能力、扩大自己的人际交往范围（1706）；61.7%的大学生认为动漫可以让人体会到不同的文化，受到鼓舞或明白一些道理（1709）；20.7%的大学生觉得为了不落伍，使用网络流行语来表达自己的观点（1713）；37.2%的大学生选择微博等新媒体时刻关注自己喜欢的明星（1715）；41.7%的大学生会以自己崇拜的偶像明星为榜样激励自己（1716）；66.3%的大学生认为自己在遇到挫折时，励志的影视节目能给予正能量（1718）；78.0%的大学生在焦虑、伤心时，选择影视、音乐来安慰自己（1723）；70.1%的大学生认为求职类节目对个人求职很有启发，能学到更多的求职知识（1725）；还有78.2%的大学生认为影视节

---

　　[1]　[加] 马歇尔·麦克卢汉：《理解媒介——论人的延伸》，何道宽译，商务印书馆2000年版，第49页。

　　[2]　为使图片表示简洁，故用数字表示相应问卷题目，如 1702 表示问卷 17 题中的第二题，1703 表示问卷 17 题中的第三题，下同。

目中的温馨画面会提高自我感受幸福的能力（1728）（见图 2 - 13）。

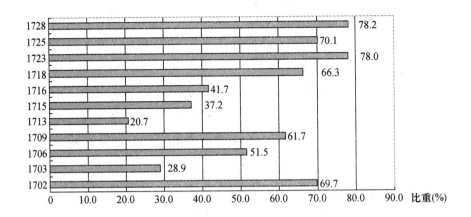

图 2 - 13　大学生对大众文化的依赖状况

可见，大众文化注重感官娱乐性与消遣性，且与人们的现实生活具有高度的同一性，加之各种信息媒介的不断升级，大众文化在逐渐渗入大学生的日常生活之中，重构着当代大学生审美追求与文化趣味，进一步推动大学生对大众文化的依赖。

第二节　大学生对大众文化依赖与喜好状况的差异比较

性别、专业、年级等相关人口学特征也是影响大学生群体对大众文化依赖与喜好特点形成的重要因素，大学生在不同特征下对大众文化的依赖与喜好特点呈现出显著差异性。了解大学生对大众文化的依赖与喜好状况，要做到普遍性与特殊性、共性与个性的统一，所以不仅要对一般状况了解，对整体群体特点了解，还要把握大学生群体中不同类别群体对大众文化依赖与喜好特点的差异性。

一　不同性别大学生对大众文化依赖与喜好状况的差异

在调查大学生对大众文化看法的题目中，选项由"非常符合"、"基本符合"、"不确定"、"不太符合"、"不符合"五个维度组成，分别赋值1—5分，本项分析将"非常符合"、"基本符合"合并为"符合"，将"不太符合"、"不符合"合并为"不符合"。卡方检验分析结果显示，男生与女生在对待网络文化、影视文化、时尚文化等方面的认知与选择上存在显著差异。具体显示，男生认为"好莱坞电影比国内电影更有魅力"的占76.0%，女生占63.6%，这说明男生追求感官刺激的需求度要高于女生；对于"网络提高了我的人际交往能力，扩大了我的交往范围"的认知，男生占55.6%，女生占49.0%，同时，对于"在网络游戏等虚拟世界里，会找到一种归宿感和自我价值感"的看法，男生占24.3%，女生占9.9%（见表2-7），这说明在日常生活中，男生在生活中对网络的依赖程度相对于女生来说要更严重，也正是男生对于网络的依赖度更高，让他们对自我的寻找更倾向于虚拟空间。男生在"'90后'大学生唱红歌显得落伍与老土"上认同度要高于女生，这应该与女生感情细腻，更倾向于有怀旧情怀有关。同时，男女生在"我会通过微博等新媒体时刻关注自己喜欢的明星"上也存在显著差异，持偏好态度女生的比率高于男生8.1%，这显示出女生的偶像情结要高于男生。此外，当焦虑、伤心，遇到挫折时，81.8%的女生和72.6%的男生认为"影视节目中的温馨画面会提高自我感受幸福的能力"，84.4%的女生和76%的男生会通过电视、电影、音乐寻求安慰。这体现了女生对于大众文化满足自身情感需求的依赖与喜好度要高于男生，这也说明了女生对于心理情感满足需要得到更多的人文关怀。

表2-7　　　　不同性别大学生的大众文化依赖与喜好差异　　　　单位:%

维度	性别		P 值
	男	女	
好莱坞电影比国内电影更有魅力	76	63.6	43.95***
网络提高了我的人际交往能力，扩大了我的交往范围	55.6	49	14.36**
在网络虚拟世界里，会找到一种归宿感和自我价值感	24.3	9.9	140.111***
"90后"大学生唱红歌显得落伍与老土	24.4	13.3	74.951***
我会通过微博等新媒体时刻关注自己喜欢的明星	32.3	40.4	19.051***
影视节目中的温馨画面会提高自我感受幸福的能力	72.6	81.8	31.612***

二　不同专业大学生对大众文化依赖与喜好状况的差异

大学生具有思想积极、独立、个性张扬的特点，他们对大众文化中的音乐类型、网络文化、影视文化、偶像类型等方面的依赖与喜好均存在显著差异。以大学生所喜欢的偶像类型为例，不同专业的大学生喜欢的偶像类型存在显著差异（$\chi^2 = 47.391$，$P < 0.01$）。

不同专业的大学生在选择的偶像类型上有明显差异（见表2-8）。在偶像类型是"明星"的选择上，理工类、文史类、艺体类、农林类、医药类大学生在各自群体中的比例分别为51.5%、61.6%、60.3%、44.4%、34.0%，文史类、艺体类大学生的比例高于55.4%的大学生整体水平，农林类、医药类大学生的比例远低于大学生整体水平，比例最高的文史类大学生比最低的医药类大学生高出27.6个百分点。在偶像类型是"商业精英"的大学生中，在各自群体中所占比例最高的是农林类大学生，为55.6%，远高于45.1%的大学生整体水平，而比例最低的是文史类大学生，为43.1%，农林类大学生比文史类大学生的比例高出12.5个百分点。在偶像类型为"作家"的选择上，文史类大学生在其群体中的比例最高，为34.8%，医药类大学生比例最低，为21.2%，两者相差13.6个百分点。之所以存在这些差异性，与不同专业大学生所学习的专业知识、生活学习背景、学科思维方式等因素有关。就如结果显示的艺体类、文史类大学生的偶像倾向于明星，理工、农林、医药类相比更倾向于商业精英。这也在一定程度上反映了不同专业大学生的人生观、价值观等方面存在一定程度的差异性。

表2-8　　　　　　　不同专业大学生对偶像类型的选择　　　　　　单位:%

偶像类型	专业				
	理工类	文史类	艺体类	农林类	医药类
政治人物	25.8	27.1	25.8	25.9	32.0
明星	51.5	61.6	60.3	44.4	34.0
商业精英	48.2	43.1	44.1	55.6	46.3
学术名人	31.6	35.5	33.7	33.3	34.5

续表

偶像类型	专业				
	理工类	文史类	艺体类	农林类	医药类
草根英雄	14.5	17.0	14.9	11.1	14.3
作家	25.5	34.8	29.5	29.6	21.2
其他	7.0	5.8	7.6	3.7	5.4
χ^2	47.391**				

三　不同年级大学生对大众文化依赖与喜好状况的差异

大学生作为一支使用互联网技术的主力军，经数据研究发现，不同年级大学生在上网状况方面存在显著的差异。主要表现在以下三个方面：

（1）不同年级的大学生在上网经常做的事情上存在显著差异（$\chi^2 = 222.839$，$P < 0.001$，见表 2－9）。选择上网"看视频"的学生，在各年级群体中比例最高的是大一学生（73.0%），比例最低的是大四学生（56.8%），其中研究生的比例为59.7%，也远远低于69.4%的大学生整体水平，大一学生的比例比大四学生的比例高16.2个百分点。在"聊天"的选择上，大一学生在其群体的比例最高，为41.9%，大四学生的比例最低，仅为9.9%，两者相差32个百分点，差异显著。此外，选择"玩游戏"上，在各自群体中所占比例最高的仍是大一学生（27.4%），比最低的研究生（11.7%）高15.7个百分点。选择"接收通知和邮件"的学生，在各自群体中所占比例最高的大四学生（35.8%）比最低的大一学生（16.1%）高19.7个百分点。这应该与各年级在不同阶段的学习任务有关，随着年级的升高，大四处于毕业季阶段，找工作、实习、写毕业论文等方面的任务分散了该群体上网的时间与精力。高年级学生与网络的接触更多的是以关注学校、班务通知，关注就业招聘信息为主。相比之下，低年级的学生则更多的是以休闲、娱乐、人际交往等适应大学校园生活为主要目的。在上网"查资料"的选择上，年级越高，上网查资料在其群体中的比例就越高，研究生的比例最高，为70.9%，大一学生比例最低，为46.8%，研究生比大一学生高出24.1个百分点，差异显著。这也

显示出，研究生阶段学生利用网络的方式与本科生阶段的区别，研究生阶段的学习相比本科阶段的学习更偏向于研究性学习，通过网络来收集资料显得尤为重要。

表2-9　　　　　不同年级大学生在上网经常做的事情上的差异　　　单位:%

年级	上网经常做的事情								
	查资料	看视频	玩游戏	接收通知和邮件	聊天	网购	发微博看微博	浏览网页	其他
大一	46.8	73.0	27.4	16.1	41.9	20.9	9.9	23.6	1.4
大二	48.4	70.4	24.6	22.1	30.0	22.6	16.7	25.8	1.6
大三	57.0	70.7	26.8	18.2	19.7	24.8	11.8	28.0	2.9
大四	58.9	56.8	25.9	35.8	9.9	25.9	23.5	27.2	0.0
研究生	70.9	59.7	11.7	22.2	29.8	29.1	19.8	33.0	0.0
χ^2	222.839 ***								

（2）不同年级的大学生平均每天上网时间上存在显著差异（$\chi^2 =$ 93.288，$P < 0.001$，见表2-10）。如平均每天上网1小时以内，在各自群体中比例最高的是大三学生，为13.5%，比例最低的是研究生，为5.1%，两者相差8.4个百分点。平均每天上网2小时左右，在各自群体中比例最高的是大一学生，为37.0%，比例最低的是研究生，为24.8%，两者相差12.2个百分点。平均每天上网3小时左右，在各自群体中比例最高的是大四学生（34.6%），比例最低的是大三学生（29.8%）。平均每天上网4小时以上，大一、大二、大三、大四学生、研究生在各自群体中所占比例分别为19.1%、22.5%、19.9%、24.7%、40.0%，研究生比例最高，大一学生比例最低，两者相差20.9个百分点。以上数据表明，研究生平均每天的上网时间远远高于其他年级的学生。这显示出，随着年级的升高，专业课程学习任务的减少，学生自己可自由支配的时间较多，尤其是在研究生阶段，自由、研究性的学习任务，使该群体与网络接触时间更长。同时，这也显示出一个现象，就是大学生在可自由支配的日常生活、学习时间中，不同年级均对网络的依赖程度逐渐加重。

表2-10　　　　　不同年级大学生在"平均上网时间"上的差异　　　单位:%

平均每天用于上网的时间	年级				
	大一	大二	大三	大四	研究生
1 小时以内	12.1 （145）	9.8 （56）	13.5 （42）	6.2 （5）	5.1 （21）
2 小时以内	37.0 （443）	22.7 （193）	36.9 （115）	34.6 （28）	24.8 （101）
3 小时以内	31.8 （381）	34 （195）	29.8 （93）	34.6 （28）	30.1 （123）
4 小时以上	19.1 （229）	22.5 （129）	19.9 （62）	24.7 （20）	40 （163）
χ^2	93.288 ***				

（3）不同年级的大学生在网络对自己的最大吸引力认知上存在显著差异（ χ^2 =102.957，P＜0.001，见表2-11）。认为网络的最大吸引力是获取信息的大学生中，大一、大二、大三、大四学生和研究生在各自群体中的比例分别为30.6%、34.5%、34.9%、44.4%和54.9%，年级越高对其认可度越高，比例最高的研究生高于比例最低的大一学生24.3个百分点。这显示出随着年级的升高，学生的整体知识素养的提高。认为网络的最大吸引力是消遣放松的大学生中，大一、大二、大三、大四学生和研究生在各自群体中的比例分别为33.2%、35.9%、42.0%、29.6%和24.8%，大三学生所占比例最高，研究生所占比例最低，两者相差17.2个百分点。大四阶段学生忙于毕业就业等事务，大学阶段专业课学习较集中于大一、大二阶段，大三阶段进入一个课业任务减少，即将面临毕业的缓冲期，所以业余时间较多；即将面临毕业的紧张矛盾心情，自然而然地，使网络的消遣娱乐成为他们学习生活的调味剂。认为网络的最大吸引力是沟通交流的大学生中，在各自群体中比例最高的是大一学生（17.4%），比例最低的是研究生（9.3%），两者相差8.1个百分点。这说明刚进入大学校园的新生面临着与老师、同学、朋友之间的人际交往问题，在一个陌生的环境中，新生更需要处理好与周围同学的人际关系来渐渐适应新的校园生活。

表 2-11　　不同年级大学生在"网络的最大吸引力"上的差异　　单位:%

网络的最大吸引力	年级				
	大一	大二	大三	大四	研究生
获取信息	30.6 (367)	34.5 (198)	34.9 (109)	44.4 (36)	54.9 (224)
消遣放松	33.2 (398)	35.9 (206)	42.0 (131)	29.6 (24)	24.8 (101)
沟通交流	17.4 (209)	13.8 (79)	10.6 (33)	13.6 (11)	9.3 (38)
方便快捷	17.7 (212)	15 (86)	11.9 (37)	12.3 (10)	10.3 (42)
其他	1.0 (12)	0.9 (5)	0.6 (2)	0.0 (0)	0.7 (3)
χ^2	102.957 ***				

四　不同家庭环境大学生对大众文化依赖与喜好状况的差异

家庭环境是影响学生发展的重要因素,调查显示,学生的家庭所在地、家庭经济状况,以及家庭与学生亲疏关系的差别对大学生在大众文化的选择上有潜在的影响。下面以大学生对综艺节目类型的选择为例,分析不同家庭环境大学生对大众文化依赖与喜好状况的差异。

不同家庭所在地 ($\chi^2 = 50.565$,P < 0.001)、不同家庭经济状况 ($\chi^2 = 46.511$,P < 0.001),以及家庭与学生的亲疏关系 ($\chi^2 = 53.398$,P < 0.001)三方面的差别呈现出大学生在综艺节目类型的选择上存在显著差异(见表 2-12)。来自城镇的大学生和来自农村的大学生喜欢的综艺节目主要集中在访谈类、明星秀、求职类三种节目类型上,但城镇大学生和农村大学生在求职类节目的喜爱程度上却存在显著差异。在求职类节目的选择上,来自城镇的大学生和来自农村的大学生所占比例分别为 26.8% 和 44.4%,农村大学生的比例远高于 36.6% 的大学生整体水平,并且比城镇大学生的比例高 17.6 个百分点,这显示农村大学生在对求职类节目的喜爱程度上明显高于城镇大学生。同时,调查结果显示,在求职类节目选择上,家庭经济状况富裕、一般、贫困的大学生在各自群体中的比例分别为 24.7%、34.3% 和 47.8%,其中家庭经济状况贫困的大学生的比例远高于 36.6% 的大学生整体水平,并且也高于家庭富裕的大学生 23.1 个百分点。这都充分说明一个问题,就是来自农村的、家庭经济状况贫困的学生在求学阶段对自身未来的就业问题关注较多,对大众文化的选择更倾向于务实性。

此外，调查结果还显示，不同经济状况的学生在选秀类节目的选择上也显示出一定差异。在选秀类节目上，家庭贫困的大学生（23.6%）在其群体中所占比例要高于家庭富裕、家庭一般的大学生（16.5%、20.6%）。近几年，各大选秀类节目的轮番出现，不断地刺激着新一代年轻学生"一夜成名"的神经，相对于家庭富裕的大学生来说，家庭贫困的大学生未来的发展没有过多的物质支撑，只能靠自身的不断努力。就如《中国好声音》走出来的大陆"90后"具有标志性的新生代歌手吴莫愁，从大山里走出来的彝族姑娘吉克隽逸等，都不断刺激着这类群体学生的敏感神经。

表 2-12　　　不同家庭环境大学生在选择综艺节目类型上的差异　　　单位:%

家庭环境		综艺节目类型						χ^2
		求职类	访谈类	婚恋类	明星秀	选秀类	其他	
所在地	城镇	26.8	58.1	19.0	42.3	20.6	10.7	50.565***
	农村	44.4	56.8	22.3	38.6	21.5	11.2	
经济状况	富裕	24.7	57.7	30.9	34.0	16.5	5.2	46.511***
	一般	34.3	58.9	21.1	41.8	20.6	10.8	
	贫困	47.8	51.8	18.1	35.8	23.6	12.7	
与家人关系	亲密	37.6	60.2	19.2	41.3	21.7	9.9	53.398***
	一般	34.6	50.0	24.1	37.2	19.1	15.2	
	疏远	25.6	25.6	46.5	39.5	25.3	7.0	

在访谈类节目的选择上，与家人关系亲密、一般、疏远的大学生在各自群体中所占比例分别为60.2%、50.0%、25.6%，其中与家人关系疏远的大学生比例最低，远远低于57.2%的大学生整体水平，也比与家人关系亲密的大学生低34.6个百分点。在婚恋类节目的选择上，与家人关系亲密、一般、疏远的大学生在各自群体中的比例分别为19.2%、24.1%、46.5%，与家人关系疏远的大学生又比与家人关系亲密的大学生高27.3个百分点，表明家庭与学生关系的亲疏不仅影响学生对大众文化节目的选择，更深层次地反映出大学生在不同的家庭环境下的情感寄托问题。与家人关系疏远的大学生必然是在家长

与学生情感沟通、交流上出现障碍，在这样情感比较疏离的家庭环境下成长起来的大学生，便不会对情感沟通、交流类节目感兴趣，而将情感寄托在其他方面，通过其他方式来满足自身对家庭温情的心理需求，那么，爱情作为人生永恒的主题，是培养自己未来家庭亲情的又一基点，所以他们选择婚恋类节目可以在一定程度上得到情感寄托。

第三节　影响大学生对大众文化
依赖与喜好的因素

大学生对大众文化依赖与喜好的产生是一个比较复杂的社会过程，是由经济、社会、文化以及青少年自身心理特点等多种因素促成的。但无论是什么因素，又都是置于一定的主客观条件之中，由多种因素的合力形成。本书认为，影响大学生对大众文化依赖与喜好的因素，除了大众文化内在本质影响，还包括大学生自身心理的发展特点与外在的社会环境因素的影响。

一　由大众文化内在的本质来决定

大学生之所以对大众文化有一定程度的喜爱与依赖，与大众文化自身特点能够契合大学生的内在身心发展需求有关。

大众文化的娱乐性与形象性满足了大学生的感官享受。大众文化自身所具有的愉悦效果，总是能让人们在轻松自由的氛围中得到休闲与满足。而现今大学生面临着就业、择业、升学等各方面的压力，在大众文化娱乐、轻松的氛围中能够得到暂时的释放。就如大学生通过各种影视、流行音乐，能够刺激自己的感官欲望并在一定程度上得到满足。

大众文化的多样性与开放性丰富了大学生的日常生活。大众文化化身于各种文化商品，如电影电视剧、娱乐节目、畅销小说、网络游戏、音乐酒吧、KTV、生活用品广告、选美选秀比赛等，跻身于大众日常生活的方方面面，出现在社会生活的每一个环节，几乎是对整个社会生活的全覆盖。可以说，丰富多样、自由开放的大众文化为人们创造了一种共享文化空间，在这一空间里，大学生可以随心选择自己喜爱的文化形式来满足自身的身心需求，使枯燥、单调的学习生活变得日益丰富多彩。

　　大众文化的平等性与自由性激发了大学生对自由公平的渴望。不同民族、性别、文化程度群体都可以接触大众文化，任何群体都可以通过大众文化自由释放自己。平等与自由是当代大学生理想的生存状态，通过大众文化可以激发大学生对自身主体性和自我价值的追求，达到一种自我满足感。就如，深受"90后"大学生群体追捧的每年一季的《中国好声音》之所以能吸引大学生，就是通过这个平台，激发了他们向往自由平等追求梦想的渴望，凸显了一个个体在这个世界的存在价值。

　　二　由大学生自身的心理发展特点来决定

　　大学生对大众文化依赖与喜好特点的形成还受到个体内在因素的影响。个体依赖与喜好特点实际上是他们在与大众文化的接触过程中通过不断认识、不断接纳、不断调整而形成的，从对大众文化的认识，到对大众文化的态度和情感体验，以及通过自身意志对行为的调节，再到对大众文化的进一步认知，它的形成是一个知、情、意、行相互影响的结果。

　　（一）认知水平的差异性

　　认知作为对一定事物的理解和认识，它是大学生们行为表现的先导，没有正确的认识，就没有正确的行为表现。一个学生的成长发展不能脱离一定的社会文化环境，是一种与文化互动的过程。一般说来，一个学生的认知水平是对一种文化是否产生依赖与喜好的基础。不同的认知能力和认知水平会影响自己对文化的价值评判标准，会产生不同的文化认同与依赖。调查显示，不同年级的大学生在关注偶像明星、综艺娱乐、网络游戏是否影响自身正常学习和生活等一些问题上存在显著差异（见表2-13）。例如，对于"好莱坞电影比国内电影更有魅力"、"网络游戏中的'死而复生'容易让青少年失去对真实生命的敬畏"、"'网络恶搞'实质是以一种诙谐、搞怪、恶作剧的方式颠覆经典、张扬个性和宣泄情感"等观点，研究生的认同度明显高于本科生①，这体现了研究生更开阔的视野和更理性的判断；对"求职类节目对个人求职很有启发，我能学到更多的求职知识"的认识，大一学生的认同度最高，大四学生的认同度反而最低，这说明大四学生比大一学生更愿意相信自我的实践经验与认知判断。总之，不同学生个体的实践经验、信息储量、思维能力等是影响他们的认知水平的重要因素，其对大众文化的选择与偏好又与不同学生个体对外界事物的认识、评价和判断能力有关。

表2－13　　　　　　　　　不同年级学生的认知状况　　　　　　　单位：%

维度	均值（年级）					F 值
	大一	大二	大三	大四	研究生	
好莱坞电影比国内电影更有魅力	2.29	2.10	2.14	2.22	1.92	11.226 ***
网络提高了我的人际交往能力、扩大了我的人际交往范围	2.57	2.68	2.78	2.93	2.79	5.617 ***
网络游戏中的"死而复生"容易让青少年失去对真实生命的敬畏	3.22	3.18	3.17	3.28	2.92	4.272 **
"网络恶搞"实质是以一种诙谐、搞怪、恶作剧的方式颠覆经典、张扬个性和宣泄情感	2.72	2.65	2.66	2.52	2.31	11.575 ***
求职类节目对个人求职很有启发，我能学到更多的求职知识	2.01	2.23	2.26	2.56	2.42	20.356 ***
意义深刻的影视节目如《少年派的奇幻漂流》、《士兵突击》能够启迪人生	1.96	2.13	2.22	2.22	2.14	8.345 ***

———————

①　问卷以"非常符合"、"基本符合"、"不确定"、"不太符合"、"不符合"五个级别为顺序进行划分，以1、2、3、4、5赋值代表五级选项。均值越低，代表认同度越高；相反，均值越高，代表认同度越低。下同。

（二）情感表达的必要性

情感表达作为一种非智力因素，是伴随着学生的认知而产生和发展的，不断调节着学生的行为取向。大学生们对于所面对的客观事物持有什么样的情感，影响着学生对这一客观事物的态度与行为。情感表达是对客观事物的态度体验，是客观事物是否满足主体需要而产生的态度反映，是在社会关系中表现出来的一种爱憎好恶的态度。情感表达作为一种心理反映，不同的外界环境会引起个体不同的情感反映，不同的情感反映会引起不同的行为取向。情感表达是大学生文化依赖与喜好的催化剂和助推器，大学生需要一个承载体来抒发自己的情感，当大学生感受到大众文化具有能满足这些需求的独特魅力之时，大众文化便作为对大学生情感的一种反映，融入大学生的日常生活之中，因而它与大学生生活之间具有直接统一性，他们在接受或参与大众文化时没有心理障碍。例如，2013 年网络流行语，诸如"不明觉厉"、"人艰不拆"、"XXStyle"、"你幸福吗?"、"元芳，你怎么看?"、"高富帅"、"躺着也中枪"、"赞"、"正能量"等，形象、个性、生动地成为新一代群体流行的情感表达方式；一首动听歌曲的旋律所带来的美妙感以及歌词引起的情感共鸣；一种带有欧美风、日韩风或复古风的服饰打扮所能彰显自身的个性、品位及审美等；一部周星驰的《大话西游》电影带给自己的情感宣泄；一部宫崎骏的《千与千寻》带你寻找儿时的童话故事等。当代大学生对怀旧、复古、文艺、清新等系列具有强烈的表达需求，当大众文化能够满足他们这些情感需求时，大学生就会表现出积极的态度，一切都顺其自然地和大众文化达成一致，这样大众文化所内含的价值观念、思想意识形态等也就能比较顺利地获得大学生的青睐与认同。

（三）价值取向的自我性

价值取向是指一定主体基于自身的价值观在面对各种客观事物或社会关系时所持有的价值态度、价值立场，它作为自身人格的核心部分被个体所认同并内化，具有评价、指引和调节行为主体态度与行为的功能。所以，不同的价值观决定着大学生的不同价值追求，从而影响着他们的不同行为选择。价值观按不同的分类标准可以划分为不同的种类，根据其所指向的利益对象，可以概括地分为集体主义价值观和个人主义价值观两类。大学生的价值取向多趋于务实性与理想性的结合，多以"自我"为中心。这种以自我意识为取向的价值观必然使大学生对能满足其口味的大众文化趋之若鹜，积极、多元、开放、自由的大众文化产品能满足他们一定的自我心理需求，能从其中找到自己理想的未来。在调查学生喜欢的偶像类型中显示，分别有55.7%和45.4%的学生选择的偶像类型是明星和商业精英。这就看出大学生偶像崇拜中的物质主义价值观，也体现了大学生在价值目标取向、价值标准定位以及价值实现手段等方面功利性的特点。

三　由外在的社会环境因素来决定

（一）市场经济的竞争压力

改革开放以来社会主义市场经济的迅猛发展，是导致大学生出现上述依赖与喜好特点的根本原因。经济基础决定上层建筑，文化的发展要适应市场经济的发展，就决定了市场经济条件下的大学生大众文化依赖现象的产生，主要是由市场经济带来的新的生产、生活方式及其价值观念所引起的。

市场经济竞争给大学生带来了各种压力，如学习压力、升学压力、就业压力。在巨大的竞争压力面前，一些大学生会积极面对、挑战压力；一些大学生会消极面对、承受压力；一些大学生甚至会忽视自我、逃避压力。正是在这种充满竞争的社会环境中，大学生会产生一种心理上的不平衡，"体内的不平衡引导人们向一定方面努力，去实施相应的行为并满足自己的需要"①。弗洛伊德就提出，压力的释放可以通过移情的方式在非现实的虚拟空间得以实现。大众文化所具有的娱乐消遣功能使之成为一些学生躲避竞争压力的港湾。如调查结果所显示的，有78%的学生会在焦虑、伤心时，选择看一些综艺节目、电影、电视、音乐来寻求安慰和缓解。例如：《中国好声音》连续三季受到广大群众尤其是新生代群体的追捧，在调查中有将近48%的大学生认同《中国好声音》等选秀类节目能够满足草根阶层自我实现的愿望。在这个可以实现自我展示、自我满足的充满美丽幻想的舞台上，只要参与到节目中，每个人都会有"梦想成真"的机会。正是由

---

① 罗子明：《消费者心理学》，清华大学出版社2002年版，第76页。

于大众文化具有满足他们娱乐、消遣需求以及自我实现需求的功能，部分学生为了舒缓心理压力，乐于享受大众文化产品所带来的感官享受，在这种低层次的满足中释放自己的心灵。当然，大众文化受到大学生的青睐，不仅仅是其用来缓解生活压力，也是因为大学生在激烈的社会竞争中看中了这类节目所能提供的公正、平等的竞争机会。

（二）信息化下的现代传播媒介

现代传播媒介为大众文化传播提供了多样传播平台。社会信息化的发展是大学生形成大众文化依赖与喜好的重要原因。20 世纪 90 年代以来，信息通信技术得到了迅猛发展，互联网和经济社会信息化使大众文化的传播更加广泛和深远，微博、微信公众平台、QQ、Facebook、微网站、微 APP 等新型的传播媒介与大众文化紧密结合，为大学生更加高效便捷、平民化地获取信息与分享信息提供了平台。同时一些并不怎么被主流社会认同的大众文化内容，经过各种媒体的加工制作和网络的传播，便可跨越时空到处宣扬，潜移默化地影响着大学生的生活，改变着他们的思想、行为和生活方式。比如，通过网络就可以足不出户地查资料、看视频、玩游戏、接收通知和邮件、聊天、网购、浏览网页，网络的覆盖大大满足了大学生不同的文化生活需求。

现代传播媒介使大学生产生了网络依赖心理。网络媒介所具有的文化资源的共享性、文化信息的丰富性、文化传播的快捷性以及文化影响的广泛性等特征，导致新生代群体对网络媒介产生依赖性。这种依赖性，一是基于网络媒介传播的跨时空性，强大的网络搜索引擎可以满足大学生对多样文化的需求。同时，使大学生可以跨国界地消费异域文化，推动了文化大众化的发展。二是使用网络媒介不会受到文化认知、年龄等各方面条件的限制，满足了大学生对平等、自由的需求。例如，可以通过大众论坛如博客、微博、贴吧等，根据自己的兴趣爱好提出问题或解答问题，或者就某一社会现象、社会问题发表自己的见解与主张；智能手机所具备的无线网络功能可以让你随时随地交友聊天、网上通信、了解时事、关注社会最新动态；通过各种网站引擎，可以检索和了解体育、音乐、影视、时装、游戏，乃至天文地理、历史人文等大学生需要的各种信息；通过电脑或手机，还可以进行网购、网上预订、网络交费转账服务等。总之，网络技术的发展与应用满足了大学生的文化需求，却也在一定程度上潜移默化地"培养"着新生代群体的媒介依赖性。

（三）多样文化间的相互交织

市场经济、社会信息化的发展以及新媒体网络技术的应用，为形式多样的文化传播和相互交织提供了发展的空间。相比优秀的传统文化、高雅的精英文化，更能吸引大学生眼球的是具有时代性、娱乐性的大众文化，复杂多样的大众文化形式诸如影视文化、流行歌曲、网络文化、流行服饰等在他们的生活中相互交织，不断冲击着大学生还未成熟的价值观。

多元文化交织中充斥着西方文化价值观。西方资本主义国家通过现代强大的电视、电脑、网络系统到处宣扬和推行资本主义的文化理想、价值观念、生活方式，以达到重塑别国人民的思想精神、价值观念的目的。据调查显示，有66.7%的学生会选择欧美地区的影视作品。而在大陆卖座率较高的《变形金刚》系列，《逃离德黑兰》、《爱》、《被解放的姜戈》、《乌云背后的幸福线》、《悲惨世界》、《少年派的奇幻漂流》等2013年奥斯卡获奖电影，都显示出人类对勇敢、忠诚、爱、诚实、温情、正义、机敏、友谊和个人英雄主义等品质的赞赏，而这种魅力在不知不觉中诱导着大学生的文化依赖与喜好标准，为他们提供一个"乌托邦"式的逃避世界，冲击着本民族所弘扬的主流文化价值观，淡化了对本民族文化的理想与热情，最终导致大学生出现文化价值认同与喜好的失衡和偏颇。

多元文化交织中非理性因素侵蚀着主流价值标准。任何一种文化总是承载着一定的价值观，这些价值观中包含着理性的一面，也包含着非理性的一面，其中非理性的因素必然会影响到主流价值观的传播。形式多样的大众文化在商业化运作模式下，主要目的是迎合大众的口味，多以"收视率"、"票房"等衡量文化作品的价值，这种非理性的价值取向对大学生的理性认知构成威胁，当大学生接触到信息量很大且更新很快的大众文化信息时，只会流于感性的浏览，缺乏理性的思考，使他们感到无所适从，无法做出正确的价值判断，最终导致部分大学生价值标准的模糊化。

（四）非正式群体间的相互交往

"人类之所以会形成文化的认同，是因为人类是以群体为单位而生存的，因此必然地会形成对事物的共识。"[1] 大众文化的传播可能从个人开始，但最终却往往以群体为载体而存在。个人的文化创造及对事物的认识通过活动传达给其他人，在这个与他人相互交流的过程中，个体的思维方式或被否认，或为他人所接受而达成共识，从而影响到整个群体的思想行为，这种从个人认知到群体认知的文化整合方式是文化依赖与喜好形成的重要途径。

非正式群体间的交往是大学生实现社会性本质的必要纽带。大学生作为社会关系中的个体，与他人建立联系进行社会互动是他们实现社会化需求的途径。大众文化所具有的可以跨时空的文化交流特性，为大学生提供了范围更广且便捷的社会交往平台，使他们的社会性得到更广泛的延伸和发展。而大众文化的传播与流行也正是依靠社会中相当一部分学生的自觉依赖与喜好，使它在一定意义上作为非正式群体交往的共识性社会符号和"通用语言"，帮助大学生在与他人互动中建立新型的社会关系，促进大学生进一步拓展他们的交往范围。同样，现代传播媒体作为大众文化传播的重要媒介，也为大学生提供了新的交往环境。从一定程度上讲，虚拟的媒介环境正在替代着现实交往环境。就如，网络论坛的各种闲谈评论，实现了共同文化爱好者之间的交流品论；新一代微会、微信、易信等交往软件逐渐取代传统短信交流方式；新浪微博、豆瓣、人人网、QQ 空间等各种社交 SNS 网站可以了解朋友、同学、亲人的心情、动态，实现及时的关注，保持紧密的联系。

非正式群体间的交往是实现大学生心理平衡的调和剂。大学生作为身心尚不完全成熟的社会群体，会通过接受各种大众文化来寻求社会认同，从而达到心理上的平衡。这就需要借助非正式群体这一更充分社会化的交往载体，通过大众文化进行对话和交流，以及在交往互动中通过大众文化这面"镜子"来映照自我、观照自我，把握自己在现实生活中扮演各种角色的尺度，增强与非正式群体之间的共同意识

---

[1]　郑晓云：《文化认同与文化变迁》，中国社会科学出版社 1992 年版，第 6 页。

和归属感。所以通过非正式群体的交往参与大众文化进行社会化的过程，就是实现自我认同的过程。但不同的价值观、价值标准在这个多元的、开放的文化环境中汇聚，冲击着主流文化倡导的主流价值观，也会导致大学生出现思想模糊的现象。

第三章　大众文化影响下大学生生命价值观的实证研究

伴随改革开放和市场经济的飞速发展，大众文化作为一种普遍的文化现象已经渗透到各个阶层、各个角落，给我国社会带来良好的经济和社会效益的同时，也对大众（包括大学生）的价值观产生了不可忽视的双重影响。它以其特有的商业性、娱乐性、流行性、普及性影响着青年大学生对生命的思考与追问。伴随功利价值观的上升，生命的意义被忽视，自我的力量被轻视，"恶搞人生"、"游戏生命"、"浮生如梦"、"空虚寂寞冷"、"羡慕嫉妒恨"成为青年大学生的"流行语"，大众文化对大学生的生命价值观发挥着越来越深刻而潜移默化的影响。

第一节　大众文化对大学生生命价值观的影响特征

文化是影响个体生命价值观形成的重要条件之一。文化蕴含着价值观，承载着价值观，又影响着价值观的生成。在中国，大众文化的兴起和泛滥客观上形成了不同于社会主流文化的"第二文化空间"：一个经济性、商业化、多元化、开放性的社会文化环境。与主流文化、精英文化相比，大众文化对大学生生命价值观的影响具有独有的特征。

一　影响内容现实化

影响内容现实化是指大众文化对大学生生命价值观的现实性影响而非终极性影响。受经济快节奏发展的影响，受商业利益的驱动，大众文化从诞生之日起，就具有文化快餐的速成性、便捷性、简易性和易消费性的特点。它摆脱了旧有文化的沉重、深奥、曲折，采用浅显的、现实的内容和直接的、快节奏的形式来传播信息，娱乐大众。受众可以不用动脑子去分析，不用花心思去思考，只是尽情地让情绪在最简单、最直白的状态里获得愉悦。"在青少年喜爱的流行文化快餐中，无论是漫画书、魔幻小说、青春读物，还是商业影视剧、网络小说、网络歌曲，无一例外地迎合了这样一种特征，即在内容上表现为现世性、日常性和大众性；在形式上表现为参与性、世俗性和公开性；在艺术风格上表现为简单性、贴近性和世俗性。"① 大众文化这种现实化、世俗化的内容渗透到大学生的生命价值观中，使大学生的生命价值观也日渐向现实化、世俗化方向发展。部分大学生在对当代大众文化的狂热消费中，不再盲目崇拜领袖，追随理想，而是开始用一种自我的态度和审视的眼光去分析、判断、取舍他们所遇到的人生和社会问题，更加关注大众文化所褒扬的现实生活和成功人士，更加推崇具有时代感的明星偶像，也更加追逐大众文化所宣扬的物质与欲望，高扬世俗的幸福生活。

二 影响领域生活化

大众文化对大学生生命价值观的影响不是通过直接的教育与启蒙，而是通过对大学生生活方式的影响发挥效力的。大众文化的娱乐性和平民性丰富了大学生的生活空间，拓宽了大学生的生活视野，提供了大学生宽松的生活环境，使他们的生活色彩斑斓。调查发现，大学生的日常生活已离不开大众文化：流行文学、通俗读物是大学生的主要阅读对象；韩剧、美剧和流行音乐是主要的视听对象；电脑、手机、iPad 是首选的消闲工具。学生的服饰衣着，也透露着文化的流行气息。有的先锋前卫，有的个性强烈；有的洋气，有的返朴；有的以成人文化的服饰体现成长的自信，有的以偶像族的服饰体会追星的感觉。学生个体之间的交往，除了以学习任务作为话题，较多的是以自己的文化生活作为主题。即使宿舍、班级集体活动以及各种社团活动也往往成为大众文化的盛会，如"快乐新声"、"动漫艺术展"、"明

---

① 高震、刘路：《电视综艺节目的文化解读》，《中国电视》2002 年第 3 期。

星模仿秀"、"时装秀"等。可以说大众文化已经渗透到大学生的点滴生活中,轻而易举地俘获着大学生的思想和情感。它既让大学生压抑的心灵得以释放,自我的个性得以张扬,沉重的学习和竞争压力得以缓解;同时也使得大学生在追逐感官娱乐的快餐生活与虚无缥缈的精神向往中消解对人生理想的追求,逃避对社会责任的担当,走向一种消费主义与享乐主义。

三 影响时空交错化

大众传播的现代发展,以电视、电脑、手机和网络构成了后信息社会的视觉文化。在视觉文化中,信息技术无孔不入地改变着人们的听觉、视觉、知觉和感觉。大众媒体尤其是互联网的广泛使用在一定程度上改变了人们对于时间概念和空间距离的理解,封闭传统的生活空间演变为多元开放的文化市场。开放的网络结构体系改变着生活、空间、时间的物质基础,使信息在全球范围内即时流动,形成流动空间,从而开拓人们的认知范围,实现人们的情感满足。当下,很多大学生都拥有 QQ 空间和博客等,在这类个性化的网络空间里,他们可以任意驰骋,毫无顾虑地展现自己、表达情感,这在一定程度上促进了大学生的自我认知和自我实现。但时空交错、鱼龙混杂的数字化、信息化也不断侵蚀着人们的生活世界,逐渐使人失去正常的感知、判断、评价能力。美国学者丹尼尔·伯斯丁认为,网络正在削弱我们的思考力,汽车使人类体能弱化,网络使人的智能弱化,长此以往,人类可能会被网络变成"弱智儿"。我国网络专家李河在《得乐园·失乐园》一书中更形象地指出:"我们的头脑似乎成了不停转动的水轮机,每天有大量信息推动它旋转。我们甚至来不及记住它们,更不要说思考和消化它,当然有些人根本就不想去思考它。到处都是信息,唯独没有思考的头脑。"[①] 繁荣的网络文化已把大量不健康的信息、虚假信息、垃圾信息、西方发达国家的生活方式、价值观念带到了个体生活中,不少大学生不加选择也不知如何选择,要么迷茫、不知所措,要么全盘吸收,世界观、人生观、价值观逐渐发生扭曲和错位。

---

① 转引自谢忠保《互联网对大学生的影响》,《青年研究》2000 年第 8 期。

四　影响方式感性化

大众文化产生之前，文化之于人的精神领域，具有超越、净化、理性、自由等审美功效。如今的大众文化为了迎合人们的消费心理，更专注于躯体感官的满足，它承载的文化使命更多的是为公众提供消遣、休闲和娱乐，使他们获得轻松的满足、感官的愉悦、精神的慰藉。这就使得它难以像经典文化那样，承载深刻的历史使命感和理性批判精神，文化原有的教育、净化、提升、超越等功能被逐渐弱化。有学者评价当前的大众文化，"审美已不再追求精神的理想性和价值的深度，而是追求'现实原则'和'快乐原则'驱动下的感性形象；不是注重对文化意义的思考，而是注重对文化的直观性体验"。[①] 在对大众文化的直观性体验中，大学生很容易迷失在大众文化所构建的平面化、平庸化和享乐主义的感性世界里，沉溺于从各种感性的形象中所获得的感官愉悦，其人生价值取向也相应地表现出明显的重当下"感性"而轻终极"理性"、重感官"反应"而轻理想"价值"的感性化特征。有的大学生仅为活着而活着：对"理想"，他们怀疑理想的现实价值或批判理想的崇高性；对生活，他们惯于虚拟空间，疏离真实生活环境，讨厌枯燥乏味的学习生活；其生命观已经缺乏热切期盼和意义趋赴，整天说"无聊，没劲"，认为"活着没意思"、"生活没有什么令人激动的东西"、"答不出'你感到最快乐的事是什么'"，等等。

五　影响过程潜移默化

文化是人创造的，但人类一旦创造了文化，这种文化又会反过来影响、塑造甚至改变人类。文化无处不在地对人们的思想、行为进行暗示、导向和规范，这一切常常是在不知不觉中进行着的。大学生在社会化过程中，耳濡目染，通过各种各样的渠道，接受文化中的思维习惯、情感模式和行为规范，经过潜移默化的内化过程，沉淀于潜意识的底层，支配着自身的行为。相比精英文化和主流文化，大众文化更以其愉悦、宣泄、刺激等元素吸引着大学生，以其传播方式和接受方式的即时性、广泛性、参与性和非地域性渗透到大学生的日常生活

---

① 孟繁华：《众神狂欢》，中国编译出版社 2003 年版，第 236 页。

中，大学生在观看大众文化作品或参与大众文化活动时往往会不知不觉地接受其作品背后价值观的影响，也往往会无意识地模仿其中的思想、行为和感情。这种模仿既有表层的对人物服饰、举止的模仿，也有深层次的对生活方式和价值观念的认同，如大众传媒信息中充塞的暴力内容、暴力情节对大学生的生命意识就产生了潜移默化的影响。研究表明，长期观看暴力卡通、暴力影视剧或沉溺暴力游戏的大学生会逐渐丧失感受同情和伤痛的能力，他们会把剧中对生命和游戏中对生命的漠视态度沉淀到自己的人生观和价值观中去，最终走向对现实生命的冷血。

第二节 大学生生命价值观的总体特征

2014 年 4 月到 6 月，我们课题组运用典型抽样方法，分别从东部、西部、中部、北部、南部五个地区在全国选取了 10 个有代表性的省市，即北京、天津、上海、江苏、四川、广西、贵州、湖北、湖南和陕西，抽取了 17 所不同层次的高校，进行了"大众文化与大学生生命价值观状况的实证调查"，发放开放式访谈问卷 85 份，全部回收；发放自选式问卷 2700 份，回收有效问卷 2591 份，有效回收率是 95.96%。运用 SPASS17.0 进行数据输入、处理。

调查发现，"90 后"大学生的生命价值观呈现出多元化特征，主流上是珍爱生命、积极进取、平和务实，但也有少部分大学生面对利益分配的失衡和遭遇的困难挫折，表现出悲观困惑和狭隘功利的特征。

一 清醒的生命认知意识与欠缺的求生技能并存

对生命的认知是生命价值观确立的基础，能够正确地认识生命存在的价值，才能够接受生命本体，热爱生命，树立正确的人生态度。经调查分析发现，"90 后"大学生生命意识很强，非常珍惜生命的来之不易，对生命的价值和生存的技能较为关心。在开放式问卷中，"请用'生命'、'生活'或'死亡'开头写下几句话，说明您对生命、生活和死亡的态度"时，大部分学生写的是："生命来之不易，感恩、珍惜才是应有的态度。"在问及"当遇到某种强大压力或挫折时，您是否有过自杀的念头"时，有 61.2% 大学生没有过自杀的念头；还有 67.9% 大学生认为大学生自杀行为是对生命的轻视。在问及"您是否对人的生命及生命价值进行过思考"时，有 39.0% 的大学生表示会经常思考；有 57.5% 的大学生表示会偶尔思考；两者相加达 96.5%（见图 3 – 1）。此外，"90 后"大学生也具有较强的生命共同体意识，能够把自我生命与外界他人生命、自然界生命紧密联系在一起。调查中，88.5% 的大学生认为"我的生命并不完全属于自己，还属于家人、朋友、社会"；87.2% 的大学生认为"伤害自己和他人都是对生命价值的否定"。在开放式问卷中，有学生写道："生命是值得敬畏的，生命也是无论贫贱与种族的。动物、植物、人的生命都是值得尊敬的。"在现实生活中，"90 后"成了无偿献血救人、绿色环保组织和宣传等活动的重要主体。

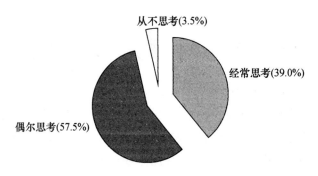

图 3 – 1　您是否对人的生命及生命价值进行过思考

值得注意的是，"90 后"大学生虽重视生命，但部分人不关照生命，缺乏生存常识和求生技能。在关于"面对突发性危机，如火灾、溺水、中毒、交通事故等，您是否了解各种生存常识、处理方法和逃生技巧"的调查中，有 34.1% 的大学生表示不太了解，有 2.7% 的大学生表示不了解，还有 0.4% 的大学生对此漠不关心。2014 年秋季开学，重庆、浙江、江苏、河南、四川不断爆出失踪女大学生返校途中被抢劫、被杀害的新闻，也可见其求生技能的欠缺。另外，不少大学生并不十分注重自己的身体健康，只有 48.7% 的学生认可"我经常锻炼身体，提高身体素质"，而一多半的学生并不这样认为。还有一些大学生有喜欢吃路边摊、不吃早餐、熬夜上网、抽烟酗酒、生活缺乏规律等不良生活习惯，导致其身体健康受到极大影响，甚至患上中老年人才有的某些慢性疾病。

二 勇于担当的生活态度与消极自闭的生命体验并存

生命是流，生活是点，生命的延续是通过生活的五彩斑斓实现的。珍惜生命关键是过好自己的生活。"90后"大学生对生活也表现出他们成熟的见解和担当的态度。在开放式问卷中，有学生这样写道："生活是不容易的，我们要学会生活。生，容易；活，容易；生活不容易。这说的是生活的不易，生活是有艺术的，我们要学会生活。我们要把没有意义的事情变得有意义，把没有价值的东西变得有价值。这样，我们的生活才变得容易，才能把生活过得有艺术、有涵养。我们才能享受生活的乐趣。"这种成熟的见解使得"90后"对生活表现出一种有理想、有担当、积极向上的态度。在问卷调查中，76.7%的大学生认为"我热爱生活，每天过得充实而有意义"，73.3%的人认为"我有理想抱负，并为之不断努力"，84.7%的人表示"我与人为善，心胸开阔，善于接纳他人"。访谈中，有学生写道："生活是一个舞台，没有彩排，都是现场直播。"这都显示出"90后"无比的豪气。

但是，现代社会激烈的竞争、过大的生存压力使"90后"也过早感受到生活的不易，有些大学生对未来变得消极或悲观，甚至表现出一种"宿命论"的思想。调查发现，19.0%的大学生认为"我相信存在前世、今世、后世，一切都是早有安排的"。在开放式访谈中，一大学生写道"生活是苦海泛舟"、"遇到困难是逃避，逃无可逃，要么放弃要么反击"。网络的普及也使得"宅在宿舍"的现象在"90后"大学生中日益增多。"宅在宿舍"实际上是一种不太健康的生活方式，宅男宅女过多诉诸和沉迷于网络，脱离大学生成长的群体环境和现实交往圈，内心总感焦虑，缺乏集体归属感、安全感，渐渐地会产生对现实世界的恐慌和丧失生活的情趣，陷入网络孤寂、自闭之中，甚至个别人出现严重的精神抑郁等心理障碍。

三　自然接受的死亡观与逃避接受死亡的心态并存

生命意识不仅包含个体如何认识和理解生命存在的价值，也包括对死亡的认识和理解。个体对死亡越是觉知，越是了解，他们对于生命的认知就越积极，越能更好体验生命，从而获得整体的生命价值观。调查发现，"90后"大学生能够辩证地看待生与死，能够由死观生。如85.2%的人认为"活着比任何事情都重要，无论什么时候都不能放弃生命"；72.6%的人认为"在生命中，死并不难，活下去才是更困难的事"。在开放式访谈中，所有的大学生都谈到，"死亡是注定的，我们无法改变死亡，但可以决定以何种姿态和心态去面对它"，"死亡总会到来，那就珍惜活着的日子"。由此可见，"90后"大学生对死亡采取的是自然接受的态度，既不害怕死亡，也不欢迎死亡，他们明白死亡是生命中不可缺少的一部分，死亡不可避免，那么，在日常生活中，就要很好地进行生涯规划，让自己度过一个有意义的人生。

但生命总是充满痛苦与不幸的，如果没有乐观的心态和坚强的毅力，死亡也可能成为一种逃避痛苦的方式被人们所采用，这种态度叫"逃避接受"。在问及"当遇到某种强大压力或挫折时，您是否有过自杀的念头"时，有38.8%的大学生表示有过自杀的念头，其中2.3%的大学生表示自己经常有自杀的念头。在对大学生自杀行为的看法的调查中，有16.5%的大学生认为这是"一种摆脱痛苦的方式"；有4.6%的大学生认为这是"一种勇敢的行为"；有5.4%的大学生认为"不关我的事，我不关心"（见图3-2）。可见，逃避接受并不是因为"死亡的美好"，而是"活着的痛苦"，少部分大学生认同活着不如选择自杀，是因为他们无法处理生活中的痛苦及存在的问题，对生活的恐惧超越对死亡的恐惧，不得已而为之。

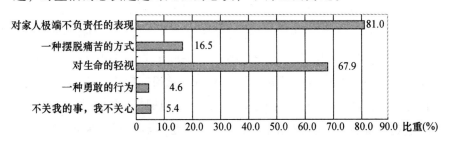

图3-2　您对大学生自杀行为的看法

四　直面应对的挫折观与实际承受挫折力脆弱并存

实现人生理想的征途不可能总是一帆风顺的，碰到困难和挫折是常有的事。对此，"90后"大学生表现出了初生牛犊不怕虎、直面困难的勇气和豪气。"90后"的座右铭是"我是仙人掌，插哪活哪"。在调查中，74.5%的人表示"遭遇挫折时，我总是积极想办法应对"。53.3%的人认为"不管做什么事，我都很难坚持下去，常常半途而废"的观点与自己实际"不符合"或"不太符合"。在开放式访谈中，在问及"你是否遇到过困难？你怎样对待困难？"时，所有的被访者都回答遇到过困难、面对困难有烦躁过、郁闷过、逃避过、自暴自弃过，但最终是咬牙挺过去，想办法解决了困难。一学生写道："我认为困难是人生的一堂课，他教给我们的是怎样去拼写'坚强'两个字，面对困难，有时我也会选择逃避，但我知道只有不畏困难，只有足够的坚强我才会成功，实现我的人生目标。因此，在我以后的人生中，我不会再畏惧困难，因为坚强才能真正使我成功。"

尽管大学生有直面人生困难的豪气，但相对一帆风顺的成长经历和相对优越的成长环境使他们形成"蛋壳"心理，即外表看起来很坚强，但实际承受挫折与应对危机的能力较弱，不少人因为学习、生活、交友、恋爱、找工作等受挫患上心理障碍，个别人甚至放弃了生命。在分析"大学生放弃生命的主要因素"时，经过加权处理，列在第一位的是"个人心理承受力弱，无法处理生活冲突"（38.1%），列在第二位的是"社会竞争过于激烈，无以应对"（18.7%），列在第三位的是"对人的生命及生命价值的漠视"（15.4%）。以上选择可以看出，制约大学生的心理健康和抗挫能力的主要因素与大学生对人生、对社会的信仰和态度即人生观、价值观紧密联系在一起，错误的、不稳定的人生观和价值观，尤其是人格缺陷不仅影响了学生的心理健康，更有可能导致部分大学生无法面对生活中的困境和冲突，走上自杀的绝路。

五　整合的价值取向与人生追求自我化功利化并存

相比其他年代的大学生，"90后"大学生有更强烈的自我意识，他们极度渴望自我价值的实现，并希望在实现自我价值的同时能够对社会、对国家有所贡献。问卷调查中，54.5%的大学生认为"生命的意义在于为国家和社会做贡献"，76.6%的大学生认为"我努力使自己成为一个对国家和社会有用的人"（见表3－1）。另外在开放式访谈中发现，"90后"在探讨人生意义、人生目标时，大多数是由己及人，从自己→家人→身边的人→社会，最后实现完满的统一。诸如："我的人生目标是：（1）做个平凡的人，不希望有太多的负担，但我希望我能够为我的家人遮风挡雨；（2）做一个对社会、祖国有利的人。""我的人生目标是修炼内心，并辐射、影响、指导他人。""生命的价值在于好好活着，在于让所有爱你的和你爱的人活得快乐。更小地说，让父母、妻儿能够过得快乐！"从这些回答，可以看出"90后"更加务实，注重修身齐家，做自己能够做到的。

表3－1　　　　　　　　　**您对以下观点的基本看法**　　　　　　单位:%

维度	非常符合	基本符合	不确定	不太符合	不符合
一个人成为有权有势的人才没白活	5.5	11.7	17.9	32.2	32.8
我的生命并不完全属于自己，还属于家人、朋友、社会	53.3	35.2	6.5	3.5	1.5
我择业的首要标准是工作稳定、轻松，生活有保障	23.8	43.6	16.1	12.4	4.1
金钱不是幸福的决定因素，但幸福生活也不能缺少金钱	42.2	47.0	7.9	2.5	0.5
生命的意义在于为国家和社会做贡献	12.0	42.5	31.1	10.6	3.8
我努力使自己成为一个对国家和社会有用的人	22.9	53.7	16.6	4.8	1.9

注：因四舍五入各项合计可能不为100%。

但是受到社会功利化价值观的影响，"90后"的人生追求也不免带有以自我为中心、狭隘功利的特点。在质性研究中，有学生写道："我们以自我为中心，把尊重放在第一位，但是很多时候这个'尊重'是对别人的要求而非对自己的要求。""我们内心世界，从童年就开始变'老'，在家长、社会的影响下，耳濡目染，过早地懂得成人世界的规则。我们不仅了解、认同当代中国社会的主流思想和价值观，且价值追求、价值选择更加现实，市场消费观念更强烈，功利、名利被过分强化。"① 在本次调查中，有 2.7% 的人明确表示自己一生中最想要的东西是"金钱或权力"，3.5% 的人认为"有较高的社会地位和一定的经济实力"是人生最大的幸福。甚至有 17.2% 的人赞成"一个人成为有权有势的人才没白活"的观点。另外，在"您认为自己一生中最想要的东西是什么？"的回答中，排在前三位的依次是"幸福美满的家庭"、"稳定的生活"、"健康的身体"。这种价值选择包含更多的个人需求，虽无可厚非，也有利于社会的稳定与和谐，但如果仅停留在此层面，不加以引导，也有可能导致个人本位主义，忽视甚至忘却对社会的责任。

六　世俗化的幸福生活理想与幸福感明显不足并存

在进行人生目标、人生幸福的规划时，"90 后"不再是"高、大、上"，而是定位更加具体、实在，不排斥金钱的需要。如 89.2% 的人都认为"金钱不是幸福的决定因素，但幸福生活也不能缺少金钱"；在"您认为人生最大的幸福是什么"的回答中，56.0% 的人选择的是"身体健康、家庭幸福"（比 2005 年对"80 后"的调查高出 15 个百分点），排在了第一位；在对"您认为自己一生中最想要的东西"的回答中，50.5% 的人选择的是"幸福美满的家庭"，14.6% 的人选择的是"稳定的生活"，14.2% 的人选择的是"健康的身体"，分别排在前三位（见图 3－3）。在具体择业的选择中，67.4% 的人认同"我择业的首要标准是工作稳定、轻松，生活有保障"，排在第一位。在进行"您的人生目标是什么"的开放式调查中，学生填写的关键词是"家"、"稳定"和"平凡"。有的大学生写道"我的人生目标其实很简单：找一份能养家的工作，娶一个善解人意的贤内助，如果可能，再有两个 baby，一家人平淡地过着悠闲而快乐的生活"。由此可见，"90 后"大学生的人生追求偏重于世俗的、身边的幸福和稳定的生活。

---

① 万美容、夏博艺、曾兰：《"90 后"大学生思想行为特点及其影响因素》，《思想教育研究》2013 年第 10 期。

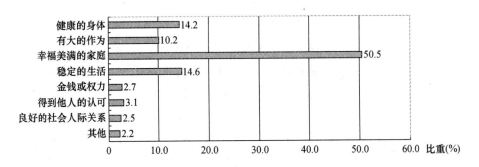

图3-3 您认为自己一生中最想要的东西

但是，受到纷繁复杂、千变万化的物质世界的纷扰，"90后"大学生的心灵又渐渐变得浮躁而紧张不安，压力感越来越大，安全感和幸福感明显不足。调查发现，50.2%的人认为"竞争越来越激烈，工作越来越难找，没有安全感"，40.1%的人认为"前路茫茫，我不知道我未来的生活是什么样子"。万美容教授等通过质性研究发现，就业压力大，房价、物价上涨，加上各种房奴、车奴、孩奴，让"90后"无法看到自己的未来。"90后"大学生的压力和烦恼主要来自学习、交友、经济、就业、被期望、未来迷茫等方面，如此众多的压力，使得不少"90后"大学生缺乏安全感、方向感，甚至因为承受不住压力而引发严重的精神性疾病。①

七 理性多样的成功意识与成就动机趋于弱化并存

成功是青年人渴望实现的梦想，"90后"也渴望成功，但他们对成功的理解不再是单一的功成名就，而是对成功的看法具有多样性。在"您认为'人生成功的标志'是什么"的调查中，按重要性依次排序的是身体健康，实现自我价值，拥有丰富的知识和较强的能力，做自己想做的事，经济收入可观，人生境界宁静、高远、超脱，对社会有重大贡献；排在最后一位的是拥有较高的社会地位（见表3-2）。能否成功，"90后"并不太看重结果，而重过程。因为成功需要时间，也需要空间。"天空不曾留下鸟的痕迹，但我已飞过。"泰戈尔的这句诗成为"90后"大学生的座右铭。"你可以不成功，但是不能

---

① 万美容、夏博艺、曾兰：《"90后"大学生思想行为特点及其影响因素》，《思想教育研究》2013年第10期。

不成长。"对于"90后"来说，成长比成功更迫不及待。"90后"选择的成长方式是：迎接挑战，不假思索；给我阳光，我就灿烂；让我开花，我就结果。

表3-2　　　您认为"人生成功的标志"是什么

选项	加权平均数
身体健康	0.209
经济收入可观	0.096
拥有丰富的知识和较强的能力	0.148
拥有较高的社会地位	0.056
做自己想做的事	0.129
对社会有重大贡献	0.058
实现自我价值	0.184
人生境界宁静、高远、超脱	0.077

调查也发现，面对较大的生存压力，"90后"的成就动机有总体弱化的趋势。不少"90后"并不希望事业获得多大成功，他们只是想过一种简单平稳的生活。近些年每年的"国考热"就是典型的例子。"90后"认为公务员虽然薪酬不太高，但是福利足够好，生活稳定，而且压力没那么大。另外，有少部分人面对压力选择了逃避，得过且过，混时度日。调查中，19.0%的人认为"我不知道到底有什么值得我去努力奋斗"，23.7%的人认为"不管做什么事，我都很难坚持下去，常常半途而废"；26.9%的人表示"我很少对自身的发展做规划"；40.1%的人表现出"前路茫茫，我不知道我未来的生活是什么样子"。

第三节　大学生生命价值观的差异比较

一　男女大学生生命价值观的差异比较

随着"女汉子"的称呼进入高校视野，"90后"男女大学生在兴趣爱好、行为方式、生活态度甚至打扮偏好等方面具有越来越多的相似性，但作为两个不同的性别群体，男女大学生在众多方面仍然存在无法消解的性别差异，这种差异更多地具有"类"的特征而非"个体"的特征。他们对生命的解读、对未来生活的向往和对待人生的态度仍然无法消没他们源于生物学和社会学意义上的差异，本书通过实证研究来探讨这种差异。在2591份有效问卷中，统计了性别的有效问卷有2589份。其中，男生有1017份，占39.3%；女生有1572份，占60.7%。所有问卷都统一编码，采用SPASS 17.0进行统计分析。

（一）在生命意识上，男生和女生对生命价值思考的频率都较高，但男生对各种生存常识和逃生技能的了解程度高于女生，而女生生命的韧性强于男生

经研究发现，性别因素对大学生的生命意识产生了一定影响。如表3-3所示，在"您是否对人的生命及生命价值进行过思考"这一问题上，进行独立样本T检验，得出P>0.05，所以，男生、女生在这一问题上没有显著差异。男生平均分为2.375，女生平均分为2.343，满分为3分，表明男生、女生对生命价值思考频率都较高。在"我经常锻炼身体，提高身体素质"的判断上，男生、女生有显著差异（P<0.001），男生平均分为3.562，女生平均分为3.142，表明男生在经常锻炼身体，提高身体素质的程度上要高于女生。在"您是否了解各种生存常识、处理方法和逃生技能"这一问题上，男生、女生有显著差异（P<0.01），男生平均分为3.733，女生平均分为3.569，表明男生在各种生存常识、处理方法和逃生技能的掌握程度上要高于女生。在"活着比任何事情都重要，无论什么时候都不能放弃生命"问题上，男生、女生有显著差异（P<0.01），男生平均分为4.233，女生平均分为4.361，表明在这个问题上，女生对其认可程度高于男生，女生的生命韧性强于男生。

表3-3 大学生生命意识在性别上的差异

维度	男生（M±SD）	女生（M±SD）	t值	P值
您是否对人的生命及生命价值进行过思考	2.375±0.588	2.343±0.517	1.393	0.164
您是否了解各种生存常识、处理方法和逃生技能	3.733±0.641	3.569±0.609	6.491	0.001

续表

维度	男生（M±SD）	女生（M±SD）	t 值	P 值
我经常锻炼身体，提高身体素质	3.562±1.094	3.142±1.084	9.438	0.000
活着比任何事情都重要，无论什么时候都不能放弃生命	4.233±0.968	4.361±0.825	-3.409	0.001

（二）在人生目标上，男生和女生都追求身体健康、家庭幸福，但男生比女生更追求大的作为和自由自在，有更强的成就动机，而女生比男生更渴望幸福美满的家庭和稳定的生活，更追求内心的宁静

经研究发现，性别因素对大学生人生追求有显著的影响。男生、女生在"您认为人生最大的幸福是什么"的选择上有显著差异（$\chi^2 = 121.842$，$P < 0.001$）。男生、女生都认为人生最大的幸福是"身体健康、家庭幸福"，但女生比男生高 15.0 个百分点，表明女生比男生更认同这一观点。而在"自由自在"的选择上，男生又比女生高 9.7 个百分点，表明男生比女生更向往自由自在的生活（见表 3－4）。另外，男生、女生在"您认为自己一生中最想要的东西是什么"的选择上也有显著差异（$\chi^2 = 78.271$，$P < 0.001$）。男生、女生都认为自己一生中最想要的东西是"幸福美满的家庭"，但女生比男生高 7.5 个百分点，表明女生比男生更倾向于追求幸福美满的家庭；在"稳定的生活"的选择上，女生比男生高 4.7 个百分点，表明女生比男生更加向往稳定的生活；在"有大的作为"的选择上，男生又比女生高 8.9 个百分点，表明男生比女生更加追求有大的作为（见表 3－5）。此外，在追求"受到社会的认可和他人的尊重"、"有较高的社会地位和一定的经济实力"、"实现自己的理想"、"拥有金钱或权力"、"良好的社会人际关系"等方面，男生比女生有更大的成就欲望；而女生在"有确定的人生信仰和内心的宁静"上有更高的渴求。

表3-4　　　　人生最大的幸福与性别的交叉列联表　　　　单位:%

维度	男生	女生	合计
有知心朋友	8.7	4.0	5.9
自由自在	16.5	6.8	10.6
身体健康、家庭幸福	47.0	62.0	56.1
受到社会的认可和他人的尊重	5.6	3.7	4.5
有较高的社会地位和一定的经济实力	4.4	2.9	3.5
有确定的人生信仰和内心的宁静	10.9	14.9	13.3
实现自己的理想	6.0	4.5	5.1
其他	0.9	1.1	1.0
合计	100.0	100.0	100.0

表3-5　　　　自己一生中最想要的东西与性别的交叉列联表　　　　单位:%

维度	男生	女生	合计
健康的身体	14.5	13.9	14.2
有大的作为	15.6	6.7	10.2
幸福美满的家庭	46.0	53.5	50.5
稳定的生活	11.7	16.4	14.6
拥有金钱或权力	4.2	1.8	2.7
得到他人的认可	3.5	2.8	3.1
良好的社会人际关系	2.6	2.5	2.5
其他	2.0	2.4	2.2
合计	100.0	100.0	100.0

（三）在对自杀的看法上，男生和女生自杀的念头都很低，但女生的生命责任感明显强于男生

经研究发现，性别因素对大学生对自杀行为的看法有显著的影响。经独立样本 T 检验得出，在"遇到压力和挫折时，您是否有过自杀的念头"问题上，男生与女生没有显著差异（P > 0.05），男生平均分为 1.697（满分为 5 分），女生平均分为 1.692，表明男生与女生自杀的念头都很低。而在"您对自杀行为的看法上"有较大差异。男女大学生都认为大学生自杀"是对家人极端不负责任的表现"，"是对生命的轻视"。但是，在这两种观点的选择上，女生在其性别中的

认同比例要高于男生；而在自杀"是一种摆脱痛苦的方式"、"是一种勇敢的行为"或者"不关我的事，我不关心"的选择上，男生认同的比例明显高于女生（见表3-6）。以上结果表明，在对自杀行为的看法上，女生的生命责任感要明显强于男生。

表3-6　　您对大学生自杀行为的看法与性别的交叉列联表　　单位:%

维度	男生	女生
是对家人极端不负责任的表现	76.0	85.0
是一种摆脱痛苦的方式	17.9	15.7
是对生命的轻视	59.9	73.6
是一种勇敢的行为	6.8	3.2
不关我的事，我不关心	8.7	3.3

（四）在生活态度上，男生比女生更加热爱生活，有理想抱负，并为之不断努力；而女生比男生更加目标明确、规划清晰，并更能够坚持不懈

经研究发现，性别因素对大学生的生活态度有显著的影响，经独立样本T检验得出，男、女大学生在"热爱生活"、"理想抱负"、"奋斗方向"、"发展规划"和"坚持不懈"等生活态度上有显著差异（见表3-7）。其中，在"我热爱生活，每天过得充实而有意义"上，男生平均分为3.978，女生平均分为3.861，表明男生比女生更热爱生活；在"我有理想抱负，并为之不断努力"上，男生平均分为3.944，女生平均分为3.794，表明男生比女生更有理想抱负和实际行为；在"我不知道到底有什么值得我去努力奋斗"上，男生平均分为2.517，女生平均分为2.334，表明生活中女生比男生的奋斗方向要明确；在"我很少对自身的发展做规划"上，男生平均分为2.688，女生平均分为2.586，表明女生比男生更擅长对自身发展做规划；在"不管做什么事，我都很难坚持下去，常常半途而废"上，男生平均分为2.640，女生平均分为2.543，表明不管做什么事，女生比男生更会坚持下去。

表 3 – 7　　　　　　　大学生生活态度在性别上的差异

维度	均值		t 值
	男生	女生	
我热爱生活，每天过得充实而有意义	3.978	3.861	3.440 **
我有理想抱负，并为之不断努力	3.944	3.794	4.472 ***
我不知道到底有什么值得我去努力奋斗	2.517	2.334	3.890 ***
我很少对自身的发展做规划	2.688	2.586	2.157 *
不管做什么事，我都很难坚持下去，常常半途而废	2.640	2.543	2.049 *

　　（五）在价值取向上，男生对有权有势的认可度更高；而女生的不安全感更强，故生命共同体意识、求稳意识和金钱意识也更强

　　经研究发现，性别因素对大学生生命价值观有显著的影响，经独立样本 T 检验得出，在对大学生生命价值观的 10 个调查问题中，男生、女生在"一个人成为有权有势的人才没白活"、"我的生命并不完全属于自己，还属于家人、朋友、社会"等 7 个问题上均有显著差异（见表 3 – 8）。在"一个人成为有权有势的人才没白活"问题上，男生平均分为 2.431，女生平均分为 2.133，表明对"有权有势"，男生的认可程度高于女生。在"我的生命并不完全属于自己，还属于家人、朋友、社会"问题上，男生平均分为 4.237，女生平均分为 4.428，女生的平均分高于男生；同时在"伤害自己和他人都是对生命价值的否定"问题上，男生平均分为 4.217，女生平均分为 4.366，女生的平均分高于男生；在"我与人为善，心胸开阔，善于接纳他人"问题上，男生平均分为 4.074，女生平均分为 4.154，女生的平均分依然高于男生。由此得出结论，女生相比于男生，生命共同体意识更强，能够把自我生命与他人生命紧密联系在一起，善于为他人考虑，也善于接纳他人，与人为善，善解人意。

　　另外，在"竞争越来越激烈，工作越来越难找，没有安全感"问题上，男生平均分为 3.204，女生平均分为 3.429，女生的平均分高于男生。在"我择业的首要标准是工作稳定、轻松以及生活有保障"问题上，男生平均分为 3.548，女生平均分为 3.812，女生的平均分高于男生。在"金钱不是幸福的决定因素，但幸福生活也不能缺少金

钱"问题上，男生的平均分为 4.195，女生的平均分为 4.334，女生的平均分依然高于男生。由此得出结论，女生的竞争意识、安全感低于男生，由此对工作稳定、轻松以及生活有保障有更高的渴求，也更加看重金钱在生活中的重要性，在某种意义上，把金钱视为稳定生活的一种基本保障。

表 3 - 8　　　　　　　大学生生命价值观在性别上的差异

维度	均值		t 值
	男生	女生	
一个人成为有权有势的人才没白活	2.431	2.133	5.996***
我的生命并不完全属于自己， 还属于家人、朋友、社会	4.237	4.428	- 5.264***
伤害自己和他人都是对生命价值的否定	4.217	4.366	- 4.197***
竞争越来越激烈，工作越来越难找，没有安全感	3.204	3.429	- 5.049***
我择业的首要标准是工作稳定、 轻松以及生活有保障	3.548	3.812	- 5.883***
我与人为善，心胸开阔，善于接纳他人	4.074	4.154	- 2.428*
金钱不是幸福的决定因素， 但幸福生活也不能缺少金钱	4.195	4.334	- 4.396***

总之，对比研究发现，男女大学生在生命意识、人生追求、人生态度上有显著差异，男生相对热爱生活，有理想抱负，渴望有大的作为，有更强的成就动机；女生相对缺乏安全感，更渴望幸福美满的家庭和稳定的生活，更追求内心的宁静。男生对各种生存常识和逃生技能的了解程度高于女生，女生对人生目标的选择、自觉规划和生命责任感则高于男生。

不同性别的大学生在生命价值观上的差异既具有性别特征，更具有时代和文化特征。男女两性的性别差异既来源于生理差异即大脑发育和激素分泌的不同，也来源于社会文化习俗对其角色期待的不同。从外在环境讲，社会要求男性承担更多的责任和义务，因此男性必须要更加具有努力奋斗的精神才能在社会中立足；而男尊女卑的传统观念以及男主外、女主内的传统社会分工使女性的社会化角色很难被认同，女性在就业中遭受的性别歧视，在家庭中承担的孕育、养育子女的责任，在婚恋失败后遭受的心灵创伤远远高于男性，面对生活中的大小挫折，她们经常处于无助、无措状态。调查发现，越是高学历、高层次的女性在就业、婚恋中的受挫感、无助感越强。这种受挫感一旦得不到社会和他人的帮助就会自觉降低自信心和成就动机。从内在心理素质讲，男女两性在记忆、思维、能力、情绪情感、人格特质上有诸多不同。如男生兴趣广泛，知识面广，故男生在生存常识、处理方法、逃生技能方面优于女生；男生在运动技能和体能上明显占优势，所以男生比女生更热爱体育锻炼，更注重提高身体技能。就成就动机而言，早在1995年景怀斌对中国人成就动机的研究结果表明，中国男性的成就动机明显高于女性。原因是中国男性较女性有更高的成就期望、成就竞争意识、成就自我评价、更大的成就自主性，更倾向于将在工作中取得成就作为人生的重要甚至首要目标，希望能够通过为社会发展做出贡献而获得一定的社会地位，体现自己的人生价值；而女性的成就动机较男性更容易受环境激励因素的影响。当前中国正处于体制转轨、改革深化、利益差距拉大的深刻变革时期，激烈的竞争、巨大的生存压力和就业的性别歧视，显然不利于激励女性的成就动机和成功欲望，所以男生有理想有抱负，渴望有大的作为，而女生则更渴望幸福美满的家庭和安稳的生活。要激发女生的成就动机，除了加强"四自"（自尊、自信、自爱、自强）教育，建立公平有序的竞争环境是必不可少的前提。

二　城乡大学生生命价值观的差异比较

本书中的城乡大学生是指城镇大学生和乡村（农村）大学生。根据国家统计局于2008年正式出台的《关于统计上划分城乡的暂行规定》，"城镇包括城区和镇区"，"乡村是指本规定划定的城镇以外的其他区域"。[①] 在2591份有效问卷中，统计了家庭所在地的问卷有2589份。其中，城镇有1126份，占43.5%；农村有1463份，占56.5%。数据采用SPASS 17.0进行统计分析，书中涉及得分均

---

① 国家统计局：《关于统计上划分城乡的暂行规定》，http：//nhs. saic. gov. cn/wcms2/actsociety/normal/html/1219. htm，2016年2月14日。

为正向计分，得分越高表示认同度越高。

（一）在生命意识上，城乡大学生都对生命及生命价值进行过较深入的思考，但城镇大学生对各种生存常识和逃生技能的了解程度高于农村大学生

研究发现，在"您是否对人的生命及生命价值进行过思考"问题上，城乡大学生没有显著差异（P > 0.05），城镇大学生平均分为 2.365（满分为 3 分），农村大学生平均分为 2.349，表明城乡大学生对生命及生命价值都有较深入的思考。在"您是否了解各种生存常识、处理方法和逃生技能"问题上，经独立样本 T 检验得出，城乡大学生在这一问题上存在显著差异（P < 0.001）。城镇大学生平均分为 3.713（满分为 5 分），农村大学生平均分为 3.572，表明城镇大学生对各种生存常识和逃生技能的了解程度高于农村大学生。

（二）在人生目标上，城乡大学生都追求身体健康、家庭幸福，但城镇大学生比农村大学生更向往内心的体验和宁静，而农村大学生比城镇大学生更渴望得到现实的幸福

研究发现，家庭所在对大学生人生目标的定位有显著的影响。城乡大学生在"您认为人生最大的幸福是什么"问题上存在显著差异（P < 0.001）。大部分城乡大学生都认为人生最大的幸福是"身体健康、家庭幸福"，在此选项上农村大学生比城镇大学生高 7.5 个百分点（见表 3 - 9）。在"有确定的人生信仰和内心的宁静"的选择上，城镇大学生反过来比农村大学生高 5.4 个百分点。城乡大学生在"您认为自己一生中最想要的东西是什么"问题上也存在显著差异（P < 0.01）。城镇大学生和农村大学生中的大多数人都认为自己一生中最想要的东西是"幸福美满的家庭"，但在此选项上，农村大学生比城镇大学生高 8.4 个百分点（见表 3 - 10）。以上表明，城乡大学生都追求世俗的幸福生活，但城镇大学生比农村大学生更注重内心的体验和宁静，而农村大学生比城镇大学生更渴望获得幸福美满的家庭等现实的幸福。

表 3 - 9　城乡大学生对"人生最大的幸福是什么"看法上的差异　单位：%

维度	城镇大学生	农村大学生
	频数（比重）	频数（比重）
有知心朋友	80 (7.1)	71 (4.9)
自由自在	105 (9.4)	169 (11.6)
身体健康、家庭幸福	582 (51.9)	865 (59.4)
受到社会的认可和他人的尊重	51 (4.5)	64 (4.4)
有较高的社会地位和一定的经济实力	48 (4.3)	41 (2.8)
有确定的人生信仰和内心的宁静	184 (16.4)	160 (11.0)
实现了自己的理想	61 (5.4)	71 (4.9)
其他	11 (1.0)	16 (1.1)
χ^2	33.258 ***	

表 3 - 10　城乡大学生对"一生中最想要的东西"看法上的差异　单位：%

维度	城镇大学生	农村大学生
	频数（比重）	频数（比重）
健康的身体	169 (15.1)	196 (13.5)
有大的作为	121 (10.8)	142 (9.7)
幸福美满的家庭	513 (45.8)	789 (54.2)
稳定的生活	170 (15.2)	205 (14.1)
金钱或权力	37 (3.3)	33 (2.3)
得到他人的认可	44 (3.9)	35 (2.4)
良好的社会人际关系	32 (2.9)	33 (2.3)
其他	33 (2.9)	24 (1.6)
χ^2	24.205 **	

（三）在对自杀的看法上，城乡大学生自杀的念头都很低，但对自杀行为评价上，农村大学生的生命责任意识明显强于城镇大学生

经研究发现，在"您是否有过自杀的念头"问题上，城乡大学生没有显著差异（$P > 0.05$），城镇大学生平均分为 1.715（满分为 5分），农村大学生平均分为 1.677，表明城乡大学生自杀的念头都很

低。而在"您对自杀行为的看法上"有一定差异。大部分城乡大学生都认为大学生自杀"是对家人极端不负责任的表现"、"是对生命的轻视"（见表3－11）。但在这两种观点的选择上，农村大学生在其群体中的比例都略高于城镇大学生在其群体中的比例。而认为大学生自杀"是一种摆脱痛苦的方式"、"是一种勇敢的行为"的选择上，城镇大学生在其群体中的比例都略高于农村大学生在其群体中的比例。以上表明，农村大学生的生命责任意识明显强于城镇大学生。

表3－11　　　　　　　城乡大学生对自杀行为看法的差异　　　　　单位:%

维度	城镇大学生	农村大学生
	频数（比重）	频数（比重）
是对家人极端不负责任的表现	898（80.1）	1201（82.5）
是一种摆脱痛苦的方式	197（17.6）	229（15.7）
是对生命的轻视	747（66.6）	1011（69.4）
是一种勇敢的行为	62（5.5）	57（3.9）
不关我的事，我不关心	80（7.1）	59（4.1）

（四）在生活态度上，城镇大学生比农村大学生更加热爱生活，有理想抱负，并积极克服困难

经独立样本T检验得出，城镇大学生和农村大学生在热爱生活、理想抱负、锻炼身体、克服困难等生活态度上存在显著差异（见表3－12）。在"我热爱生活，每天过得充实而有意义"问题上，城镇大学生平均分为4.001（满分为5分），农村大学生平均分为3.833，表明城镇大学生比农村大学生更加热爱生活；在"我有理想抱负，并为之不断努力"问题上，城镇大学生平均分为3.916，农村大学生平均分为3.803，表明城镇大学生比农村大学生更有理想抱负，并为之不断努力；在"我经常锻炼身体，提高身体素质"问题上，城镇大学生的平均分为3.421，农村大学生的平均分为3.218，表明城镇大学生经常锻炼身体、提高身体素质的程度高于农村大学生；在"遭遇挫折时，我总是积极想办法应对"问题上，城镇大学生的平均分为3.882，农村大学生的平均分为3.773，表明城镇大学生在遭遇挫折

时，积极想办法应对的努力程度要高于农村大学生。以上四个问题可以看出，城镇大学生比农村大学生更加热爱生活，注重身体锻炼，有理想抱负，并积极克服困难。

表3-12　　　　　　　　　　城乡大学生生活态度的差异

维度	均值		t 值
	城镇大学生	农村大学生	
我热爱生活，每天过得充实而有意义	4.001	3.833	5.048***
我有理想抱负，并为之不断努力	3.916	3.803	3.394**
我经常锻炼身体，提高身体素质	3.421	3.218	4.586***
遭遇挫折时，我总是积极想办法应对	3.882	3.773	3.255**

（五）在价值取向上，城镇大学生对有权有势的认可度更高，有更强的成就动机，更善于接纳他人，而农村大学生的压力感、不安全感更强

经独立样本 T 检验发现，在关于城乡大学生价值取向的三个问题上存在显著差异（见表3-13）。在"一个人成为有权有势的人才没白活"问题上，城镇大学生的平均分为2.313（满分为5分），农村大学生的平均分为2.201，表明城镇大学生对有权有势的认可度更高，有更强的成就动机。在"竞争越来越激烈，工作越来越难找，没有安全感"问题上，城镇大学生的平均分为3.262，农村大学生的平均分为3.402，表明农村大学生的压力感、不安全感更强。在"我与人为善，心胸开阔，善于接纳他人"问题上，城镇大学生的平均分为4.159，农村大学生的平均分为4.095，表明城镇大学生比农村大学生更善于与人交往和接纳他人。

表3-13　　　　　　　　　　城乡大学生价值取向的差异

维度	均值		t 值
	城镇大学生	农村大学生	
一个人成为有权有势的人才没白活	2.313	2.201	2.339*
竞争越来越激烈，工作越来越难找，没有安全感	3.262	3.402	-3.266**
我与人为善，心胸开阔，善于接纳他人	4.159	4.095	2.059*

（六）在影响因素上，城乡大学生的生命价值观受个人经历、父母、学校、社会、同伴、大众传媒等的多重影响，但城镇大学生受父母的影响程度明显高于农村大学生，而农村大学生受学校教育的影响程度明显高于城镇大学生

经研究发现，城乡大学生的生命意识和人生态度受个人经历、父母、学校、社会、同伴、大众传媒等的多重影响，但在父母言传身教和学校教育两项上差异明显（见表3－14）。在"父母的言传身教"的影响上，城镇大学生和农村大学生在各自群体中的比例分别为62.1%和53.0%，城镇大学生比农村大学生高9.1个百分点，表明城镇大学生受父母言传身教的影响程度高于农村大学生。而在"学校教育"的影响上，城镇大学生和农村大学生在各自群体中的比例分别为40.5%和50.4%，农村大学生比城镇大学生高9.9个百分点，表明农村大学生受学校教育的影响程度高于城镇大学生。

表3－14　　　城乡大学生生命意识和人生态度影响因素的差异　　　单位:%

维度	城镇大学生	农村大学生
	频数（比重）	频数（比重）
个人的生活经历	785（70.1）	1033（70.9）
父母的言传身教	696（62.1）	772（53.0）
学校教育	454（40.5）	734（50.4）
大众传媒	188（16.8）	237（16.3）
同伴影响	232（20.7）	282（19.4）
社会形势和发展变化	302（27.0）	438（30.1）
其他	33（2.9）	37（2.5）

总之，此次调查发现，城乡大学生主流是珍爱生命、热爱生活、积极进取。但城乡大学生在生命意识、人生追求、生活态度上有显著差异。城镇大学生对各种生存常识和逃生技能的了解程度高于农村大学生；城镇大学生热爱生活、有理想抱负、勇于克服困难，追求内心的体验和宁静，渴望有大的作为，有更强的成就动机；农村大学生更渴望拥有幸福美满的家庭等现实的幸福，生命责任意识更强，但相对缺乏安全感；城镇大学生生命价值观受父母言传身教的影响程度高于农村大学生，而农村大学生受学校教育的影响程度高于城镇大学生。

　　城乡大学生生命价值观上的差异，主要是由城乡二元结构体制及其所导致的城乡环境的差异引起的。由于我国长期存在城乡二元结构体制，形成了城市和农村两个各自封闭循环的体系和市民与农民两种迥异的公民身份，导致城乡之间的物质条件、文化状况、生活习惯等都存在显著差距。价值观作为一种心理现象，是个体心理对客观世界的反映，城乡环境的巨大差异使得城乡大学生的生命价值观必然存在差异。与户籍制度挂钩的义务教育体制下，城乡受教育者在各教育阶段获得的教育机会不平等，教育起点不公平，城镇教育质量明显高于农村教育质量，使得城镇大学生基本素质（包括生存常识、处理方法、逃生技能等）高于农村大学生。为了走出农村，改变命运，农村孩子必须努力学习以换取大学的录取通知书，成为山窝里飞出的"金凤凰"。然而，农村长期的生产生活方式对他们造成了"根深蒂固"的影响，"在现代城市的生活中，市场经济条件下，竞争、创新、灵活机动和勇敢展示成为主流意识，温良的'农村生'常常表现出的是固执和呆板，难以适应新环境"①。研究也发现，城镇大学生往往更加阳光、自信、潇洒，而农村大学生往往表现出害羞、胆怯、孤僻；农村大学生压力更大，缺少安全感。这些差异都与城乡二元结构体制及其所导致的城乡环境的差异有关。为此，必须加快城乡二元结构的调整进程，努力实现城乡一体化发展，缩小城乡差距，优化城乡环境，才能形成城乡大学生积极健康的生命价值观。

三　不同亲子关系对大学生生命价值观影响的差异比较

　　家庭是大学生成长的第一所"学校"，家长是第一任"教师"，父母的言传身教、家庭环境的潜移默化，深刻地影响着大学生生命价值观的养成，良好的家庭环境和积极的家庭教育越来越受到重视。"90后"大学生大多生活在"6+1"的核心家庭结构中，较好的物质条件和资源为"90后"大学生的成长提供了较好的享受与发展基础，但由于亲子关系不同、教育方式不同，"90后"大学生的生命价值观有诸多差异。在2591份有效问卷中，统计了亲子关系的有效问卷有2585份。其中，亲子关系亲密的有1952份，占75.5%；亲子关系一

---

① 刘巍：《关于城乡大学生差异性的思考与研究》，《中国青年研究》2009年第2期。

般的有 590 份，占 22.8%；亲子关系疏远的有 43 份，占 1.7%。所有问卷都统一编码，采用 SPASS17.0 进行统计分析。

（一）亲子关系越亲密，大学生的生命意识就越强，对生命价值的思考程度就越高，对各种生存常识、处理方法和逃生技巧了解的程度也越高

经研究发现，亲子关系对大学生的生命意识有显著影响。卡方检验结果显示，亲子关系不同的大学生在"活着最重要"（$\chi^2 = 69.989$，$P < 0.001$）、"经常锻炼身体"（$\chi^2 = 10.973$，$P < 0.05$）、"活下去比死亡更困难"（$\chi^2 = 12.344$，$P < 0.05$）等认识上存在显著差异。具体说，认为"活着比任何事情都重要，无论什么时候都不能放弃生命"这一观点符合[①]自己的，亲子关系亲密、一般、疏远的大学生在各自群体中的比例分别为 88.0%、78.0%、53.5%，亲子关系亲密的大学生比亲子关系疏远的大学生高 34.5 个百分点。认为"我经常锻炼身体，提高身体素质"这一观点符合自己的，亲子关系亲密、一般、疏远的大学生在各自群体中的比例分别为 50.5%、43.2%、39.5%，亲子关系亲密的大学生比亲子关系疏远的大学生高 11.0 个百分点。认为"在生命中，死并不难，活下去才是更困难的事"这一观点符合自己的，亲子关系亲密、一般、疏远的大学生在各自群体中的比例分别为 73.3%、71.1%、62.8%，亲子关系亲密的大学生比亲子关系疏远的大学生高 10.5 个百分点。另外在对生命价值的思考（$\chi^2 = 76.755$，$P < 0.001$）、生存常识的掌握（$\chi^2 = 80.472$，$P < 0.001$）上也存在显著差异。具体说，对人的生命及生命价值进行经常思考或偶尔思考的，亲子关系亲密的大学生比亲子关系疏远的大学生高 21.2 个百分点（见表 3－15）。对各种生存常识、处理方法和逃生技巧上非常了解和一般了解的，亲子关系亲密的大学生比亲子关系疏远的大学生高 23 个百分点（见表 3－16）。由此得出结论，与其他大学生相比，亲子关系亲密的大学生生命意识更强，对生命价值的思考程度更高，对各种生存常识、处理方法和逃生技巧了解的程度也更高。

---

① 注：这里是"非常符合"和"基本符合"统归为"符合"，把"不太符合"和"不符合"统归为"不符合"。

表 3 - 15　　　与家人的关系和是否对人的生命及生命
　　　　　价值进行过思考的交叉列联表　　　　　单位:%

| | | 是否对人的生命及生命价值进行过思考 | | |
		经常思考	偶尔思考	从不思考
与家人的关系	亲密	39.4	58.5	2.1
	一般	37.9	55.8	6.3
	疏远	37.2	39.5	23.3
χ^2		76.755 ***		

表 3 - 16　　　与家人的关系和是否了解各种生存常识、处理
　　　　　方法和逃生技能的交叉列联表　　　　　单位:%

| | | 是否了解各种生存常识、处理方法和逃生技能 | | | | |
		非常了解	一般了解	不太了解	不了解	漠不关心
与家人的关系	亲密	4.0	60.8	32.9	2.0	0.4
	一般	3.7	53.7	37.4	4.9	0.2
	疏远	11.6	30.2	46.5	4.7	7.0
χ^2		80.472 ***				

（二）亲子关系亲疏不同的大学生都认为人生最大的幸福是"身体健康、家庭幸福"，但亲子关系越亲密，越看重幸福美满的家庭；亲子关系越疏远，越向往自由自在和稳定的生活

经研究发现，亲子关系的不同对大学生幸福观有显著的影响。亲子关系亲疏不同的大学生在"您认为人生最大的幸福是什么"（$\chi^2 = 84.040$，$P < 0.001$）、"您认为自己一生中最想要的东西是什么"（$\chi^2 = 34.115$，$P < 0.01$）两个问题上存在显著差异。亲子关系亲疏不同的大学生中大部分人都认为人生最大的幸福是"身体健康、家庭幸福"，但他们之间存在显著差异，在此项的选择上，亲子关系亲密的大学生比亲子关系疏远的大学生高 36.5 个百分点（见表 3 - 17）。但在"自由自在"的选择上，亲子关系疏远的大学生反过来比亲子关系亲密的大学生高 23.9 个百分点。亲子关系亲疏不同的大学生中多数人都认为自己一生中最想要的东西是"幸福美满的家庭"，但他们之

间也存在显著差异，在这一选项上，亲子关系亲密的大学生比亲子关系疏远的大学生高20.3个百分点（见表3－18）。但在"稳定的生活"的选择上，亲子关系疏远的大学生反过来比亲子关系亲密的大学生高12.3个百分点。由此得出结论，亲子关系越亲密，越倾向于把人生最大的幸福视为"身体健康、家庭幸福"，亲子关系越疏远，越倾向于"自由自在"和"稳定的生活"。

表3－17　　　　人生最大的幸福和与家人的关系的交叉列联表　　　单位:%

		与家人的关系		
		亲密	一般	疏远
人生最大的幸福	有知心朋友	5.1	8.0	9.3
	自由自在	8.7	15.3	32.6
	身体健康、家庭幸福	59.8	46.6	23.3
	受到社会的认可和他人的尊重	3.9	6.3	4.7
	有较高的社会地位和一定的经济实力	3.2	3.9	9.3
	有确定的人生信仰和内心的宁静	13.1	13.8	16.3
	实现了自己的理想	4.9	5.8	4.7
	其他	1.3	0.3	0
χ^2		84.040 ***		

表3－18　自己一生中最想要的东西和与家人的关系的交叉列联表　单位:%

		与家人的关系		
		亲密	一般	疏远
自己一生中最想要的东西	健康的身体	14.3	13.6	16.3
	有大的作为	10.1	10.7	9.3
	幸福美满的家庭	52.9	44.4	32.6
	稳定的生活	13.3	17.9	25.6
	金钱或权力	2.3	3.7	9.3
	得到他人的认可	2.8	3.9	2.3
	良好的社会人际关系	2.4	3.1	2.3
	其他	2.1	2.7	2.3
χ^2		34.115 **		

（三）亲子关系越亲密，大学生有自杀念头的比率就越低，对自杀行为越不认可；亲子关系越疏远，大学生有自杀念头的比率就越高，对自杀行为越持肯定或漠然态度

经研究发现，亲子关系对大学生自杀行为有显著的影响。亲子关系亲疏不同的大学生在"您是否有过自杀的念头"上有显著差异（$\chi^2 = 185.775$，$P < 0.001$）（见表 3 – 19）。在没有自杀念头上，亲子关系亲密的大学生比亲子关系疏远的大学生高 42.8 个百分点。而在经常有自杀念头上，亲子关系疏远的大学生反过来比亲子关系亲密的大学生高 22.3 个百分点。另外，运用多重响应交叉表来分析，发现亲子关系亲疏不同的大学生在对大学生自杀行为的看法上有显著的差异。认为"自杀是对家人极端不负责任的表现"上，亲子关系亲密、一般、疏远的大学生在各自群体中的比例分别为 84.7%、74.6%、30.2%，亲子关系亲密的大学生比亲子关系疏远的大学生高 54.5 个百分点。认为自杀是"对生命的轻视"上，亲子关系亲密、一般、疏远的大学生在各自群体中的比例分别为 71.2%、60.1%、41.9%，亲子关系亲密的大学生比亲子关系疏远的大学生高 29.3 个百分点。相反，在认为"自杀是一种摆脱痛苦的方式"上，亲子关系疏远的大学生比亲子关系亲密的大学生高 28.3 个百分点。此外在认为"自杀是一种勇敢的行为"和"不关我的事，我不关心"上，亲子关系疏远的大学生在其群体中的比例远远高于其他大学生的比例。由此得出结论，亲子关系越疏远，有自杀念头的比率就越高；而亲子关系越亲密，其自杀的念头比率就越低，对待自杀越持不认可态度。

表 3 – 19　您是否有过自杀的念头和与家人的关系的交叉列联表　　单位:%

		与家人的关系		
		亲密	一般	疏远
您是否有过自杀的念头	经常有	1.0	4.8	23.3
	偶尔有	4.5	8.0	16.3
	很少有	11.6	15.7	20.9
	曾经有，现在没有	16.7	23.3	16.3
	没有	66.1	48.2	23.3
χ^2		185.775 ***		

（四）亲子关系越亲密，大学生生活态度越积极向上，越有理想抱负；亲子关系越疏远，大学生人生态度越消极，抗挫能力越差

经研究发现，亲子关系不同对大学生生活态度有显著影响。通过卡方检验发现，亲子关系亲密、一般、疏远的大学生在"我热爱生活，每天过得充实而有意义"（$\chi^2 = 43.419$，$P < 0.001$）等8个问题上存在显著差异。在"我热爱生活，每天过得充实而有意义"问题上，认为这一观点符合自己的，亲子关系亲密的大学生比亲子关系疏远的大学生高21.4个百分点；在"我有理想抱负，并为之不断努力"问题上，认为这一观点符合自己的，亲子关系亲密的大学生比亲子关系疏远的大学生高23.5个百分点；在"遭遇挫折时，我总是积极想办法应对"问题上，认为这一观点符合自己的，亲子关系亲密的大学生比亲子关系疏远的大学生高21.1个百分点，差异十分明显（见表3-20）。由此得出结论，相比其他大学生，亲子关系亲密的大学生更加热爱生活，积极向上。

相反，亲子关系疏远的大学生相比其他大学生，人生态度较消极，缺乏目标和规划，抗挫力较差。如在"我不知道到底有什么值得我去努力奋斗"问题上，认为这一观点符合自己的，亲子关系疏远的大学生比亲子关系亲密的大学生高28.1个百分点。在"我很少对自身的发展做规划"问题上，认为这一观点符合自己的，亲子关系疏远的大学生比亲子关系亲密的大学生高15.2个百分点。在"不管做什么事，我都很难坚持下去，常常半途而废"问题上，认为这一观点符合自己的，亲子关系疏远的大学生比亲子关系亲密的大学生高13.9个百分点。在"我相信存在前世、今世、后世，一切都是早有安排的"问题上，认为这一观点符合自己的，亲子关系疏远的大学生比亲子关系亲密的大学生高14.7个百分点，差异明显。

表3-20　　　　　　大学生生活态度在亲子关系上的差异　　　　单位：%

维度	符合			χ^2
	亲密	一般	疏远	
我热爱生活，每天过得充实而有意义	79.5	68.4	58.1	43.419*

续表

维度	符合			χ^2
	亲密	一般	疏远	
我有理想抱负，并为之不断努力	77.0	62.4	53.5	58.926*
我不知道到底有什么值得我去努力奋斗	16.1	26.6	44.2	75.464*
我很少对自身的发展做规划	24.3	34.3	39.5	55.554*
遭遇挫折时，我总是积极想办法应对	76.9	68.3	55.8	36.001*
前路茫茫，我不知道我未来的生活是什么样子	37.2	49.3	48.8	50.722*
不管做什么事，我都很难 坚持下去，常常半途而废	21.0	31.5	34.9	62.096*
我相信存在前世、今世、后世， 一切都是早有安排的	17.9	21.8	32.6	19.467*

（五）亲子关系越亲密，大学生的生命共同体意识与奉献社会意识越强；亲子关系越疏远，大学生的价值取向越偏向于功利化

经研究发现，亲子关系的亲疏对大学生的生命价值观有显著影响。通过卡方检验发现，亲子关系亲密、一般、疏远的大学生在"一个人成为有权有势的人才没白活"（$\chi^2 = 39.097$，$P < 0.05$）等八个问题上存在显著差异。相比其他大学生，亲子关系亲密的大学生具有更强烈的生命共同体意识，能够把自我、家人、社会有机联系起来，并且看重生命的意义在于为国家和社会做贡献。如在"我的生命并不完全属于自己，还属于家人、朋友、社会"问题上，认为这一观点符合自己的，亲子关系亲密的大学生比亲子关系疏远的大学生高32.9个百分点（见表3-21）。在"伤害自己和他人都是对生命价值的否定"问题上，认为这一观点符合自己的，亲子关系亲密的大学生比亲子关系疏远的大学生高28.7个百分点。在"我与人为善，心胸开阔，善于接纳他人"问题上，认为这一观点符合自己的，亲子关系亲密的大学生比亲子关系疏远的大学生高18.1个百分点。在"我努力使自己成为一个对国家和社会有用的人"问题上，认为这一观点符合自己的，亲子关系亲密的大学生比亲子关系疏远的大学生高19.2个百分点。

　　另外，相比其他大学生，亲子关系疏远的大学生，其功利意识更强。如在"一个人成为有权有势的人才没白活"问题上，认为这一观点符合自己的，亲子关系疏远的大学生比亲子关系亲密的大学生高24.5个百分点，差异显著。

表 3 –21　　　　　　　大学生生命价值观在亲子关系上的差异

维度	符合			χ^2
	亲密	一般	疏远	
一个人成为有权有势的人才没白活	15.0	22.4	39.5	39.097*
活着比任何事情都重要， 无论什么时候都不能放弃生命	88.0	78.0	53.5	69.989*
我的生命并不完全属于自己， 还属于家人、朋友、社会	91.0	82.5	58.1	71.622*
伤害自己和他人都是对生命价值的否定	89.2	82.7	60.5	62.768*
我与人为善，心胸开阔，善于接纳他人	87.9	75.2	69.8	71.697*
金钱不是幸福的决定因素， 但幸福生活也不能缺少金钱	91.1	84.3	72.1	43.405*
生命的意义在于为国家和社会做贡献	56.4	48.8	46.5	15.598*
我努力使自己成为一个对国家和社会有用的人	79.7	67.6	60.5	43.132*

　　总之，研究发现，在生命意识、人生追求、生活态度、价值取向方面，与家人的亲疏关系和"90后"大学生的生命价值观呈明显的正相关。即亲子关系越亲密，大学生的生命意识和生命共同体意识就越强，对生命价值的思考频度就越高，对各种生存常识、处理方法和逃生技巧了解的程度就越高，人生态度越积极向上，越强调自我价值与社会价值的统一。反之，亲子关系越疏远，大学生的生命意识和生存技能越薄弱，对自杀的行为越表示出肯定或者冷漠的态度，而且人生态度相对消极，抗挫能力相对较差。也就是说，家庭亲疏关系、父母对子女的精神支持与大学生的生命意识、生命价值观和人生态度密切相关。这与前人的研究一致。有研究表明："积极的亲子关系会使儿童感到爱与被尊重，对自己、他人和周围环境有积极乐观的认识和

期望,乐于与父母以外的人交往,从而形成积极的同伴关系和师生关系。"[1] 大学生虽已远离父母,在外独自求学,但个体在家庭中得到越多的积极关注、认同和支持,或父母的情感和关心,大学生的自我和谐度就越高,[2] 人生态度就越积极。由此得出结论,家庭亲疏关系是影响"90后"大学生生命价值观形成的重要因素,它对大学生的生命价值观能否产生积极影响,关键在于家庭能否成为大学生重要而持久的社会支持系统。要改变大学生消极的生命意识和人生态度,必须同时改变其亲子关系与家庭氛围,只有通过平等尊重、民主引导来建立亲密的亲子关系,才能促进大学生形成健康稳定的生命价值观。

---

[1]　Conger, R. D. et al. , "A Family Process Model of Economic Hardship and Adjustment of Early Adolescent Boys", *Child Development*, Vol. 63, 1992, pp. 526 – 541.

[2]　陶甜美、刘新民、金明琦:《亲子关系与大学生自我和谐的相关研究》,《皖南医学院学报》2012年第6期。

第四章 大众文化影响下大学生 生命价值观的形成规律

大学阶段是生命价值观稳定形成的关键阶段，从对人生的迷茫、思考到明确人生方向，确立正确的生命价值观是一个循序渐进的过程，受到诸多因素的制约。大众文化本身就蕴含着某种价值诉求，其内在的价值观以一种喜闻乐见、娱乐化、多样化的方式潜移默化地影响着大学生，使其生命价值观的形成和发展呈现出新的特点和规律。

第一节 大众文化渗透与生命价值观 形成是个双向互动的过程

大学生是大众文化最热情的追随者、最狂热的消费者、最积极的创造者之一，是当代中国大众文化最为重要的主体力量。他们又是社会上思维异常活跃、反应特别敏锐的特殊群体，对大众文化有种天然的敏感性和趋近性。随着新媒体的出现和同辈群体的交互影响，大学生与大众文化的联系更加紧密，青年文化、网络文化、大众文化表现出强烈的你中有我、我中有你的互渗互透态势。

一 大众文化中蕴含着特定的生命价值观

分析大众文化与生命价值观的关系，首先得分析价值观与文化的关系。价值观是人们关于自身价值的有无、大小及如何实现的根本看法和观点，是社会和人精神文化模式中最深层次的、相对稳定并起主导作用的部分。一定的价值观通过文化表现出来，而一定的文化总是内含着一定的价值观。文化在结构上分为三个层次，即物质文化（外显文化）、行为文化（中间文化）和理念文化（内核文化）。物质文化是可以直接看到的、最易被人们接受和传播的东西，如时尚用品、流行歌曲、发型服饰等。行为文化包括人们的交往方式、消费方式、生活方式、婚恋方式和行为模式等。理念文化则是由人们的世界观、人生观、价值观、审美观等组成。在三种文化层中，理念文化是核心，是最深层次的东西，而物质文化和行为文化都是理念文化的外在表现。理念文化尤其是其中的价值观决定了文化"好与坏"的标准，它要解决"为什么做"、"值不值得做"的问题，而"为什么做"、"值不值得做"的问题，又最终决定了人们"做什么"和"怎么做"。因此，我们可以说，文化的核心就是价值观，文化对人们的影响，最主要的也是价值观的影响。由于文化本身的特点和强势影响力，它提供给人们的不只是"资讯产品"，更多的是这些"产品"背后的价值观念，透过这些价值观念，个体能够在社会化过程中，清楚地认识到社会在提倡什么、限制什么、反对什么，从而自觉或不自觉地接受其对世界和人生的选择和解释。可以说，文化中所蕴含的价值取向是在无形中影响正在形成中的大学生价值观的。

　　面向日常生活，面向世俗现实，是大众文化的一种主要文化导向。这种世俗化导向实际上内含一种弘扬当下美好、关注实际生活的价值理念。大众文化竭力宣扬个人对现实生活的追求，崇尚个性的张扬与自我的满足，以更加实际的态度来看待生活本身。从人本论的角度看，这是历史的进步。它抛弃了对政治理想、圣人道德以及虚假乌托邦的盲从和迷信，以更加冷静、理性的态度去审视现实的人，关注人的生活，尊重人的生命。这种价值观念对人们产生了深刻的影响，"使得处于焦虑、困惑、孤独、迷茫、萎靡不振的人们找到了精神寄托和心灵的慰藉，找到了宣泄情感的方式和解除孤独的手段，找到了消磨时间的途径和忘却烦恼的出路"。① 通俗歌曲、民谣、网络流行语、相声、讽刺小品等大众文化形式和手段，内含的轻松愉悦价值观具有独特的化解和舒缓人们生存压力与精神负担的功能，受到普通老百姓的喜爱。而《超级女声》中的"想唱就唱，要唱得响亮，就算没有人为我鼓掌，至少我还能够勇敢地自我欣赏"、《士兵突击》中

---

① 刘济良：《青少年价值观教育研究》，广东教育出版社 2003 年版，第 142 页。

的许三多的"不抛弃，不放弃"、"要好好活，好好活就是做有意义的事，做有意义的事就是好好活"，更折射了人们积极向上、展示自我的人生期待与生活目标，成了很多大学生奉为经典的语句，所以它们不仅是一个娱乐节目，或是一部电视剧，在某种意义上，像是人生哲学，引发大学生的思考，激发大学生的成长。

但是相对于"精英文化"，大众文化是在商品化原则进入文化领域、文化工业成为大众消遣的一种娱乐形式之后，利用现代科技、采用大规模复制的方式创造出的满足人们感官上低层次需求的文化产品。这种文化遵循商业化原则，贴近市场，放弃了传统"精英文化"用理性、人生价值、历史意义、终极关怀等深度文化价值取向为大众构造的理性文化和理性文化空间，在传播的过程中总裹挟着一种消费主义的意识形态，一种物质主义和享乐主义的人生取向。这种文化的长期发展和泛滥将会窒息大学生的创造力，消解大学生的想象力、扼杀大学生的批判力，同时也将蚕食大学生的人文精神和价值追求，其直接结果是造成大学生价值观的享乐主义和消费主义倾向。

二　大众文化成为大学生生命价值观塑造的重要载体

大学生在未踏入社会之前，他们的人格追求和价值观大都源自家庭、书本、朋友、主流社会意识形态或主流舆论。而家庭、学校以及社会媒体的影响一般采取文化的表达方式。文化的内核是价值观，许多文化现象、文化活动、文化商品本身蕴含着、折射着价值内涵，一旦这种文化被受众接受，其蕴含的价值内涵也就成为受众价值观的重要来源。大学生是大众文化的主要受众，他们之所以喜爱和选择某种大众文化，不仅在于大众文化的娱乐性，更在于在某种意义上，大众文化承载了他们复杂的生命情感表达和宣泄，承载了他们对生命的思考、对自我身份、人生意义、人生目标、生活感受的期待与体验。不少大学生试图通过通俗的大众文化媒介搭建一条从校园通向社会人生大舞台的桥梁，了解现实人生真相，思考人生问题。在大众文化的世俗生活气息里，他们感受到了生命之轻——"轻舞飞扬"（《第一次的亲密接触》）；在大众文化的现实批判里，他们苦苦思索着生命之重——"我是谁"（《苏菲的世界》）；在大众文化的未来幻想里，他们的创造欲无限勃发，对未来的地球生命之谜展开无穷的遐想。就在这欣赏、探究、感悟、思考的过程中，大学生的生命价值观潜移默化地调整、修正与形成。

如今，大学生饱受市场竞争、多元文化、前途不定的困扰，面临学业、考研、就业、出国、买房等重压，迷茫、焦虑仿佛挥之不去的雾霾令大学生弄不清"我是谁"、"我属于哪里"、"我走向何方"。于是，反映青春梦想、情感、励志等主题的大众文化就成为大学生寻求身份认同和情感认同的重要载体，承载着大学生的生命热望。如影视文化中的"穿越热"承载着大学生对现实生命的不满和逃避，对执着、美好爱情的向往和追求；时尚文化中的"酷"形象承载着大学生渴望独立、与众不同的生命风格；流行文化中的偶像崇拜则蕴含着大学生追求理想、渴望成功甚至"一夜成名"的浮躁心理；网络流行语"我虽然做不了有钱人的后代，但我一定要做有钱人的祖宗"更喊出了大学生对生活的抱负和思索；而《中国好声音》里参赛选手们张扬的个性、执着的梦想，成功的喜悦与失败的泪水，构成了一幅色彩斑斓、热烈炫目的关于青春与梦想的图画，成为大学生建构自我、确立自我文化身份的"镜像之城"，大学生就在这种种五彩斑斓的青春与梦想的"镜像之城"中娱乐、狂欢、冥思、成长。①

三 大众文化构成大学生生命价值观选择的重要场景

生命价值观的形成，既是个体对自身的生活体验和生活阅历领悟思考的过程，也是主流社会价值观对其施加影响的过程；既是社会政治生活和经济生活在思想观念领域的折射，也是历史文化传统的熏染。相比精英文化与主流文化，大众文化借助传媒的各种传播模式，以其各种形态——艺术的、准艺术的、泛艺术的方式影响着大学生的思想、行为和生活方式，为大学生的成长创设了更大的智能发展空间和感性生活空间。如今大学生已不自觉地被铺天盖地的大众文化所包围和诱导，他们已学会根据自己的需要从不同的文化内容中选择和吸取自己在课堂上得不到的东西。如用流行音乐来缓解现实生活的枯燥与压力，以自己崇拜的偶像明星为榜样激励自己，从意义深刻的影视

---

① 万美容、彭红艳：《青春镜像：〈中国好声音〉的文化意义解读》，《中国青年研究》2013年第4期。

节目中寻找诸多人生启迪,从不同的时尚装扮中演绎青春期的活跃与叛逆,从动漫表演中体会到不同的文化,从励志的畅销书中获取正能量。可以说,大众文化所带来的大量文化信息、文化内容、文化思想,使大学生接触到不同思想文化的交融和碰撞,也使大学生在对不同价值的评价和思考中确立了多样化的价值观念,大众文化已经成为大学生生命价值观选择和塑造的重要文化场景。

当前,塑造大学生生命价值观的最大文化场景是网络文化。大学生有着丰富的情感和敏感的内心,渴望倾诉、渴望交流,但心灵的闭锁性又使得他们不愿让自己的精神世界直接暴露于师长和他人面前。此时,网络文化就为大学生提供了一方自由而隐秘的天地,给了一个倾诉发泄的空间。网络文化用不同的视角、文字、音乐和画面,剖析不同的灵魂与心态,展现不同的个性生活与社会景象,使大学生在其中尽情地体验理想中的现实世界以及现实中的理想世界。更重要的是,在网络文化中能展示自我,让压抑的心灵释放,让自我的个性张扬。可以说,网络文化的包容与开放为大学生自由独立的生命价值观的形成提供了平台和空间:网络炒作产生的"最牛征婚女凤姐"、"最牛乞丐犀利哥"等"网络英雄"成为大学生不同理想人格的终极化身;"网络恶搞"以一种诙谐、搞怪、恶作剧的方式,颠覆经典、张扬个性,帮助大学生宣泄情感,释放学习压力;即使在网络游戏等虚拟世界里,大学生也会找到一种在现实世界体验不到的自我归宿感、生命优越感或精神胜利感。但网络也是一把"双刃剑",大学生如果沉迷于网络,减少与外界人际接触的机会,就会变得与现实社会相隔离,与真实的人际关系切断开来。"克拉德(Kraut)的研究发现,互联网会使网民的社会卷入(social involvement)减少,心理幸福感(psychological well-being)降低,表现为孤独感和抑郁感的增加。"① 当前有些大学生,正是因为沉迷于网络,脱离大学生成长的群体环境,内心总缺乏归属感、安全感和现实依赖感,最终陷入了网络

① Sanders, C. E., T. M. Field, M. Diego and M. Kaplan, "The Relationship of Internet Use to Depression and Social Isolation among Adolescents", *Adolescence*, Vol. 35, No. 138, 2000, pp. 237 – 243.

孤寂、自闭之中。

四　价值观制约大众文化的发展方向

文化与价值观有密切的联系，文化是价值观的载体，文化赋予价值观活动；而价值观是文化的灵魂，价值观制约文化的发展轨迹和生存空间。同时，价值观念和价值取向又决定着文化的形式和内容。人类的文化之所以呈现出如此多样的形态和丰富多彩的内容，其原因是存在不同的价值信仰和追求。所以文化的本质意义在于人们的价值观念，任何民族的文化，无论其表现出什么样的样式和发展模式，起决定作用的还是其特定民众所固有的价值观念。

改革开放以来，我国实现了由传统农业社会向现代工业社会、从计划经济向市场经济的转型，社会价值观念相应地发生了深刻的变化：从注重集体向注重个体转变，由崇尚理想向重视利益转变，从强调节俭向尊崇享受转变。这种价值观的转型反过来推动文化的转型，带来了精英文化的式微和大众文化的勃兴。

曾几何时，精英文化在中国的改革开放中起过重大的推动作用。从改革开放伊始的真理标准大讨论和思想解放运动，到文学界的伤痕文学、改革文学，再到市场经济合理性的理论张扬，都体现了精英文化的独到价值。精英文化是社会价值理想和人文精神的重要载体，它将至真、至善、至美作为最高追求，饱含人类基本的价值和终极关怀。它的流行与人们的冷静思考、济世情怀和报国之志是紧密联系的，而它的式微又与时代价值观的变迁息息相关。首先，时代节奏的加快，人们的精神和心理压力越来越大，焦虑已经成为现代人的一种生活常态。《中国青年报》社会调查中心一项由 2134 人参与的调查显示，34.0% 的受访者经常产生焦虑情绪，62.9% 的人偶尔焦虑，只有 0.8% 的人表示从来没有焦虑过。焦虑既源于社会结构的急剧重组给人们带来的不确定感、不安全感；也源于当代社会网络发达，正面和负面的信息都层出不穷加剧了人内心的冲突，传播又使焦虑具有感染性。在此种背景下，精英文化不能抖擞人们的精神，不能帮助人们舒缓压力、化解焦虑。其次，商品经济时代是一个"以物的依赖性为基础的人的独立性"时代，对物的过分依赖和追求容易导致人自身的物化，将物欲无限膨胀，导致整个社会形成"泛功利化"倾向。"所谓

'泛功利化'倾向，是指人们在社会认知、社会心态、个人情感等发展的一种价值取向，这一倾向往往简单地把功利化泛化到一切物质和精神领域，把是否得到功利作为考察、评判、衡量一切事物和行为的优劣、好坏、善恶、美丑的标准，把功利推向极致……"①　"泛功利化"导致人们生命目的的物化，生命目的的物化又导致了人逐渐丧失了支撑其生命活动的价值资源和意义归宿，从而陷入一种"与自然疏离"、"与社会疏离"、"与上帝疏离"以及"与自身疏离"的"存在性危机"中。失去信仰的人们特别渴望在各种"消费"中麻痹自己内心的不安，松弛内在精神的紧张。最后，以网络为代表的现代传播媒介以迅雷不及掩耳之势进入普通民众的生活之中，激发了大众强烈的参与愿望和自我展示热情，人们越来越渴望新奇刺激、流行时尚的生活。在这样的时代背景下，以世俗化、消费化、时尚化见长的大众文化极大地满足了人们对感性欲望刺激的渴求，促使人们从神圣的政治、宗教的世界中解放出来，向人的日常生活世界回归，并使人们在紧张的压力下获得更多的释放渠道，在娱乐中得到安慰。可以说，正是大众功利价值观的上升、精神信仰的迷失、人生意义的消解、生存压力的增大催生了大众文化的兴起和泛滥，并促使大众文化向世俗化、感性化、娱乐化方向发展。

就大众文化本身而言，其内容与形式也是由特定主体的价值需求和价值取向决定的。如大学生的偶像选择和偶像崇拜方式就是由其价值观决定的。偶像作为一种形象化的人格符号，本身就具有丰富的价值内涵，如果将各个时代的偶像人物与该时代的价值观念联系起来，我们就会发现，他们就是其所在时代的象征性人物，就是该时代价值观的代表。五六十年代对英雄榜样、70 年代对"红卫兵"、80 年代对科学家、90 年代以来对成功人士和青春偶像明星的喜爱、追捧和崇拜，无不体现出时代的价值观特征。今天，大学生的价值观具有鲜明的实用色彩，其自我意识、进取心和成就欲不断增强，现世的、功利的、更具个人色彩的人生追求得到强化，而革命理想主义的、抽象政

---

① 刘明君、汪志言：《转型期中国社会"泛功利化"倾向透视》，《江汉论坛》2002 年第 8 期。

治意味的并绝对服从国家或集体利益的人生追求在逐渐淡化。这种价值观的转变使得其偶像的类型就从政治领袖、英雄人物、道德楷模向事业成功人士、大腕明星、富有个性的青春偶像转变，这正是传统的榜样教育失效的根本原因。又如大学生主体价值观也影响着青年时尚文化的发展变化。大学生既是时尚文化的"易感人群"，也是创造时尚文化的主力军，大学生群体的发展变化在很大程度上影响和决定着青年时尚文化的生命形态和体征。大学生关注和突出自我、即时实现、张扬个性、求新多变等思想观念推动着青年时尚文化的不断演化，某种产品、服饰、活动能否成为大学生追捧的时尚，最终还是要看它是否符合大学生的内心需求，是否符合大学生的价值观念，其最终决定权还是在于大学生自身。

总之，大众文化什么时候发展，朝何处发展，归根到底取决于价值观的发展，当大众价值观健康和积极向上，那么大众文化也会朝着健康的方向发展；相反，大众价值观是消极落后的，那么大众文化也会变得消极落后，成为时代发展的阻碍。

第二节　大学生生命价值观的形成特点

现在许多大学生在人生观价值观方面接受的主要影响不仅来自学校和家庭，也来自形形色色的大众文化如流行歌曲、网络文化、畅销书籍、时尚杂志、偶像明星等。大学生的生命价值观是在意识与文化的无意识的循环往复过程中形成和发展的。这种形成和发展表现出主体性、流变性、多样性、矛盾性、开放性的特点。

一　主体性

任何生命价值观都是特定主体的价值观，世界上不存在无主体的、抽象普遍的终极价值观，因而生命价值观的思想内容与倾向都是对特定主体自身的社会存在和生活经历的反映，不同生命价值观的异同往往与不同主体的生活方式、地位、需要、利益、经历相联系。生命价值观的主体性通常表现为主体特有的态度、价值目标、价值取向以及评价标准。而生命价值观形成的主体性则表现为主体的需要驱动和主体的自我意识发展。需要是形成生命价值观的客观前提，需要不同，价值追求就不同；自我意识是生命价值观形成的主观条件。自我意识是主体我对客体我的认识、评价和体验，它包括了人对自身问题的一系列思考，诸如"我是谁"、"我从哪里来"、"我到哪里去"、"我能做什么"、"我应该做什么"等。从严格意义上讲，"一个人或一个群体只有当他不仅正确地掌握了客观对象，而且通过自我意识掌握自身的主体存在，把主客体区分开来才能形成需要意识并以此为尺度评价客体，经过无数次的反复从而沉淀为某种价值观念"①。也就是说，个体通过自我意识掌握客观对象的存在和自身的存在，把主客体区分开来，又通过主体需要与客体属性把二者联系起来，形成价值世界。只有当一个人对自身需要、自己与他人或社会的关系、自己的能力和个性特点有了明确的认识和了解的时候，只有当一个人能够进行自我观察、自我分析和自我反思的时候，他才能依据自身的特点和各方面条件，主动地建立起自己的生命需要与客体的联系，形成和塑造自己的生命价值观。

　　具体来说，自我意识的以下几方面在人的生命价值观形成中具有特别重要的意义。一是对自身需要的认识。这是生命价值观形成的最直接、最基本的前提。人对每一种事物的价值认识和评价，都要以自己的需要为出发点。人不仅因为具有不同的需要，而且因为对自己的需要具有不同程度的认识，才形成不同的生命价值观。如果一个人不清楚地知道自己需要什么，他就不可能依据自己的需要主动地、积极地形成自己的生命价值观。二是对自己能力和个性特点的认识。这是形成生命价值观的重要心理条件。每个人都是根据自己的能力类型、能力大小和个性特点来认识外部世界、进行价值选择、确定自己的价值目标和发展方向的。依据能力和个性特点做出的价值选择和确定的价值目标，最终会进入他的生命价值观念系统，成为他的生命价值观的重要组成部分。三是对自己与社会之关系的认识，或者说，对自己社会地位的认识。这对一个人生命价值观的最后形成和稳定具有关键性作用。在此之前，人主要从自身需要和能力出发，对外界事物做出

---

① 袁贵仁：《价值学引论》，北京师范大学出版社1991年版，第381页。

价值认识、价值选择、价值判断以及价值评价，还没有考虑社会的要求和个人的责任。只有当一个人意识到自己和社会的关系，自己在社会上的地位和所扮演的社会角色，从而引申到个体对社会生活意义的认识和对自己生活意义的认识，并将这两方面的认识结合起来，换句话说，个体能认识到"人的行为究竟是为了什么"的时候，他才会根据社会的要求和自己的地位，重新调整和修正以前的生命价值观，对一些事物重新加以评价和认识，重新做出价值选择，确定价值目标。

另外，主体的生命价值观也不是一成不变的，生命价值观的变迁与主体自我意识的日益觉醒交相辉映。主体意识的觉醒是生命价值观变迁的内因和载体，它导致生命价值观的多样化、个性化、多层次性，而后者又促使主体意识进一步凸显。改革开放以来，中国社会一个最大的变化，就是个体主体意识的觉醒和高扬，经历了无主体性—主体性的觉醒—主体性凸显（成熟）—主体间性的演变过程，相应地，大学生的生命价值观也经历了直接从现实社会中机械确立自我人生价值观到按自我需求寻求人生定位的变迁过程：在 20 世纪 80 年代，大学生群体的主体意识刚刚觉醒，开始思考"人生的意义"、"人究竟为什么而活着"的问题，人生价值取向相应地由无私奉献向立足社会、思考人生倾斜，人生目标从单一的为国家为集体的社会目标中分离出自我价值来；90 年代，大学生的主体意识在觉醒基础上又生成增长了人的权利意识，思考的问题转变为"人怎样活得更好"，相应地，人生价值的追问也就转向了对于实际人生的探讨，人生目标朝着实惠的理想主义、渐进的功利主义和短视的实用主义方向发展；21 世纪，在以人为本的价值理念的启迪下，全社会的人本意识、人权意识凸显，大学生的生命价值观进入理智务实期，重点思考"人怎样活得更幸福"的问题，相应地，人生价值取向由追求物质财富为主导转向追求自身的全面发展，力求实现理想与现实的统一，自我与社会的统一。由此可见，正是大学生主体自我意识的日益觉醒，才推动了大学生生命价值观日益走向成熟与稳定。

当前，在大众传播的强势运行中，处于信息接收地位的大学生，也并不是完全消极、被动、被控的，他们也有自己的主观能动性，是自觉地根据自身的需要，对大众文化的内容或形态作有条件的或有目的的选择，主要表现为三个"偏重"：偏重放松性享受，为疏解压力而参与文化活动，比如玩游戏、看动画漫画；偏重转移性选择，为调节生活而参与文化活动，比如阅读、听流行音乐；偏重人际性娱乐，为适应交友而参与文化活动，比如上网、文化聚会等。在这种文化选择活动中，他们进行的选择性理解、选择性认同、选择性消费、选择性欣赏，客观上造成了不同的大众文化的不同传播和影响；主观上，大学生通过文化选择行为，部分地满足着自己的身心需求，诠释着自己的主体作为，理解着自己的社会角色，张扬着自己的个性。大学生自主选择文化的背后潜藏着有关自身身心发展中的本体性问题，如情感生长、社会认同、成就动机、自我冲突等。大众文化的发展为人们进行主体性展示、意义建构和生命价值观形成提供了新的空间和手段，不少大学生也试图通过通俗的文化媒介搭建一条从校园通向社会人生大舞台的桥梁，了解现实人生真相，思考人生问题，宣泄压抑情感，成就个人梦想，自觉或不自觉地塑造着自己的生命价值观。

二　流变性

大学生生命价值观的形成不是一蹴而就的，也不是一成不变的，它是一个复杂的过程，随着大学生成长过程中所遇到的社会环境、文化氛围和个体所受的教育程度的变化而变化，总是处于波动和流变中。

首先，大学生生命价值观形成的流变性源于生命本身的流变性。人的生命宛如一条绵延不绝、奔腾不息的河流，从出生、幼年、少年、青年、中年、老年直到死亡，一切都处在产生、发展和灭亡的过程中。这一过程是不断发展、变化的，不断生成、更新的，人的生命就是在这一不断生成、发展和更新中显现自己人生的意义，实现自己生命的价值，从有限走向无限，从现实走向超越。因此，人的生命存在的本质就在于突破既定、现实、有限，不断地发展、开拓、创新、生成，人永远不满足于自己已有的现实生活和生命存在，总是在不断地超越现实，追求新生。换句话说，人的生命存在的本质是从来不满足于自己已有的经验、已获得的发展和已实现的生命，而是不断地寻求更高、更大、更长远的发展。伴随生命的发展与超越，生命价值观也就不断地修正、补充、完善、定型。其次，生命价值观的流变性源于社会环境的流变性。当今世界进入一个空前的大变动时期，世界政治的分化与组合，经济的竞争与合作，文明的冲突与融合，利益的失衡与调整，其变化之巨、之广、之深、之快令人眼花缭乱。大学生思想活动的独立性、选择性、多变性、差异性日益增强，价值目标、价值评价标准常常变动不居，其生命价值观始终处于波动、不稳定的状态。最后，生命价值观的流变性还源于大学生不成熟的心理特征。大学生正处于青春期后期，其情绪和认知发展还不成熟、不定型。大学生的理性思维发展达到高峰但易主观片面、固执己见；情绪情感日益丰富，但波动性较大，一会儿是波峰，一会儿是波谷。他们的价值观念会随着认知、情绪情感的变化而变化，易受外界的影响，因而具有变动性和容易受情绪情感干扰的特点。

在大众文化的影响下，大学生的生命价值观形成具有流变性，主要表现出以下三点：一是不确定性。当前的大众文化丰富多彩，网络文化、影视文化、偶像文化、时尚文化等都有其自身的特点、自身的评价标准，这些没有统一、客观标准评价的文化，对事物的美、丑、善、恶的区分并不明晰，容易导致大学生对生命和人生意义的认识上的迷茫和困惑，价值观具有不确定性，容易跟着流行和时尚走。有学者指出："当代大学生尽管崇尚独立个性，强调主体意识，声明不崇拜任何人，但是在他们的价值观表现中，真正属于独立思考、选择的成分并不多。他们常常跟随社会和周围'流行'的观点与行为，并以此作为自己行为选择的价值判断标准。"① 二是不可预料性。在现实社会中，可预见的和不可预见的各种各样事件的发生和出现，通过各种大众传媒进入大学生的耳中、眼中、心中、脑中，促使大学生的生命价值观不知不觉发生着变化。如小悦悦事件、跌倒的老人该不该扶、最美教师、最美保安等这些与生活息息相关的，或感天动地或触目惊心的相反事件的同时报道，以及人们在网上对这些事件的褒贬不一的评价，都会使大学生不断地重新评估和思考人的生命意义，最终确立何种生命价值观往往难以预料。三是突发性。大学生无论是生理还是

---

① 方泽宏：《高校如何应对当代大学生价值取向的变化》，《集美大学学报》（哲学社会科学版）2004 年第 1 期。

心理都处于成长期，在生理上接近人生的顶峰阶段；在心理上处于迅速走向成熟而又未真正成熟的过渡阶段。他们大脑神经机能兴奋性要比抑制性强，因此，接受新奇的东西比较快，思想上极容易受感染，行为上容易效仿。正由于思想、心理的不成熟和社会实践的缺乏，大学生的生命价值观易受外界的影响，呈现出突发性和不稳定性特点。他们可以在追逐感官娱乐的快餐生活中消解对人生理想的追求，逃避对社会责任的担当，走向一种消费主义和享乐主义；可以以自己崇拜的偶像明星为榜样激励自己；从意义深刻的影视节目中寻找诸多人生启迪；在遇到挫折时，从励志的畅销书中获取正能量。所以，他们的生命价值观常常是不定型的、不确定的、不稳定的，经常发生流变。

三　多样性

大学生生命价值观形成的多样性源于大学生个体生命的独特性与时代环境的多样性的交互作用。

每个个体生命都是独一无二的，这已是被科学研究反复证明的事实。现代脑科学的研究成果揭示了在经验的影响下，脑是如何不断地变化从而形成了一个独特的个体的。[①] 遗传学的研究也表明，每一个个体生命的遗传特征都是独一无二的，这种独一无二决定了人先天具有的差异性及在后天发展中的不同优势结构。所以，不同的人表现出对事物不同的敏感性和不同的兴趣爱好。先天的遗传素质奠定了生命多样性的基础，但人的差异性与多样性更多的还是表现在后天形成的不同个性、不同思维方式上。人比动物优越的地方就在于人有意识、有思维，正是人的思维，才使人获得更多的自由、更多的选择，从而表现出更多的生命差异。即使在相同的境况下，不同的人对同一事物也会有不同的反应、不同的选择和不同的生命体验，从而形成不同的个性，赋予生命不同的含义。尼采认为，每个人都有自己独特的生命风格。"每个人之间有所不同，即都有其自我独特性，具有不可重复和不可取代的唯一性，这种自我独特性或唯一性是每个人得以存在的

---

① ［英］苏珊·格林菲尔德：《人脑之谜》，杨雄里等译，上海科学技术出版社1998年版，第84—89页。

根据和理由，因而也是每个人有其个人价值的理由和根据。"① 独特的生命在社会实践中不断地走向成长、发展和完善，实现和发挥自己生命的独特价值，确立自身独特的人生意义。

生命在时代环境中成长，时代环境的多元也带来了生命价值与生命价值观的多元。随着我国社会主义市场经济的深入发展，经济成分、组织形式、就业方式、利益关系和分配方式日益多样化，随之而来的必然是思想观念、意识形态和文化的多样化。不同文化的冲突、碰撞、激荡，使整个社会的价值体系呈现出明确的多样性、模糊化特征。这主要体现在两方面：一方面，生存于同一时空下的不同个体或群体在进行价值选择时有所不同，甚至同一个人在进行价值选择时也会对不同特质的文化有不同程度的接受的可能，因而使得一个社会的权威性主体价值体系难以建立；另一方面，这种由社会转型带来的异质文化并存，也给社会成员在社会互动中进行角色扮演和价值规范选择带来了"不知如何是好"的困惑。即他们在进行价值选择时没有了可以参照的权威性标准，于是很容易走依赖"后现代主义"的路径：一切都是对的，一切都是合理的，以"唯我愿意"、"唯我自由"、"唯我快乐"等原则进行选择，从而使整个社会丧失了文化整合的基础。"于是，整个人类变得越来越分裂，越来越窘困。有着各种各样方向的社会生活潮流越来越分离，最后失去一切联系。相互冲突的运动各有其自己的活动范围，各有其自己的实在观念，各有其自己的标准和评价，并各以其自己的方式解决生活的问题。不存在共同的精神价值标准，因为一个人所认为的黄金，在另一个人看来只是铜币。倘若没有一种渗透在历史与社会中的精神氛围不知不觉地缓和了这些冲突，倘若没有我们使用着同一种语言这一事实掩盖了我们的分歧，我们便不得不承认，每一个人的内心世界与他的邻人的内心世界都是完全隔离的，并且我们越是想把我们的生活合为一个整体并给它一种意义，我们的分歧便越大。"② 可以说，差异、多元成了这个时代最主要

---

① 韩庆祥、邹诗鹏：《人学——人的问题的当代阐释》，云南人民出版社 2001 年版，第 290 页。

② ［德］鲁道夫·奥伊肯：《生活的意义与价值》，万以译，上海译文出版社 2005 年版，第 48 页。

的特征。

由于任何生命价值观都是特定主体的生命价值观，而现实主体的存在是多样的，每个人的成长经历不同、知识结构不同、心理特征不同，面对着人类多样化的生存条件、多样化的利益主体、多样化的角色分工、多样化的文化差异、多样化的社会导向、多样化的网络信息等，大学生的生命价值观形成不可避免地呈现出多样化的态势与走向，具体体现在：首先，价值目标多元化。社会进步拓展了大学生的价值视野，丰富的社会生活为大学生人生目标选择提供了多种可能，大学生生命价值观处于多元价值观兼容性状态。大学生价值取向的主流是积极向上的，珍爱生命、热爱生活、乐观进取、自立自强、追求奉献社会与实现自我的完满统一；但拜金主义、享乐主义、极端个人主义等错误价值取向也在少部分大学生中流行。其次，价值标准多重性。由于没有被大家公认的统一的价值评判标准，大学生在进行价值评价时，不自觉地运用多重标准，如生产力标准、国际需求标准、后现代标准、"德福论"标准、非理性主义标准、具体利益标准、社会需求标准、享乐主义标准，等等，有的人甚至没有明确的标准，不同的对象、不同的选择、不同的需求用不同的标准，结果反而丧失了标准，出现了诸多迷茫和困惑。再次，价值观内容的多样化和丰富化。在传统与现代的交织、中西方文化的冲突、大众文化与精英文化的碰撞中，大学生更容易生成和接受以民主、自由、平等、幸福、公正、法治为核心的现代价值观，以及后现代的相对主义、唯我自由、唯我快乐、唯我愿意原则；大众文化传播的享乐主义、消费主义、轻松愉悦、个人英雄主义观念，西方倡导的自我奋斗、自我实现、个人利益至上等价值观念也获得不少大学生的青睐与认同。这既促进了大学生生命价值观内容的丰富化、多样化，又导致了大学生生命价值观良莠并存，容易诱发价值冲突，导致价值虚无，带来大学生的生命异化甚至人格分裂。

四　矛盾性

矛盾性是各种事物的共同显著特征，矛盾促成了事物的变化，也彰显了事物的变化。生命从其诞生的那一天起，就是在矛盾中长大、发展、变化的，人的现实生存矛盾林林总总，诸如自在世界与自为世界的矛盾、肉体与灵魂的矛盾、理想与现实的矛盾、苦与乐的矛盾、生与死的矛盾、感性与理性的矛盾、个人与社会的矛盾等，都属于人生存的现实矛盾。在这诸多矛盾中，影响生命存在的最根本矛盾是肉体与灵魂（思想）的矛盾。一方面，人作为肉体存在物，是自然界的一部分，受自然规律的支配和制约，具有自然属性；另一方面，人不仅仅是一种肉体存在，更是一种精神的存在，受人的理性和道德律的支配。人的这种双重性及其之间的张力构成了人的生命存在的最根本动力。弗洛姆强调：“人的生存问题在整个自然界中是独一无二的；他与自然分了家，又还处在自然界中；他有几分神性，又有几分动物性；他既是无限的又是有限的。人必须去寻求生存矛盾的更好解决办法，寻求自然、他人以及自身相统一的更高形式，正是这种必然性成了人的一切精神力量的源泉，它们产生了人的所有的情欲、感受和焦虑。”① 而在帕斯卡尔看来，人的身体尽管弱小，但思想却是伟大的，因为人凭借“思想”能够意识到自己。但人凭“思想”认识自己也包括认识自己的死亡、可悲。人生存的各种悖论就是：人自知，又不自知，他不知自己从何而来，向何而去；人追求真理和幸福，却永远达不到真理和幸福；人不愿受劳碌之苦，但空虚更让人难以忍受，在消遣时又遗忘自己、消磨了生命；甚至人最值得骄傲的思想也是有缺陷的。所以人伟大又渺小，尊贵又卑贱，有力又无能。人的一切都是矛盾的、对立的。② 人的这种存在的特殊性使人在自然界中的生存既像其他存在物一样是自在的，又不同于其他存在物而是自为的，进而是自由的。人的双重矛盾性是人获得意义、寻求超越、走向神圣的一个基础。人正是通过对矛盾的认知与超越，证实自己的本质存在，寻求生命的真实意义，实现生命的永恒价值。

就大学生而言，他们不仅感受到生命本身的矛盾性，而且感受到了时代发展的矛盾性以及时代赋予的期待与自身思想道德水平之间的矛盾性。“什么是真正、科学的价值观？”“自己应该拥有什么样的人

---

① 欧阳谦：《20世纪西方人学思想导论》，中国人民大学出版社2002年版，第260页。

② 张曙光：《生存哲学——走向本真的存在》，云南人民出版社2001年版，第82页。

生价值判断标准?" 这些问题始终萦绕在他们头脑中, 迫使他们不断地思考, 不断地做出选择, 从而推动其生命价值观的生成、发展和变化。考察改革开放 30 多年大学生生命价值观的变化轨迹, 无不是在矛盾中选择, 在困惑中成长, 随着矛盾向纵深发展, 生命价值观也不断变革和转型: 1980 年 5 月,《中国青年》杂志社收到一封署名"潘晓"的来信《人生的路啊, 怎么越走越窄……》, 信中道出了理想与现实的冲突, 人的自我价值与社会价值的选择迷惘, 由此引发了"人的本质是自私的还是利他的"这一新中国成立以来第一次人生观大讨论。到了 1988 年,《中国青年》刊登了朗朗来信, 引发了"寻找丢失了的'草帽'的讨论", 讨论反映出了大学生社会化与世俗化的价值冲突, 社会化要求他们成为"道德人"、"伦理人", 而世俗化则肯定及时享乐, 他们陷入了更深的迷茫中。到了 1991 年, "梅玲"的来信就"我该怎样选择生活"提出了一系列非常实在的人生问题。《中国青年报》就此发起了一场新的有关人生观问题的大讨论, 大学生的人生困惑和苦恼由"人为什么要活着"的形而上的命题变成了更具操作性、实际性的疑惑"人究竟怎样生活"了, 表现在择业、出国等问题上价值认知与价值行为的冲突, 价值选择常常自相矛盾。到了 2012 年, 一名大学三年级的学生致信《中国青年报》"为什么我的大学越上越迷茫"。在信中, 坦承了他目前的迷茫和困惑: "他曾经是社会活动的积极分子, 但忙忙碌碌之后又觉得失去了自我; 他不愿意被动地为了就业去加入考证大军, 但又常常担心将来找不到工作; 他想按自己的意愿简单生活, 可又不知道该往哪个方向走, 找不到奋斗目标。"[①] 这种焦虑和迷茫并不是这名同学独有的状态, 而是有一定的共性, 反映出大学生在低功利追求与高功利、纯功利追求之间, 现实与未来之间, 个人需要与社会需要之间, 自我期待与他人(家庭)期待之间, 真实自我与理想自我之间的种种矛盾, 这正是现代社会深层次改革的各种矛盾在心理和价值观念上的体现。

由此可见, 生命本身是矛盾的, 人又是生活在矛盾中, 大学生生命价值观在外在矛盾和内在矛盾的双重挤压下发生着急剧变化, 呈现

---

① 《为什么我的大学越上越迷茫》,《中国青年报》2012 年 1 月 7 日第 3 版。

出新旧交替、良莠混杂的不确定状态。无论是价值取向、价值判断标准还是价值追求目标，大学生都经常受自己眼前利益和需要的影响，选择标准常常不统一，有时重理想，有时重现实；有时重奉献，有时重索取；有时重欲望享受，有时又重精神追求，体现出强烈的矛盾性特点。但值得肯定的是，价值冲突与矛盾并不都是坏事，他们对大学生生命价值观的形成和发展也有积极作用：一方面，大学生只有在价值观念冲突的情况下，才可以比较清晰地透视出自身已经存在的价值观的不合理性，才会反省、比较、选择，从而发现自己真正的需要，发现自己能够实现的价值需求，形成自己真正的独立的生命价值观；另一方面，大学生现存的价值观，只有经过不断的调整、改造和完善，才有可能抛弃旧的、不合理的成分，最后发展进入到高级阶段。

五 开放性

人的生命价值观形成的开放性与人的生命本身的开放性是分不开的。每一个个体生命的存在都不是孤立、封闭、单子式的，从本质上讲，它是一个开放的、不断与外界进行物质、能量和信息交换的系统，开放促进个体生命不断发展、不断超越、不断获得新的生机。"'生存'并非简单的指'生命的存活'，而是指'生成着的存在'。人的存在不是现成的而是生成的，并且不会最终完成于某一确定的状态，而总是向未来、向新的可能开放。一旦凝固下来，它就会失去生命的活力、张力，物化甚至腐化。"① 正是生命的这种开放性才使得人永远具有活力、生机和朝气。人的生命的开放性促使人不断地去反思自我的存在，追问生命的意义，探究存在的价值。所以，大学生生命价值观的形成也不是在自我封闭、孤立的系统中进行的，而是在与自然、与他人、与社会、与自我的相互联系、相互开放中形成的。

一是面向自然开放。人是自然的产物，这是不争的事实。人来源于自然界的事实决定了人直接的是自然存在物，必然以他自身之外的自然界作为他的对象并与之发生对象性的关系来生存与生活，并证实自己的本质性力量。马克思强调："一个存在物如果在自身之外没有

---

① 张曙光：《生存哲学——走向本真的存在》，云南人民出版社 2001 年版，第 9 页。

自己的自然界，就不是自然存在物，就不能参加自然界的生活。"① 人的生命必须从自然界那里汲取营养、获得灵感，从而使自己的生命发育完善，走向成熟。另一方面，人在与自然界的交往中，在利用自然、改造自然的过程中，也同时形成了对自然生命的认识，自然生命与人的生命关系的认识，逐步确立了敬畏自然、顺应自然、万物皆平等的生命意识和价值理念。当前，不少大学生积极回归自然，亲近自然，保护自然，做环保志愿者，他们的生命理念更博大、更宽容，更懂得珍惜一切生命；相反，有些大学生痴迷于电子产品，变成"宅男"、"宅女"，这不仅对他们的身体健康造成威胁，而且使他们长期远离自然，无暇感受自然界的生命气息，生命感悟能力、想象力和创造力都会有所下降，生命价值观就会变得狭隘和以自我为中心。

二是面向社会和他人开放。人是最名副其实的社会动物，任何个体都必须以一定的社会及其关系作为自己存在的前提，并依靠社会的整体力量去认识和改造自然，获得生存条件。马克思说，"当我们深思熟虑地考察自然界或人类历史或我们自己的精神活动的时候，首先呈现在我们眼前的，是一幅由种种联系和相互作用无穷无尽地交织起来的画面"②。身处此画面之中的人的生命就在各种关系中生成自己的属性特征。也正是这种前后联系、纵横交错、变化多端的复杂关系，促使个体由孤独、分离、封闭式的存在转向生命之间的相互交往、理解和沟通，也正是在交往与沟通中，形成对自我生命与他人生命、自我生命的个体意义和社会意义的特有看法与价值观念。目前，这种社会联系由于网络时代的到来而更加深入和扩大。传统大众传媒运用声音和图像打破个体价值信息传递之间的隔离，而网络时代进一步利用网络、QQ群、微博、微信等技术平台使人们价值信息的开放性日益显现。大学生通过各类"微传播"方式跨越时空阻隔，缩小相互之间的距离感；更重要的是，不同价值观念的大学生个体通过微平台实现信息共享，由此形成开放的价值观表达和共享平台。"微"技术推动了价值观等信息在不同个体之间的传递，促进大学生更深入地与社

---

① 《马克思恩格斯全集》第 3 卷，人民出版社 2002 年版，第 325 页。
② 《马克思恩格斯选集》第三卷，人民出版社 1995 年版，第 733 页。

会、与他人互动，在此基础上形成自己特有的生命价值观。

三是面向自我开放。人是在不断地向自我开放的过程中使自己获得意义、具有价值、走向美好的。人只有开放自我的心灵、倾听内心的声音，才能活出真实的生命。"人开放，人生的世界才会在深度和广度上更加丰富多彩，人的自由选择也才会更真实更有价值。人变得开放，人打开了自己的内心世界，就能丰富自己的体验，感受到过去从未感受到的东西。只有人是开放的，才能倾听他自己内心的声音，才能听到这种声音所蕴涵的意义。"① 开放自我是为了追寻生命的意义，而意义就是生命的体验，是生命的本质力量在克服一切障碍，创造属人世界中的自我肯定与自我确证。张曙光教授认为："'意义'生发于个人与对象的生命活动中，是人的自我生成、自我实现感；同时也关乎人对生活的理解、期待。'意义'是最具个人性和主观性的生命感受，但它也是最具社会性和客观性的生命感受，因为'意义'本身就意味着人与他人、与自然以及与自身的相互生成、相互确证和相互开放。"② 换句话说，意义具有主体间性，在主体间传递，并以此将众多主体连接起来，形成一个意义的世界。就其本质来讲，意义就是一种关系，关系本身就是开放的。一个完全封闭自己的人是不会产生意义的。人只有在不断向自我和他人开放的过程中才能寻找到生活的意义和生命的真谛。大学生正处于青年中期，抽象思维发展到高峰，自我意识明显增强，他们喜欢不断追问"我为什么活着？"、"我的生命意义在哪里？"等事关人生的问题，正是这种反思和追问推动了他们与外界的联系，推动了他们生命价值观的形成。

总之，只有大学生对自然、对社会、对他人、对自己、对人生持一种开放、豁达的态度，他才能比较客观地认识自己、理解他人、把握现实、规划未来，才能正视和正确处理人生中所遭遇的各种矛盾，形成一种积极向上、健康幸福的生命价值观。反之，越是封闭自己的人，就越孤立，越容易形成狭隘消极的生命价值观。

---

① 姚大志：《人的形象——心理学与道德哲学》，吉林教育出版社1999年版，第134页。

② 张曙光：《生存哲学——走向本真的存在》，云南人民出版社2001年版，第129页。

第三节　大学生生命价值观的形成规律

人的真实生命是在情境的互动中展开的，大学生的生命价值观也是在自身需要与外在环境的交互作用中形成、发展、演变的。在大众文化影响下，大学生的生命价值观不仅表现出新的特点，而且还表现出特有的规律。探究这些基本规律，对于我们构建科学而合理的生命价值观教育体系，具有重要的意义。

一　需要驱动规律

需要驱动规律是指个体在内在需要的驱动、自我意识的支配下遵循个体优势需求，在人生实践中选择和建构自己的生命价值观。

需要是反映个体生存和发展过程中自身内部的某种需求、意向、愿望等，是个体的各种活动的源泉，是形成个体价值观的客观前提。施瓦茨曾经认为，价值观是人类三种普遍需求的认知表现：（1）生物体基础上的需求；（2）趋向人际协同的社会互动需求；（3）趋向群体生存和幸福的社会制度上的需求。[①] 现代心理学也表明，引发和驱使人去行动的内源动力是生理内驱力和心理内驱力。生理内驱力在个体心理和意识中的反映便是人的生理性需求，表现为衣、食、住、行等物质文化需要。心理内驱力在个体心理和意识上的反映就是人的心理性需求，表现为理想、信念、伦理、审美等精神文化需要。主体的需要是价值产生的决定性因素，人对每一种事物的价值认识和评价，都要以自己的需要为出发点。在一般情况下，凡是能满足主体需要的事物都会被认为是有价值的、值得追求的，而且视其能满足需要的程度对其价值大小给予不同的评价；反之，如果不能满足主体的需要，客体就不能实现其价值，客体也就是纯粹的自然存在物，而不是价值存在物。因此，满足主体的需要是价值生成的目的、是价值评判的标准。人的需要不断变化，物质需要和精神需要之间不断转换，这就形

---

① 转引自 Hitlin, S. and A. J. Piliavin, "Values: Reviving a Dormant Concept", *Annual Review of Sociology*, Vol. 30, No. 30, 2004, pp. 359 – 393。

成了人们的价值追求的转移。

个体生命有什么样的需要以及在什么时候、以什么样的方式呈现，既有一定的内在秩序，又受外在生存环境的制约，即个体生命生成的可能性在很大程度上取决于需要与环境的契合程度。"需要和欲望的动力是通过在特定的时间和场合在由社会结构所提供的满足手段中寻找满足的可能性（或者有意图的非满足可能性）来表达的。"①而人形成什么样的生命价值观，是与人如何认识自己、如何认识生命以及如何为自己生命的各种需要排序等一系列问题密切相关的。马斯洛曾提出"优势需要"理论，认为人的"优势需要"同其他需要相比具有较大的强度，显得急迫和强烈，因而能满足主体"优势需要"的客体是最有价值的对象，成为价值追求的重点。"优势需要"理论还认为，人的"优势需要"不是一成不变的，随着需要的满足，优势就会失去，对价值对象的追求也会降低，又重新出现新的"优势需要"及追求重点。因此，个体生命正是围绕着"优势需要"不断建构、不断发展自己的价值追求，个体需要的发展和不断的社会化是推动生命价值观形成和发展的原动力。

青年的身心随着年龄的增长、知识水平的提高和生活领域的扩大而迅速发展，特别是进入大学以后，相对独立自主的生活环境，较为广泛的社会接触和较为丰富的科学知识，使他们在心理上渴求更多的东西，如自尊的满足、审美的需要、知识的渴求、爱情的向往、事业的成功、知己的获得等，所有这些都构成了大学生在心理上的新的需求。大众文化影响大学生的生命价值观正是通过满足大学生心理需求的方式发挥效应的。美国社会学家 E.卡茨作为"使用与满足"理论的主要代表人物，提出人们作为受众，接触使用传媒的目的都是为了满足自己的需求，这种需求和社会影响因素、个人心理因素有关。据本课题组调查显示，大众文化满足大学生的心理需求主要表现在：一是娱乐消遣需求。如 69.7％ 的人认为"影视节目、流行音乐只是用来缓解现实生活的枯燥与压力"。二是社交需求。如 51.5％ 的人认为

---

①　参见［东德］凯特琳·勒德雷尔主编《人的需要》，邵晓光等译，辽宁大学出版社1988年版，第247页。

"网络提高了我的人际交往能力、扩大了我的交往范围"。三是求知需求。如70.1%的人认为"求职类的节目对学生求职很有启发，我能学到更多的求职知识"。四是心理自慰需求。如41.7%的人认为"我会以自己崇拜的偶像为榜样激励自己"。正是大众文化的存在满足了大学生某些方面的身心需求，才会受到大学生的青睐并在该群体中得以广泛传播。在自我意识的支配下，大学生遵循内心需求，利用大众文化平台，着手构建自己的生命价值观体系。

此外，就大众文化对大学生人格需求和生命价值观的具体影响来看，它又会不断刺激和强化大学生人格需求中的物质性需求，同时抑制和遮蔽他们的精神性需求。在物质与精神需求两极之间，如果说精英文化追求和宣扬的是人的真、善、美等终极性精神需求，那么大众文化就是在感性的现实世界中追求和宣扬物质性需求，包括物欲、情欲和感官享受等。在大众文化时代，"物欲成为时代的欲望，成为一种普遍意识。……发财的欲望，占有的欲望，挥霍的欲望，消费的欲望等，似乎成了文化的基本内容。"① 大众文化一出场，便带有后现代消解理性和高扬人性的风格和特征，曲意迎合、夸大和宣扬人的物质欲求，放纵人的感官快乐，把人性的品位降格为非理性本能，并通过各种现代化的传媒，以大学生"喜闻乐见"的方式，想方设法把这些思想"塞进"大学生的头脑中。一些判断力和自制力较弱的大学生，在大众文化全天候、全方位的"诱惑"下，内在的感性需求被无限激发，沉迷于大众文化高扬并无限夸大的"欲望"泥潭里，逐渐形成重感官享受轻人文理想的生命价值观。

总之，主体的需要是生命价值观形成的决定性力量。需要的层次不同以及需要的对象化内容不同，需要的不断变换，决定了各个主体价值追求的不同，决定了各个主体价值观的差异，决定了各个主体价值观的形成是个不断建构和发展的过程，因而可以说，主体的整个价值系统就是建立在需要的基础上。

二　动态平衡规律

动态平衡规律是指大学生生命价值观在形成与发展过程中，不是

---

① 李鹏程：《当代文化哲学沉思》，人民出版社1994年版，第140页。

非此即彼的单一价值选择，而是在传统与现代、多元与一元、社会与自我、社会变迁与价值变迁之间以现代化为支点保持一定的张力，从而达到互动平衡的发展状态。

第一，在传统价值观与现代价值观之间达到动态的平衡。从大学生价值观变迁的轨迹，我们发现由于文化的传承性等因素，新旧生命价值观并不是简单的非此即彼，有的旧价值观仍有相当的影响力，有的凭借其惯性在某些方面保持着优势，有的经过改革成为新价值观的一部分。因此，当价值观念发生变化时，并不意味着大学生完全丢掉了传统价值观，而是在传统价值观与现代价值观之间寻找平衡点。有些观念较容易受到市场经济、大众文化等诸多因素影响而进行更新或发生变化，而一些深层次观念却依然保留着社会传统文化长期造成的重要影响。比如，现代市场经济是求利的，实行"个人利益最大化偏好"，这种利益驱动易激发人们对功利价值的过分追求；大众文化更是以极其夸张的手法张扬一种新的"以金钱为基础、以消费为中介、以享乐为目的"的生活方式。这些对大学生的生命价值观都产生了重要影响，使他们不仅大胆言利，而且勇敢追求和保护自己的正当权益，勇敢地享受生活。但是传统社会沿袭下来的整体主义精神、"义以为上"、"舍生取义"思想在大学生心目中依然根深蒂固，所以他们在进行价值选择、价值判断时并不是简单地以个人利益、个人享受为标准，重利轻义、见利忘义，而是尽量在国家利益与个人利益、"义"与"利"之间寻找动态的平衡，实现二者兼顾、统一发展。

第二，价值观的变迁与时代的变迁实现动态的平衡。价值观的演变有其内在的逻辑路径：由社会变迁带来主体变迁，主体变迁引发其观念变迁。但价值观念的变迁与社会结构的变迁不是简单的亦步亦趋的关系，而是保持一定的弹性和张力。改革的实质是利益的重新分配与调整，因而由社会转型带来的利益格局的变迁直接主导大学生主体价值观的变迁。大学生根据社会的变化，适时对自己的价值观进行价值澄清与价值排序，以更好地适应时代发展的需要。但这并不表明大学生的价值观与社会主导价值观完全一致。当社会经济处于协同发展和良性循环状态时，大学生的价值取向便处于"升波"阶段，社会主导价值观对大学生主体价值观的吸纳力和影响力就强；而当社会经济处于矛盾和问题阶段，大学生的价值取向便处于"降波"阶段，主体价值观与社会主导价值观明显偏离。在每个社会变迁时期内，价值观的演变都有一个"升波"和一个"降波"。① 但都不会偏离太远，都与社会主导价值观保持必要的张力，在主导价值观的牵引下达到一种动态的平衡。

第三，在不同内容的价值选择中达到动态的平衡。大学生在进行价值选择时，总是根据社会的变迁和自我的需要不断调整目标，期望二者尽量一致。个人与社会、理想与现实是大学生在进行价值选择时经常碰到的两对矛盾，也是大学生尽量要达到动态平衡的两对关系。虽然受市场经济和大众文化的影响，大学生价值取向明显向自我化、世俗化倾斜，但这并不表明他们赞成极端个人主义与功利主义。大学生在关注自我价值的同时，并没有否定社会价值，他们追求的是兼顾而不是损害，是在不妨碍他人利益和不损害社会公共利益的前提下实现个人价值，也即以整合个体与社会利益为基本价值取向。本课题组调查发现，相比其他年代的大学生，"90后"大学生有更强烈的自我意识，他们极其渴望自我价值的实现，并希望在实现自我价值的同时能够对社会、对国家有所贡献。问卷调查中，52.0%的大学生把"实现自我价值"视为人生成功的标志；54.5%的大学生赞同"生命的意义在于为国家和社会做贡献"；76.6%的大学生认为"我努力使自己成为一个对国家和社会有用的人"。另外，在开放式访谈中发现，"90"后大学生在探讨人生意义、人生目标时，大多数是由己及人，从自己→家人→身边人→社会，最后实现完满的统一。可见，他们的价值观与损人利己、自私自利的极端个人主义是根本不同的，他们只是在个人与社会之间寻找一个动态的平衡点。

同样，世俗化也是大学生价值观变迁的重要特点和趋势。调查发现，在"您认为人生最大的幸福是什么"时，56.0%的大学生选择的是"身体健康、家庭幸福"，比2005年对"80后"大学生的调查高15个百分点；在"您认为自己一生中最想要的东西是什么"时，

---

① 杨德广、晏开利主编：《中国当代大学生价值观研究》，上海教育出版社1997年版，第104页。

50.5%选择的是"幸福美满的家庭"。由此可见，"90后"大学生关注和追求的是世俗的、身边的幸福。但这并不意味着他们丧失了远大理想，他们对理想的追求始终存在。调查中，有73.3%的大学生认为"我有理想抱负，并为之不断努力"，76.7%的大学生认为"我热爱生活，每天过得充实而有意义"。可见，他们的内心深处仍然持守着对生命意义的追问和对理想抱负的追求，只是没有了过去那种宏大叙事般的"高大上"的理想，而是根据社会发展要求和个人现实需要，将理想与现实有机结合，形成自己的价值目标和价值判断标准。

总之，在多元文化世界里，大学生生命价值观的形成和发展不是单一的、直线性的，而是在多维价值观念之间寻找动态的平衡，波浪式地向前发展。

三　整合超越规律

整合超越规律是指个体将纳入其价值系统内的各个价值充分进行协调有序、系统综合的加工，从而打破原有的价值存在状态，创造出新的价值体系，使自己的生命价值观逐渐走向完满和成熟。

价值整合是个体将纳入其价值体系中的各种价值观念，从自身发展的全局出发加以修正、调整、补充和完善，使他们相互兼容促进，从而获得更高、更全面的价值实现。个体是通过价值选择和价值认同将不同的社会价值内容纳入到自身的价值体系中，形成自身的价值观。随着外在生活环境的变化和个体自身思想情感的变化，个体对客体价值的认识也会不断地发生变化，导致前后的价值认知和理解不一致，引发内心的矛盾和冲突，从而不断地重新进行调整，因此，个体价值体系总是处于不断的更新整合过程之中。在这一过程中，大众传媒对个体的价值整合有着重要的影响。大众传媒通过文字、声音、图像传播信息，而传播的信息本身由于其创作者的人生态度、个人体验和思维模式甚至喜欢什么、厌恶什么、提倡什么、反对什么，都会自觉或不自觉地反映出一定的价值倾向。当个体在接触到这些信息时，首先感受到的是创作者不同的喜好和风格，感受到信息中体现出不同的文化思潮和生命意识，个体就会根据自己的需要认同、选择某些有价值的信息，通过理解、体验、联想、领悟等知性活动把上述文化情境中的价值和意义内化，整合到自己的价值体系中去，形成新的生命价值观。

在这里，特别要注意整合和创新的关系。马克思指出，社会"有机体制本身作为一个总体有自己的各种前提，而它向总体的发展过程就在于：使社会的一切要素从属于自己，或者把自己还缺乏的器官从社会中创造出来。有机体制在历史上就是这样向总体发展的"①。这实际上表明了社会有机体活动的两条基本原则：一是使各种要素"从属于自己"的原则，即"以我为主"的原则；二是使"器官"不断创造、完善的原则，即创新性原则。这两条原则同样适用于价值观整合，价值观整合不是把各方面的价值简单地组合在一起，而是有主有从，突出消化吸收；价值观整合也不是一次性的行为，而是一个动态发展的过程，即个体价值观体系结构不断重组的过程，在这种过程中，原有的各种价值因素的地位和作用不断得到新的调整，同时新的价值因素应运而生。

另外，也要正确处理价值整合与价值冲突的关系。价值整合往往和价值冲突相生相随，并且是在不断冲突中进行的。价值冲突是指不同的价值观念之间的矛盾和斗争。价值冲突从社会历史发展角度来看是个人与社会之间的矛盾关系在价值观上的反映；从个人价值观发展角度来看，是个人的过去与现在的价值认识不一致的反映。对于大学生来说，随着他的年龄增长，与社会关系的延伸，以及价值认知与价值评价的变化，不仅他的价值观与社会价值观会发生冲突，他自己内在的价值观念的过去形态与现在形态也会发生矛盾冲突。但是，对于冲突不能仅仅作消极的、否定性的理解。在一定意义上，有冲突、有碰撞，才有火花、有活力。大学生的价值观念正是在冲突的过程中，通过反省、比较，从而比较清晰地看到原有价值观的不合理性，寻找新的发展生机。所以，我们要以一种理性的方式看待大学生的价值观冲突问题。正确的主张应该是：既要使大学生价值观冲突保持一定的张力以求发展，又要警惕过分的冲突导致价值观的迷茫，价值整合要按照吸纳创新的原则对价值冲突进行调适，使其推动大学生生命价值观健康发展。

---

① 《马克思恩格斯全集》第 46 卷（上），人民出版社 1979 年版，第 235—236 页。

　　价值整合的目的是为了实现价值超越。超越是人的生命本性。由于人是基因遗传的先天本能最匮乏的生物，这就决定了人必须超越这种匮乏的现实才能生存和发展，人生应是一种不断超越现实的有限性活动。德国哲学家舍勒说："人从不满足周围的现实，始终渴望打破他的此时——此地——如此存在的界限，不断追求环绕他的现实——其中也包括他自己的当下的自我现实。"① 个体正是通过对自己生命的不断超越，来彰显人之为人的本性，以及人之生命的伟大。超越作为人的生命存在的基本样态，包括两个层面："一是外超越，即人按照自身的需要不断改变外在的环境，创造出彰显人的生命的人化世界，不断扩大人的生存空间；二是内超越，即在意识、精神、智慧、价值等层面上，按照人的理想，实现自我超越，不断更新和创生自己的内在世界。这双重超越是通过人的创造性实践得以实现的。创造性的实践使人类既把握了神秘莫测的客观世界，确证着人自身在宇宙中的存在；又生发着生命的意义，递增着生命的价值。"② 因此，超越性是人的生命本身的一种奋斗精神，是人的生命深处的一个坚强意志，正是生命的这种奋斗精神和坚强意志，促使着人不断地思考生命的意义，实现生命的价值，追求生命的完满，创造生命的辉煌。相反，人的生命如果失去了这种超越性，那么，他所过的就不会是一种有意义的人的生活，而沦落为一种"动物式"的存在，或者说，成为马尔库塞所说的"单向度"的人。因此，"富有人性的生活就是把每一时刻都体验为一种新的创造，并且认识到，这一时刻尽管与过去是联结的，然而却是一种有区别的新生。这种新生将会进一步达到创新性的实现。"③

　　总之，"人的生命需要'形而上'和'形而下'构成的'张力'，如果缺少这种张力，泯灭了永恒和无限，人生失去目标和方向，人也

---

　　① ［德］马克斯·舍勒：《人在宇宙中的位置》，陈泽环译，上海译文出版社1989年版，第43页。

　　② 梅萍等：《当代大学生生命价值观教育研究》，中国社会科学出版社2009年版，第12页。

　　③ Philip H. Phenix, "Transcendence and the Curriculum", *Teachers College Record*, Vol. 73, No. 2, 1971, pp. 271–282.

就会失去对生活的'意义感'"①。人作为一种特殊的生命存在，并不会满足于现实世界的所有，而是在不停地寻求对已有能力的超越，实现对自我有限性的突破，从而在不懈的奋斗中赋予生命以价值和意义。也就是在这种意义上，我们说人的生命的真义和价值就在于不断地超越现实，实现理想；超越自我，走向新生；超越守旧，开拓创新。

四　体验生成规律

体验生成规律是指主体通过对生命活动过程中的某一具体事件或某段经历的亲身体验而对生活和世界产生深刻的感悟，从而更好地追问生命的意义，焕发生命的活力，形成自己明确的生命价值观。

体验是人的存在方式，是指生命在活动过程中产生的内在感受、主观经验和深刻情感。生命哲学家狄尔泰认为，体验是具有本体论意义的、源于人的个体生命深层的对人生重大事件的深切感悟。生命范畴并不是从生物学或社会学的角度对生命进行描述的概念，而是体验角度的。只有用生命去理解生命，生命也只有通过内心体验和直觉去把握。而在人本主义心理学家罗杰斯看来，人是从体验中发现自己的。体验既是人发现自己的生命意义和价值的一个主要途径，也是人创造自我、发展人格、完善自己生命的一个必要途径。因此，充分地体验自己同时也就意味着人创造着自己的"自我"、"人格"和"生命"，生命是通过体验感知自我、认识他人、解读生活，从而获得意义、升华情感、净化灵魂的。

体验与一般的认识不同，体验不仅是对客体的认识，而且是因为客体与主体发生关联而产生的认识，是在人的实践活动过程中进行的，所以，体验不仅把握客体，同时还生成关系和意义。我们知道，动物的生命一经产生就获得了作为动物生命的全部内涵，但人的生命不同，其自然生命的诞生并没有获得作为真正的人的生命的全部内涵，其器官机能、行为方式、生存空间也并未先天地特定化，因此人的生命是后天生成的，他必须通过自己的实践活动而生成为人，没有实践就没有人的生命存在，更谈不上人的生命生成与发展，生命的生

---

① 高清海：《人就是"人"》，辽宁人民出版社 2001 年版，第 21 页。

成过程就是人通过自己的实践活动，不断地追求完善的自我组织形式的过程。另外，人的实践活动是受意识支配的，只有进入生命意识的实践才可能具有生命的意义，也才可能促进生命的发展。马克思说，从主体方面看，"对于没有音乐感的耳朵来说，最美的音乐毫无意义，不是对象，因为我的对象只能是我的一种本质力量的确证，就是说，它只能像我的本质力量作为一种主体能力自为地存在着那样才对我而存在，因为任何一个对象对我的意义（它只是对那个与它相适应的感觉来说才有意义）恰好都以我的感觉所及的程度为限。因此，社会的人的感觉不同于非社会的人的感觉。只是由于人的本质客观地展开的丰富性，主体的、人的感性的丰富性，如有音乐感的耳朵、能感受形式美的眼睛，总之，那些能成为人的享受的感觉，即确证自己是人的本质力量的感觉，才一部分发展起来，一部分产生出来"①。可见，人在其生命活动中所感觉到的"对象的意义"，归根到底是人所体验到的生命自身的意义；而人所体验到的生命自身的意义又是和生命本质力量的全部丰富性一起生成的。体验在生命的发展中具有极为重要的作用，它不仅可以使外界的客体融入生命，成为生命的一部分，以丰富生命的内涵；而且还可以在主客体的融合过程中引发主体产生联想、感悟，获得启迪、升华，从而生成意义。所以，"体验不到生命活力释放的快感和意义所在的人，就不可能有积极主动的表现；而越是感到生命的可贵与美好，人就越会热爱生命并使生命表现出最大的意义"②。

个体的生命体验不仅有愉悦、幸福的人生体验，还有生活中的重要丧失、重大挫折、苦难、逆境甚至死亡的威胁。这些负性体验并不都是有害的，只有在面对苦难和死亡，体验生活的失意中才能更好地体会到生命的脆弱和不可逆转，进而敬畏生命。心理学家弗兰克尔认为："对于人生的绝大多数时光而言，生命是平淡的，这种平淡往往掩盖了生命意义的真实显现。因此对于一个一帆风顺的人而言，只有当他面临死亡时，才会从内心深处真正领悟生命对自己的意义。所以

---

① 马克思：《1844 年经济学哲学手稿》，人民出版社 2000 年版，第 87 页。
② 张曙光：《生存哲学——走向本真的存在》，云南人民出版社 2001 年版，第 316 页。

启迪人的经验或令人发现生命的意义，常常是在生命受到威胁之时，或者是在经历极不平常的事件之时。"① 正是生命的多重体验尤其是负性体验，才使主体产生一种新的更深刻的生命情感。而生命情感是个体对自我生命的确认、接纳和喜爱，是对生命意义的肯定、欣赏和沉浸，以及对他人生命乃至整个生命世界的同情、关怀和珍惜。热情洋溢的生命情感引人振奋、昂扬向上、富于爱心，成为幸福人生的动力和光明之源。缺乏生命情感则意味着对生活的麻木，对生命意义的无望，对他人生命价值的漠视，以及由此而生的生命状态的贫乏乃至沉沦。

生命价值观是在人的积极活动和生命体验的过程中生成的，正如马克思指出的那样，在人们的活动过程中，改变着环境，也改变着自己。人的生命价值观的形成和改变，并不直接依赖于外部环境本身，而是依赖于他在这些环境中从事的活动与形成的经验。一个人所从事的主要活动的性质，以及与周围人们相互交往的内容，对于其生命价值观的形成具有决定性意义，生命价值观生成的内容与速度，与人适应和改造生活环境的活动是一致的。生命价值观的正确与否、完备与否，也与人们积极参与社会活动和体验有着直接的关系。正是在人的社会实践活动中，在人认识和改造世界的活动中，在人与人的交往活动中，在各种体验中，他才掌握了事物的多种价值属性，深刻理解了自己与他人及社会的关系，认识了各种事物对自己与他人的价值和意义，从而确定了自己的价值观念体系。人的社会实践活动范围的扩大，人的体验的拓展与深化，必然引起生命价值观的相应变化，生成新的生命价值观。

总之，体验是生命的基本存在方式，是生命价值观生成的根本途径。每个大学生都是以其经历而形成的自我经验来感受生活、感受他人、感受世界，从而确立自己独特的生命价值观的。可以说，一个人有什么样的境遇，就会有什么样的经验与体验，也就相应地会有什么样的生命价值观。身处大众文化的包围之中是我们生存的现实境遇，

---

① 刘翔平：《寻找生命的意义——弗兰克尔的意义治疗学说》，湖北教育出版社 1999年版，第 7 页。

大众文化提供感性愉悦，它不是主流文化、精英文化或高雅文化所引发的神圣的沉思和欣悦，而是日常生活中的日常经验和感性体验。它就是"生产快乐"、"娱乐大众"。这种轻松性、感觉性的生命体验容易使大学生放弃对生命意义的追思，却生成一种娱乐性的、享受型的生命价值观。

第五章 大众文化影响下大学生生命价值观教育的立足点

　　大众文化对生命的发展不仅是机遇和舞台，还有挑战和压力。一方面大众文化以平民化、娱乐化的方式，把开放意识、商品意识、民主观念等现代意识渗透到大学生的精神世界，具有无可争辩的历史合理性；另一方面大众文化作为一种商业文化、消费文化，携带着不可割舍的工商业情愫，呈现出的负面效应对大学生生命价值观教育提出了新的挑战。因此，我们在进行生命价值观教育这一项教育实践活动过程中，不仅要正视大众文化对其带来的影响和挑战，还要力促以社会主义核心价值观这一先进文化内核对大众文化和生命价值观教育的科学引领，以实现将大众文化为我所用，作为有效载体涵养生命、润泽生命。这是大众文化影响下大学生生命价值观教育的立足点，对其了然于胸是保证大学生生命价值观教育取得实效的前提和基础。

第一节 正视大众文化对大学生生命价值观教育的多重影响

　　大学生生命价值观教育是指针对大学生这一特殊生命群体，根据大学生个体生命特点和特定时代社会发展的需要，有目的、有计划进行的，旨在引导大学生识读生命价值、唤醒生命价值意识，确立生命

价值目标，最终形成正确的生命价值信念、信仰和理想的社会实践活
动。① 加强大学生生命价值观教育，有助于帮助大学生树立科学的世
界观、系统的人生观、合理的价值观，有助于指导大学生关注生存、
关心生活、关爱生命。面对一个日益开放、复杂、多变的现代社会环
境，多种文化样态形成了复杂的文化格局。大众文化作为一种重要的
现代文化形态，对大学生生命价值观教育提供了新的环境，带来了多
重影响。要想全面、准确、深刻地把握大众文化影响下大学生生命价
值观教育的立足点，首先就要明晰和正视这些影响，具体来看，包括
以下几个方面。

一　冲击大学生生命价值观教育的目标

目标是个人、组织等所期望达到的成果。不耻最后，即使慢，驰
而不息，纵令落后，纵令失败，但一定可以达到他向往的目标（鲁迅
语）。大学生生命价值观教育作为一项针对大学生的实践活动，亦须
设定自身的目标，即"使大学生形成先进的、科学的、合理的生命价
值信念、信仰和理想"②。生命价值信念、信仰和理想作为生命价值观
的表现形式，是系统化、理论化的生命价值意识，影响着人们的生命
价值选择和生命价值创造。当代大众文化在科技进步、市场经济发展
的推动下，商业性和娱乐性特征凸显，一味追求利益至上、表层的感
官刺激，以片刻的满足魅惑大众，它似滚滚洪流、泥沙俱下般地袭向
大学生群体，冲击着他们的生命价值信念、信仰和理想，使他们无暇
理睬那些形而上的追问，淡化对精神价值、崇高理想信念和终极关怀
的追求，从而影响大学生生命价值观教育目标的实现。

首先，大众文化动摇大学生生命价值信念。生命价值信念是生命
认知、生命情感和生命意志的统一体或"合金"，是在一定的生命知
识或经验的基础上，对特定的生命现象确立的一种坚定不移的心理态
度和精神状态，它以生命认知为基础，以生命情感为关键，以生命意
志为保证。当代大众文化使大学生对生命价值基础的认知迷失，使其

---

① 梅萍等：《当代大学生生命价值观教育研究》，中国社会科学出版社 2009 年版，第
26 页。

② 同上书，第 28 页。

生命情感漠然，削弱其生命意志，从而动摇了生命价值信念。

生命的存在是生命价值产生的基础和前提。没有生命存在，生命价值就成了无源之水，无本之木。如今无孔不入的大众文化毫无疑问地成为人们的一种生活方式，其中一些文化形式凭借自身的媒体文化优势，极力渲染暴力色彩。最近10多年，无论是影视剧，还是网络游戏、动画片、卡通片中，暴力镜头比比皆是。大学生的人生阅历尚浅，分辨能力尚未成熟，难以辨别虚构和现实。面对虚拟中的暴力，大学生受众不以为然，在游戏与欢笑中体验着暴力文化的快感，视生死为儿戏。此外，部分大学生过分沉迷于大众文化的感官享乐，甚至违背生理规律，颠倒生物钟，在耽误学业的同时也对自身生命造成渐进、无形的健康损害。对生命缺乏正确认知和尊重，生命价值信念难以坚定。

如今随着科技的日新月异，信息高速公路的发展，大众文化以科技为翼，势如破竹般伸向人们生活的每一角落，它占用人们的闲暇时间，在一定程度上会使人逃避现实，造成人们对生命情感的漠然。如网络文化中的网络聊天虽然可以凭借其匿名性大胆表达观点，但是由于缺乏人与人之间面对面的健康沟通和情感交流，造成情感漠然、干涸、荒芜，这是对人感情的桎梏和对人所应承担责任的淡漠，使其失去了本应拥有的意义和价值。这是"数字化生存"的表现，它固然可以为人们的生活提供便利，但也会带来诸多问题。"今天，所谓的'网络时代'正向我们招手，当人的存在被还原成'数字化生存'时，人的精神生活和心灵世界有可能被挤兑到一个日益边缘化的角落，从而成为'人文精神'失落的一个重要的时代原因和历史根源。"① 生命情感的干涸使生命价值信念缺乏保证。

大众文化"不但得以跨越阶层、语言、地域、传统等重重界限，得以在全球进行'现场直播'，从而从贵族化走向大众化，不但被迅速而大量地拷贝，使得自身成为无穷无尽的复印件，从而成为批量操

---

① 何中华：《关注人的精神世界》，《前线》2002年第3期。

作、批量生产但又脍炙人口的艺术快餐"①。大众文化凭借批量性、机械化的生产技术,生产出大量的复制品挤占市场,影响受众。固然这种艺术快餐会为人们提供一定的精神食粮,但是标准化的文化生产缺乏创新向度,周而复始,节奏重复,平均单一,容易造成文化"偏食"。大学生接触这种类型分明、复制率高的大众文化,容易造成思维简单、缺乏批判性和创新精神、理性思考退化,成为具有标准化性格和面孔的"单向度的人",从而导致生命价值创造能力下降,生命意志钝化,生命价值信念缺乏依托。

其次,大众文化使大学生生命价值信仰迷失。生命价值信仰是个体对自己生存的意义和价值、生活的前途和命运以及人生的状态和归宿等命题的最高信念及坚持,是价值观在人生问题上的集中体现,是人们对于生活目的、意义和价值的本质把握和升华。② 生命价值信仰站在价值观的顶峰,像一座灯塔,照亮生命个体前行的路,指引着价值生活,渗透着个体对精神家园和终极关怀的孜孜寻觅,体现着个体对人生和社会的价值理想的建构和最高价值的承诺。大众文化作为一种商业性文化,毫不避讳地追逐利益,在一定程度上,形形色色的大众文化表现为琳琅满目的文化商品,这就使文化从审美场陷入经济场。正如拉什所言:"如果现代化意味着各个场的分化,那么后现代化意味着某些场陷入另一些场之中。比如,审美场破裂了,并入社会场。或者说,随着商品化,审美场破裂后进入经济场之中。"③ 这不可避免地带来价值取向上的负面影响,造成信仰迷失。

从国家层面来讲,国家主导信仰的根本宗旨是以崇高精神为价值指向,倡导积极向上、高尚进步的精神,激发人们的社会责任感。大众文化作为一种日益兴盛的文化景观,以物质的、享乐的、世俗的精神为内核,这种价值取向与国家主导信仰所倡导的精神有着潜在冲

---

① 潘知常:《美学的边缘:在阐释中理解当代审美观念》,上海人民出版社1998年版,第551页。

② 梅萍等:《当代大学生生命价值观教育研究》,中国社会科学出版社2009年版,第133页。

③ 转引自杨文华《大众文化的流行对大学生道德人格的挑战》,《现代教育管理》2010年第1期。

突，其结果是对国家主导信仰造成淡化和消解，冲击主流意识形态。再加上当前西方大众文化的渗透，其背后蕴藏的西方意识形态也会冲击我们的国家主导信仰，美国中央情报局在《美国中情局对华的十条诫令》中明确指出："一定要把他们青年的注意力，从以政府为中心的传统引开来。让他们的头脑集中于体育表演、色情书籍、享乐、游戏、犯罪性的电影，以及宗教迷信。"① 美国电影制片人兼导演达利尔·柴纳尔也称："我相信，美国影片是对共产主义最有效的摧毁力量。"② 这些令人唏嘘的事实无疑是大众文化影响国家主导信仰的最有力的例证，我们必须加以警惕和防范。

从个体层面来说，信仰寄托了个体对终极关怀的追求，当前却呈现出功利化、世俗化、浮躁化倾向，处于迷失境地。在大众文化这一众神狂欢的时代境遇下，大学生吃快餐，喝可乐，看电影，打游戏，进行网上冲浪，物质主义、享乐主义不可避免地冲击着他们的内在精神细胞。他们肆无忌惮地享受大众文化的丰富，甚至品尝着一种肤浅的快乐，这种享乐虽然在一定程度上可以缓解他们在竞争时代的重重压力，但是如果一味沉溺和执迷于其中，他们会缺乏对内在生命价值意识的自我省察，处于一种精神空虚的无根状态，陷入郁闷情绪，将终极关怀和精神家园的构建抛之脑后，成为"物质上的巨子，精神上的侏儒"③。正如著名媒体文化研究者尼尔·波兹曼《娱乐至死》中所言："我们将被毁于我们热爱的东西。"④ 高度狂欢和零度痛苦时代里弥散着层出不穷的选秀和造星活动以及诸如"读大学不如卖烧饼"、"我拿钱买教育，我是消费者，而消费者就是上帝"的观念，青年学子处于日益浮躁的氛围很难静下心来审视自己，信仰被一点点侵蚀和迷失在无深度、去意义、平面化的喧闹声中。在此，大众文化成为人们填补精神空虚的艺术快餐，对生活形而上的信仰被疏离。

① 李刚文：《美国中情局对华的十条诫令》，《党政论坛》2001 年第 9 期。
② 转引自李智《文化外交：一种传播学的解读》，北京大学出版社 2005 年版，第 91 页。
③ 刘济良：《生命教育论》，中国社会科学出版社 2004 年版，第 98 页。
④ ［美］尼尔·波兹曼：《娱乐至死》，章艳译，广西师范大学出版社 2004 年版，第 2 页。

　　最后，大众文化淡化大学生生命价值理想。生命价值理想是立足当下，面向未来的精神构思，是在脚踏实地的基础上仰望星空的价值追求，是产生于现实生活但又超越于现实生活的生命展望。理想是人的形而上追求的最终归宿，对生命个体具有导向性意义。当代大众文化塑造了丰富的消费享受空间，助长了大学生沉迷物质享受，忽视内在精神追求。"耻谈理想"、"解构意义"的氛围无疑会消解大学生内在的理想诉求，造成理想失落。

　　大众文化似甘甜的琼浆玉液，沁人心脾，使人们在重重生存与生活压力包围中得以拥有片刻的憩息，但也似精神鸦片，使受众沉溺于大众文化营造的情感世界，忽略了对生命意义的思考。显然，大众文化是去意义化的文化。"大众在生理器官上的沉迷轻而易举地取代了纯粹精神的运思。英雄神话已不再诱人，人们很轻松地从种种沉重的'历史'与'传说'中走出来，生活于现实的平面之上。"① 一个对生命意义没有合理认知的个体很难在漫漫生命征途中坚持自己的生命价值理想。大学校园本应该是追逐理想、追寻生命意义的核心地带，但是在这里弥漫着"理想理想，有利就想；前途前途，有钱就图"、"有钱就是任性"等流行语。大学这片曾经的净土受到污染，"为中华之崛起而读书"、勇于追求真理等壮志呼声似乎在渐行渐远。美国电影评论家德怀特·麦克唐纳一语中的地道出了大众文化的秘密："大众文化的花招很简单——就是尽一切办法让大伙高兴。"高兴之余，理想淡漠了，审视减少了，功利心增强了，"文化的高雅目标与价值屈从于生产过程与市场的逻辑，交换价值开始主宰人们对文化的接受"②。所以，一些大学生的理想日益短期化，带有"实用色彩"。同时，不少大学生的理想成为空想，与行动脱节。由于长期处于大众文化的麻痹下，大学生缺乏对外在现实世界的真实体验，一些"宅男"、"宅女"只能通过文字语音、图像信息、声音符号被动地接受，而有时大众文化呈现的世界处于"失真"状态，但一些大学生信以为

---

① 邹诗鹏：《实践——生存论》，广西人民出版 2002 年版，第 137 页。
② ［英］迈克·费瑟斯通：《消费文化与后现代主义》，刘精明译，译林出版社 2000 年版，第 20 页。

真，比如女大学生追韩剧，梦想成为韩剧中的女主角，这不只造成时间的浪费，也对内在的精神诉求形成冲击，失去生命本真的追求，精神空虚，理想不在，终极关怀不在。

二　挑战大学生生命价值观教育的模式

大众文化时代的大学生生命价值观教育面对的是现代技术的挑战，现代化的生产技术、传媒技术令通俗的大众文化呈现出异彩纷呈、美轮美奂的姿态，这使作为大众文化的主要受众的大学生受到极大的诱导，反观大学生生命价值观教育的方法模式在一定程度上显得十分苍白无力。大众文化的兴盛和发展对大学生生命价值观教育的模式造成了诸多挑战，警示我们对传统模式加以审视、检思、改进，必须进行深入的变革，探索具有针对性、有效性和可操作性的教育模式与方法。

（一）对单向的教育模式的挑战

传统的大学生生命价值观教育一味强调教育者的绝对权威，过分注重教育者的主导作用，忽视受教育者的能动性，往往使受教育者处于消极服从或公开逆反两个极端状态，难以取得教育的良好效果。在大众文化时代下，大众可以平等地参与大众文化创造，享受大众文化成果，人们广泛地投入到大众文化的制作和消费中，自由获取自己的文化旨趣，筛选为我所用的信息，塑造自己的精神世界。大学生作为大众文化指向的重要群体，利用先进的技术平台，广泛获取信息，表达自己的观点，其主体性、能动性得到了充分的发挥。在此过程中，教育者与受教育者不再处于非此即彼的绝对状态，而是处于一种交互性、平等性兼具的新型关系中。所以教育必须与自我教育相结合，我们应该鼓励大学生在面对形形色色的大众文化产品时，充分发挥自身在生命价值观教育中自我选择、自我完善、自我净化和自我提升的能力，取其精华，去其糟粕，主动进行为何而生的形而上的智慧哲思，体悟人生的价值和意义。

（二）对显性的教育模式的挑战

传统的大学生生命价值观教育主要以课堂教学、讨论等显性的形式进行，虽然取得了一定效果，但是面对科学技术的日新月异，面对如今泥沙俱下的大众文化洪流，单采取显性教育模式未免势单力薄，难以让生命价值观教育的效果发挥到最佳状态。我们不能忽视大众文化这所学校的教化作用。大众文化为人们提供了一个集开放性、包容性、广泛性于一身的文化环境，成为人们无法回避的生活方式。虽然大众文化的无深度性和"过把瘾就死"的即时娱乐性为人所诟病，但是在这所学校里也渗透着万千隐性教育因素。在生命价值观教育中，除了对大学生进行有目的、有计划的教育，也要给他们提供自由和个性化的空间，注意引导大学生能动地感知这些潜在却十分生动具体的生命价值观教育内容，帮助大学生解决心灵困顿、健全人格，以此拥有丰富而完满的人性。

（三）对科学化的教育模式的挑战

传统的高等教育由于受到科技主义、工具理性的影响，过分注重给学生传授死的知识、技能、规律，将教育公式化、精确化，而忽视了对人的生命的关注和终极人文意义的关怀。追求"求真"的科学性固然重要，但是也不能忽视以"求善、求美"为目标的人文性。"文化问题是一个精神价值的问题。"[①] 大众文化一面一味地追求带有铜臭味的感官刺激；一面榨干了文化中的人文性水分，放逐理想，消解崇高，留下的是令庸常人生感慨的物质渣滓。这种严重的人文性缺陷给我们的生命价值观教育当头一棒，大学生往往自嘲是"精神空虚的一代"，价值被失落，信仰被真空，精神家园被荒芜。因此，我们在进行生命价值观教育中，要在遵循大学生价值观形成发展规律和行为养成规律的基础上，紧紧围绕人的生命发展、生命价值的实现去关注大学生已有的生存状态、生活经历和生命体验，引导大学生饱含对生命的关怀，尊重生命、畅怀生命、呵护生命。

三　改变大学生生命价值观教育的环境

大学生生命价值观教育的环境是指对大学生生命价值观形成和确立产生影响的一切外部因素的总和。大学生生命价值观教育的环境是一个十分复杂的结构系统。从系统论的角度出发，大学生生命价值观教育环境包括自然环境、政治环境、经济环境、文化环境、人际环境

---

① ［美］赫伯特·马尔库塞：《审美之维》，李小兵译，广西师范大学出版社2001年版，第14页。

等外部环境和观念环境、人格环境等内部环境。大众文化在环境系统中，属于外部环境中的文化环境。与其他环境相比，大众文化环境具有突出的特征：其一，属人性。大众文化环境在本质上是指向人、塑造人的，潜移默化地影响和改变人的心理、思想、价值观，人的价值观的形成和发展不知不觉地会打上大众文化的烙印。其二，社会性。大众文化环境产生于社会，发展于社会，必然会将社会中的某些要求对象化为某种文化。其三，复杂性。文化是一个复杂的系统，大众文化环境同样是复杂的，既有积极因素，又有消极因素；既包含传统因素，又包含现代因素；既包括本土文化，又兼有外域文化。这些因素并非单一地发挥作用，它们之间还存在复杂的互动关系，决定了大众文化环境的复杂性。马克思主义经典作家对人与环境的关系做出了科学的回答。马克思指出："环境的改变和人的活动的一致，只能被看作是并合理地理解为变革的实践。"① 换言之，马克思的观点包含着环境影响和制约人、人能够改变环境、人的活动和环境的改变统一于实践三层含义。在现代社会，大众文化是影响个体生命价值观形成的重要文化环境，大众文化的出现和发展改变了大学生生命价值观教育的原有环境，使大学生生命价值观教育环境更加多元、开放、复杂。

大学生生命价值观教育环境更加多元。大众文化是以大众传播媒介（主要是电子媒介）为手段、按商业规律去运作、旨在使普通市民获得感性愉悦并融入其生活方式之中的日常文化形态。② 大众文化作为一种独立的文化形态与中国传统文化、社会主义文化、西方文化等文化形态共同构成了多元文化格局。它丰富了当前大学生生命价值观教育的文化环境，为大学生生命价值观教育开拓了更为广阔的思维空间，拓展了大学生生命价值观教育的领域，为大学生生命价值观教育提供了新的发展思路。但这种多元的背后也意味着多重价值观交汇、冲突、妥协，共同影响大学生的生命价值观构建。

大学生生命价值观教育环境更加开放。大众文化是一种开放型文化，其文化影响因素在空间上没有固定的界限，无论是家庭、学校、

---

① 《马克思恩格斯选集》第一卷，人民出版社1995年版，第59页。
② 陈灵强：《多维视野中的大众文化》，浙江大学出版社2007年版，第11页。

社会等现实空间，还是网络虚拟空间，大众文化对大学生的影响都是广泛存在的。大众文化的影响因素在时间上没有严格的界限，大学生日常生活、学习和工作中，时时刻刻无不受到大众文化的熏染，接受大众文化的洗礼。大众文化打破了大学生生命价值观教育环境的封闭状态，呈现出更加开放的特点，教育者难以很好地预判大众文化会带来何种性质和何种程度的影响，增加了教育者把控大学生生命价值观教育环境的难度。

大学生生命价值观教育环境更加复杂。从主观角度而言，复杂是一种思维方式，表现为整体思维、过程思维、非线性思维等思维方式；从客观角度而言，复杂是事物存在的一种状态，这种状态既表现为事物客观存在的复杂性，又表现为对人影响的复杂性。大众文化将大学生生命价值观教育环境变得更加复杂：第一，影响因素的广泛性。凡是与大学生有关的生活、学习、工作、交往都会受到大众文化的影响。第二，影响性质的多重性。大众文化环境影响的性质不是绝对的，良性与恶性、积极与消极、先进与落后等因素往往混杂在一起，共同作用于大学生的思想和行为。第三，影响方式的多样性。大众文化环境对大学生生命价值观教育的影响不是单一的，直接与间接、广泛与个别、持久与短暂等互相交织在一起，从而进一步增强了大众文化对大学生生命价值观教育环境带来的复杂性。

第二节　以社会主义核心价值观引领
大学生生命价值观教育

大众文化给大学生生命价值观及教育带来了多重影响，如果社会主流价值观不及时给予引导和规范，就必然带来个体价值观的混乱和教育的疲软。党的十八大报告提出："倡导富强、民主、文明、和谐，倡导自由、平等、公正、法治，倡导爱国、敬业、诚信、友善，积极培育和践行社会主义核心价值观。"① 社会主义核心价值观以"三个倡导"为基本内容，分别规约了国家的价值目标、社会的价值取向、个人的价值准则，最大限度地提升了国家、社会、个人的价值追求，具有凝魂聚气、强基固本的作用。社会主义核心价值观既是社会主义先进文化的内核，是引领我国大众文化建设的旗帜；也是社会的主导价值观，是引领大学生生命价值观的航标。加强社会主义核心价值观对大众文化和大学生生命价值观的科学引领，为大众文化寻求价值支撑，为大学生生命价值观教育指明方向，既是必要的，又是可能的，也是现实的。对此，我们不仅要在理论上明晰社会主义核心价值观何以引领大学生生命价值观教育，更要在实践中探索如何用社会主义核心价值观引领大学生生命价值观教育。

一　社会主义核心价值观引领大学生生命价值观教育的方向

党的十八大提出的"三个倡导"，是对以往我党倡导的价值理念特别是社会主义核心价值体系的高度凝练和升华。它们一方面体现了处于主体地位的人民群众对社会主义"应然"理想状态的期盼；另一方面又承载着国家、政党、民族对广大人民群众良好生活形象的积极期待，是"以思想的形式表现出来的占统治地位的物质关系"②。它不仅对中国特色社会主义伟大事业、实现中华民族伟大复兴的中国梦有凝心聚力的作用，而且对大众文化发展、大学生生命价值观的确立都有引领和规范作用。

（一）社会主义核心价值观引领大众文化走向

社会主义核心价值观属于社会主义先进文化的范畴，是在我国文化结构体系中处于高层次的文化。社会主义核心价值观的文化属性同大众文化的内在关系为社会主义核心价值观科学引领大众文化提供了可能。因而，社会主义核心价值观凭借其科学的理论品格，在文化领域有着文化引领功能，能够规范大众文化发展、提高大众文化质量、提升大众文化品位。以社会主义核心价值观引领大众文化呈现出统

---

① 胡锦涛：《坚定不移沿着中国特色社会主义道路前进　为全面建成小康社会而奋斗》，人民出版社 2012 年版，第 31—32 页。
② 《马克思恩格斯选集》第一卷，人民出版社 1995 年版，第 98 页。

摄、整合和约束三种具体方式。社会主义核心价值观对大众文化的统摄，表现为社会主义核心价值观以其在文化属性的先进性，能够从方向上统摄大众文化的发展，即坚持以马克思主义为指导，为社会主义服务和为人民服务的方向；能够在价值取向上统摄大众文化的发展，即有利于国家富强、民族振兴、人民幸福。社会主义核心价值观对大众文化的整合，表现为社会主义核心价值观能够对官方的主流文化、学界的精英文化和民间的大众文化进行有效的整合，分层协调、合理联动、规范引导，使大众文化能够与主流文化、精英文化等文化形态协调发展，呈现出主导文化与多元文化和谐共生的图景。社会主义核心价值观对大众文化的约束，表现为社会主义核心价值观为大众文化的发展规约着价值底线与伦理底线，将大众文化发展过程中同社会倡导的主流价值观相互矛盾、不相兼容的成分进行合理的规范与引导，使之同社会主流价值观相适应、相协调、相一致。

（二）社会主义核心价值观引领大学生的理想追求

价值承载着理想，理想内含着价值。理想追求本身就是价值追求，人们有无理想、有无美好的追求，对其生命健康成长影响极大。习近平总书记曾反复强调："理想信念是共产党人精神上的'钙'"，"没有理想信念，或理想信念不坚定，精神上就会'缺钙'，就会得'软骨病'"。① 大学生该追求怎样的人生理想？确立怎样的"正当目标"？党的十八大从国家层面提出了富强、民主、文明、和谐的价值目标，它既代表着人类社会发展的理想目标和进步方向，又代表着全国各族人民群众追求幸福和谐生活的美好愿望，它把国家发展、民族振兴、社会进步与个人幸福紧密联系在一起，把各个阶层、各个群体的共同愿望有机结合在一起，实在具体又鼓舞人心。"老百姓喜欢的社会主义应该是体现一种更高文明、更高人文精神和人文关怀的社会主义，一种体现更高效率和更高公平相统一的社会主义，一种以人为本、关注民生的社会主义，一种救危济困、普度大众的社会主义，一

---

① 中共中央宣传部编：《习近平总书记系列重要讲话读本》，学习出版社、人民出版社 2016 年版，第 106 页。

种物质文明、精神文明全面发展的社会主义。"① 这正是中国特色社会主义共同理想、价值目标被全国各族人民广泛认同的依据所在，它因其广泛性、包容性和人民性，而具有最大的感召力、亲和力和凝聚力，对引领大学生的社会理想，培育其积极向上、自尊自信的价值观有重要的导航作用。

（三）社会主义核心价值观引领大学生的社会认知

人们的价值观确立与其社会认知有很大关系。美国心理学家埃利斯指出："人类天生就有一种异常强大的倾向，要求并坚持他们生活中的一切都得尽善尽美。一旦他们未能立刻得到想要的东西，就狠狠地谴责自己、他人及这个世界。"② 现实生活中，部分大学生对社会分配的不公平感、对未来的不安全感、对学习生活的焦虑感和自卑感都因其认知的"绝对化"、"过分概括化"而超出了事实上的压力；同时，大学生不能用科学、辩证的思维方式看待改革过程中出现的问题，就会产生对中国社会主义制度的质疑，对西方所谓自由民主制度的迷思，从而出现错误的人生价值取向和消极的人生态度。党的十八大提出的"自由、平等、公正、法治"是社会层面的价值要求，它通过主导人们建立正确的社会认知系统或者通过改变错误的认知系统来调节社会价值观。当大学生接受这种主流价值观，就会辩证地看待改革过程中的失误与风险，自觉调整因理想与现实的差距带来的偏激、狭隘、扩大化的认知以及"一刀切"的消极负面评价，疏导自己由此产生的愤懑、仇视、悲观、失望等不良情绪，从而以理性平和、积极向上的心态确立人生规划，参与社会实践，推动自我生命健康发展。

（四）社会主义核心价值观引领大学生的行为走向

价值观是深层、稳定的社会心态，与人的行为密不可分。一方面，价值观作为一种社会意识，是人们实践活动的产物。行为主义心理学认为："价值信念实质是行为经验积累的产物，人们在习得社会

---

① 刘建明、宋增伟：《作为一种价值取向的社会主义》，载红旗大参考编写组《建设社会主义核心价值体系大参考》，红旗出版社 2007 年版，第 125 页。

② 参见江光荣《心理咨询的理论与实务》（第 2 版），高等教育出版社 2012 年版，第 281 页。

行为时，也就形成了与这些行为相一致的价值观。"① 另一方面，价值观作为稳定的个性心理，对人们的行为又具有驱动、制约和导向作用。人的一生就是在价值观的指导下，根据自己的生存环境，按照最大的效率价值，选择并做出自己的行为，实现自己的人生价值。在某种意义上，价值观支配着人们的行为。现实生活中，功利价值观总是导致人们追名逐利、心浮气躁、盲目攀比，甚至不惜挑战以身试法。"爱国、敬业、诚信、友善"是从公民个人层面对基本道德价值要求和行为规范的高度概括，涵盖了社会公德、职业道德、家庭美德、个人品德各个方面，明确了每一个公民对国家、对工作、对社会、对他人应尽的责任和义务，为各民族、各阶层、各利益群体的人们在社会主义市场经济条件下判断行为得失、明确价值取向、做出道德选择、涵化德性修养、彰显公民人格提供了基本标准和规范，有利于促进大学生的道德认同、规范道德行为、养成公民的规则意识和遵纪守法的行为习惯。

总之，社会主义核心价值观通过对大众文化的引领，对大学生理想追求、社会认知、行为实践的引领而帮助大学生确立正确的生命价值观，指明了大学生生命价值观教育的方向，促进了大学生生命价值观教育目标的实现。

二 社会主义核心价值观引领大学生生命价值观教育的路径

社会主义核心价值观是融理想、目标、理念、规范等基本元素于一体的价值系统，是引领生命价值观教育的强大的思想武器。但这个思想武器要发挥引领作用，前提是它要被大学生认同、接纳，成为价值共识。为此，就要采用多样化的途径和方法增强社会主义核心价值观的吸引力、感染力，使之像无形的空气一样无处不在，全方位地引领大众文化和大学生生命价值观。

（一）明确大众文化的合理价值定位，用社会主义核心价值观引领大众文化的健康发展

当前，大众文化对大学生生命价值观教育带来多重影响，社会主义核心价值观要引领生命价值观教育，必须同时引领大众文化，给予

---

① 蔺桂瑞：《学校心理咨询中的价值观教育》，《教育研究》2001 年第 12 期。

其合理的价值地位。我国大众文化的价值定位问题其实就是它的政治价值与商业价值、教育功能与娱乐功能、社会效益和经济效益之间的关系问题。2014年10月15日，习近平总书记在京主持召开文艺工作座谈会并发表重要讲话。他指出，文艺不能在市场经济大潮中迷失方向，不能在为什么人的问题上发生偏差，否则文艺就没有生命力。低俗不是通俗，欲望不代表希望，单纯感官娱乐不等于精神快乐。他强调，一部好的作品，应该是把社会效益放在首位，同时也应该是社会效益和经济效益相统一的作品。文艺不能当市场的奴隶，不要沾染了铜臭气。优秀的文艺作品，最好是既能在思想上、艺术上取得成功，又能在市场上受到欢迎。① 习近平的讲话给大众文化的发展指明了方向。大众文化虽然在本质上具有商业性、流行性、娱乐性、通俗性的特征，但在某些方面也具有积极意义和教育意义，其提倡自由、张扬个性、彰显力量、凸显人性的主题贴近大学生的生活，与他们能够产生共鸣。因此，教育者要着眼于大学生的生命发展需要，吸收大众文化的积极因子，传递给学生，使其成为大学生生命成长的精神文化资源。为此，在舆论导向上，就是要用主流文化引导大众文化，保证其正确的价值导向，必须充分发挥好社会主义核心价值观对大众文化的引领作用，把它融入大众文化的创作、生产与传播中，使大学生在接受大众文化的同时自然而然地接触到主流文化的核心理念，潜移默化地受核心价值观的影响并予以认同，从而形成正确的人生价值观。

（二）加强理论创新，提高大学生对社会主义核心价值观的认同度和接受度

马克思在《〈黑格尔法哲学批判〉导言》中指出："理论只要说服人，就能掌握群众；而理论只要彻底，就能说服人。"② 社会主义核心价值观能否有说服力、感召力在很大程度上取决于其理论的彻底性和创新程度。主动适应时代的变化，正视时代的挑战，表达时代的呼声，切合群众的需要，是任何一种核心价值观获得成功认同的先决条

---

① 《习近平主持召开文艺工作座谈会并发表重要讲话》，新浪网 http：//news. sina. com. cn/c/2014－10－16/070130996784. shtml，2014年10月16日。

② 《马克思恩格斯选集》第一卷，人民出版社1995年版，第9页。

件。一旦核心价值观的理论表达不能反映现实世界的发展变化，不能表达时代精神和民心所向，就必然会影响自身的合法权威和主导地位。中国的改革开放正遭遇贫富差距拉大、政治体制改革滞后、环境污染严重、道德滑坡、外来社会思潮不断涌入的"发展困境"，现实困境容易引起人们的思想困惑，引发人们对现有理论的怀疑。社会主义核心价值观如何解读这些困惑，解读得是否彻底，是否足以服众，决定了其生命力和影响力。所以，要在坚持实践性、时代性、民族性的基础上，直面各种理论难题和现实问题的挑战，吸收中国传统文化的优秀元素和西方各国优秀文明成果，增强理论的彻底性、丰富性和可信度，使大学生对其产生自觉认同和尊崇，达成价值共识，从而最大限度地发挥对其生命价值观的引领作用。

（三）扎根日常生活，搭建社会主义核心价值观引领大学生生命价值观教育的现实平台

社会主义核心价值观不是纯粹的逻辑推演的产物，也不是抽象的理论思辨的空中楼阁。社会主义核心价值观不能脱离日常生活，更不能与日常生活绝缘。它来源于日常生活，其真正土壤就在于人民大众真实鲜活的日常生活，扎根日常生活是社会主义核心价值观引领生命价值观教育的重要视域和现实场域：一方面，遵循大众的认知需求，明确扎根日常生活的认知水平点。社会主义核心价值观的理论表达，不能仅仅停留在国家、社会的宏大叙事的话语表达体系，更要转变为人民大众日常生活领域的微观叙事的话语体系。"通过很感性的方式表达很理性的观念，是意识形态进入大众'头脑'的通道。"① 用大众文化具体与感性兼备的话语风格代替社会主义核心价值观抽象与理性并存的话语风格更符合大众的认知水平，能增强社会主义核心价值观的亲和力和感染力，使之更加接地气、暖人心，有助于人们从感性层面和理性层面自觉接受其对自我生命价值观的引领。另一方面，满足大众的情感需求，把握扎根日常生活的情感共鸣点。社会主义核心价值观在注重以理服人的同时，同样需要以情感人，充分发挥情感等

---

① 侯惠勤：《新中国主流意识形态建设的基本经验》（下），《思想理论教育导刊》2009 年第 9 期。

非理性因素的作用，激发大众的情感需求与情感期待。榜样的力量是无穷的，具有极强的感召力和说服力，通过抓典型、树榜样，极易引起人们在情感上的共鸣，进而潜移默化地引起人们在行为上的共振。有"中国人的年度精神史诗"之美誉的"感动中国"栏目将"感动"贯穿始终，表彰令人震撼的社会人物，以平实温暖的感情荡涤心灵，净化灵魂，这是用社会主义核心价值观潜移默化引领个人价值观的生动案例。总之，社会主义核心价值观的引领，需要有意识地通过"无意识"的方法进行渗透式引领，做到贴近性、对象化、接地气。当前我们要充分利用现代信息技术，通过网站、微博、QQ 交流群、微信平台以及各种文化娱乐活动，把理论宣传同大学生的实际生活、活动空间、学习场所密切结合起来，使我们倡导的社会主义核心价值观如空气一样无形地存在于大学生的学习、工作、生活、休闲中，不知不觉地引导着大学生的生命价值观向积极健康的方向发展。

（四）加强机制建设，促进社会主义核心价值观引领大学生生命价值观教育的常态化

社会主义核心价值观引领个人价值观不是暂时的，必须常态化，建立起引领的长效机制。那么"长"如何延续？"效"如何彰显？这需要进一步建立健全由宣传引导机制、课堂教育机制、文化熏陶机制、实践养成机制协同构成的长效机制体系。宣传引导机制，这是构建长效机制的前提。新闻宣传是主流价值观传播的喉舌，高校应充分发挥各种校园新闻媒体和网络媒体、手机媒体的作用，运用微博、微信、微视、微电影等方式，加强对社会主义核心价值观的宣传和弘扬，加强热点引导、舆论导向，为实现对大学生生命价值观的科学引领营造良好的舆论氛围和外部环境。课堂教育机制，这是构建长效机制的核心。社会主义核心价值观只有进教材、进课堂、进头脑，才能发挥引领作用。利用思想政治理论课堂和人文社科课堂加强对社会主义核心价值观的理论阐释、热点研讨，对西方各种错误价值观的透彻分析、正面驳斥，通过理论联系实际，释疑解惑，帮助大学生树立正确的生命价值观。文化熏陶机制，这是构建长效机制的关键。接受大学校园文化的熏陶是大学生在其健康成长的道路中必不可少的一环。校园文化营造的是一种积极向上、充满激情的精神风貌，能够潜移默

化地影响大学生的人生态度和价值观念。以文化人、以文育人，就是把社会主义核心价值观基本理念融入到校园物质文化、精神文化和制度文化建设中，于无形中实现社会主义核心价值观对大学生生命价值观的塑造。实践养成机制，这是构建长效机制的根本。价值观的确立贵在知行合一，重在实践养成。正如习近平总书记在中共中央政治局第十三次集体学习时强调："一种价值观要真正发挥作用，必须融入社会生活，让人们在实践中感知它、领悟它。要注意把我们所提倡的与人们日常生活紧密联系起来，在落细、落小、落实上下功夫。"① 为实现社会主义核心价值观科学引领大学生生命价值观，需要将核心价值观所倡导的价值取向渗透到大学生的社会实践活动、日常学习生活、校园文化建设中，通过大学生的亲身体验内化为精神追求，外化为实际行动，成为自我生命价值观的重要组成部分。

第三节　化大众文化为大学生生命价值观教育的有效载体

生命价值观教育的大众文化载体，即化大众文化为大学生生命价值观教育的载体之意，通过包括网络文化、时尚文化、影视文化、偶像文化等在内的具体文化样态向大学生承载和传导生命价值观教育因素，旨在引导大学生识读生命价值，唤醒生命价值意识，确立生命价值目标，最终形成正确的生命价值信念、信仰、理想的一种生命价值观教育的活动形式、平台、渠道和系统的总和。

大众文化作为一种传播面广、复杂多样的文化形态，在我们的生活中无孔不入，渗透性强。面对大众文化的传播和流行，我们应当以开放的心态看待它，以谨慎的目光审视它。尽管大众文化对生命价值观教育造成诸多新挑战，但正如狄更斯所言，这是一个最好的时代，也是一个最坏的时代，机遇与挑战并存，价值功能与负面效应同在。我们应该趋利避害，将大众文化这方文化沃土化作大学生生命价值观

---

① 习近平：《习近平谈治国理政》，外文出版社 2014 年版，第 165 页。

教育的一种有效载体，使大学生在接受大众文化洪流的洗礼时，批判地吸收大众文化中的生命营养，诗意地安居于大地之上。

一　大众文化载体在大学生生命价值观教育中的价值功能

对任何文化的分析都必然涉及文化功能的分析，大众文化不是洪水猛兽，不是一无是处，而有着自身的价值功能。同时，既然我们将大众文化视为大学生生命价值观教育的有效载体，也必须明确其价值功能，这是利用好它的前提。我们认为大众文化对大学生生命价值观教育至少有如下三种功能。

（一）对生命价值观教育信息的承载和传导功能

大众文化载体既能承载生命价值观教育信息，又能传导生命价值观教育信息。在生命价值观教育领域中，生命价值观教育信息包括生命知识、生命情感、生命意蕴、生命智慧、生命激励等内容，这些信息存在、渗透于大众文化载体中，依托大众文化载体来引起人们对它们的感知、把握、体悟，这实际上是"承载"的含义所在。而对于"传导"，是指生命价值观教育信息不只存在于大众文化载体中，还依托其进行传播、扩散，甚至在此过程中发生信息的增值，引导受教育者接受、认同、内化生命价值观教育信息。其中，我们应当明确，"承载"是"传导"的前提，"传导"是"承载"的目的。我们将大众文化视为生命价值观教育的有效载体，是在利用大众文化覆盖面广、传播渠道多、辐射力强的特点，利用一些大众文化形态向大众普及和传递生命知识，涵养生命情感，挖掘生命智慧，在潜移默化中唤醒生命个体的价值，熏陶生命情怀，提升生命素养。生命价值观教育是一项以人为本、直面生命的社会实践活动，生命是其原点和轴心，通过大众文化对生命价值观教育信息的承载和传导，生命价值观教育本身会从中受益匪浅。

大众文化载体所承载的生命价值观教育信息不是外显的，而是内含于其运作过程中。包括大学生在内的社会大众在参与和接受大众文化时，其中承载和渗透的生命知识、生命智慧、生命意蕴、生命情感、生命激励等也不由自主地随之被挖掘和接受，而这正是传导的开始。人作为"自然之子"，和日月星辰、山川草木、鸟兽虫鱼等一样，是自然界无可替代的组成部分，自然生命为人类提供基本的存在方式和物质载体，珍惜生命首先要珍惜自然生命。中央电视台科教频道推出的大型科普类节目《健康之路》锁定医疗健康这一主题，着眼于观众对健康孜孜不倦的需求，彰显浓郁的医疗特色，培养健康的生活方式，向观众奏响了一场场尊重生命、珍惜生命的和谐乐章。中央电视台综合频道开播二十余年的《动物世界》和《人与自然》，探索自然的奥秘，展现生命的壮丽与丰富，令我们不由得感叹生命——这一绽放于雾霭晨曦中灿烂的花朵，感知生命的平等和可贵，感受心灵深处的情感震颤。通过这些节目，我们明白，人并非生命世界的主宰，而是生命之网的衔接点和维护者，尊重生命、敬畏生命不应只是一种理念，更应化为行动。

总之，大众文化载体通过承载生命价值观教育信息，润物细无声般地渗透于人们的日常生活，并且将这些信息传播、扩散开来，为受众所感知、消化，实现信息的增值，引起受众内心对生命的体验和感悟，唤醒人的生命意识，给人以心灵的启迪和慰藉，这正是大众文化载体承载和传导生命价值观教育信息的意义和价值所在。

(二) 对心理状态和精神压力的调节和舒缓功能

市场经济为现代人创造了巨大的物质财富，也带来了前所未有的压力。市场经济是一种强调竞争和效率的经济形态：弱肉强食，优胜劣汰，物竞天择，适者生存。人们厉兵秣马，孜孜以求，渴望在激烈的竞争中找到自己的一席之地，不被丛林法则湮没。尤其在工业社会以来的流水线作业中，人们感受"时间之箭"的威胁，马不停蹄，分秒必争。人们奔波于生计，情绪紧张、心态不平、躁动不安成为普遍的社会心态。大学生处于这种财富与喧嚣共生的时代，背负着父母望子成龙和望女成凤的期望，怀揣着自己心向往之的梦想，重重压力滋生。不言而喻，大学生的学业、就业、人际等各方面的压力是很大的。有调查表明，学业压力对大学生产生的心理影响排在首位，其次是学校环境压力、情绪压力、择业压力和人际压力。[1] 由此，包括大学生在内的社会大众期待和渴望一种休闲文化或精神家园来舒缓难以

---

[1] 车文博、张林等：《大学生心理压力感基本特点的调查研究》，《应用心理学》2003年第3期。

承受的精神重压、调节失衡的心理状态。在此，大众文化的舒缓精神压力、调节心理平衡的协调功能凸显出来。大众文化以一种赏心悦目、喜闻乐见的生活方式出现在人们视野中，以感性的形象和即时娱乐引起人们的情感共鸣，使人们的生命张力得以舒张。通过参与和接受大众文化，人们可以探索自然的奥秘，游览祖国的山川河流，领略别具一格的异域风情和感受亲情的温情脉脉与爱情的疼痛美丽；人们可以倾听契合自己心境的音乐，享受音乐的表情，感受音乐的魅力；可以徜徉于诗歌、小说、散文等文化经典的海洋，体味娓娓道来的生命智慧；可以享受影视文化的视觉盛宴，看庭前花开花落，望天上云卷云舒，观世上人间百态。就这样，大众通过享受大众文化，通过文化参与、文化接受和意义沟通，获得丰富多样的娱乐体验和感官愉悦，负面消极情绪得以宣泄，忧愁得以排遣，压力得以舒缓，失衡心态得以平衡，在社会生活中更好地面对接踵而至的挑战，保持自我心情的舒畅，调剂生活，以适应急剧变化的现代社会。

　　此外，随着生产力的提高、市场经济的发展、社会制度的变革，人们的闲暇时间逐步增多。闲暇时间对人具有重大的潜在价值，正如法国社会学家杜马兹迪埃所说，闲暇具有三种功能：放松功能、消遣功能和发展功能。[1] 但同时，闲暇时间的增多会涉及一个如何支配或度过这些闲暇时间的问题。这会在无形中使人们产生一种心理压力，于是大众产生一种渴望娱乐、排遣压力的文化诉求，以使闲暇时间真正实现其放松和排遣的功能。大众文化的出现和繁荣一定程度上恰恰满足了这一需求。然而，这种放松和排遣必须控制在一定限度之内，否则大众文化的消极功能会凸显出来。

　　（三）对人的主体性和社会化的培育和促进功能

　　所谓人的主体性，是"作为现实活动主体的人为达到为我的目的而在对象性活动中表现出来的把握、改造、规范、支配客体和表现自身的能动性"[2]。生命不只是一个自在的存在，更是一个更高意义的自为的存在。主体性是人性的核心内容，是人性的精华，一定程度上，

---

①　转引自金民卿《文化全球化与中国大众文化》，人民出版社2004年版，第221页。

②　冯建军：《生命与教育》，教育科学出版社2004年版，第131页。

人的主体性决定生命发展的方向和程度的高低。人的主体性经历了一个由低级到高级的成长过程。大众文化作为一种生长于大众的平民文化，能培育人的主体性，促进主体意识的催生和主体能力的培养。大众文化的兴起使人们告别了精英文化垄断文化格局的时代，不再是被束之于"庙堂"的阳春白雪，不再是局限于"沙龙"的文化形式，而具有雅俗共赏的平民意义。大众文化具有其他文化形式无法比拟的普及性、广泛性和平等性，它是"大众的艺术，它为各个阶层千千万万的民众提供了相同的艺术性娱乐"①。无论是何种身份、处于何种利益群体的人，都可以作为主体平等地参与大众文化创造，进行大众文化反馈，享受大众文化成果。大众文化作为区别于主流意识形态的"第二文化空间"，为人们彰显主体性、自主性、自为性提供广阔的寓所，人们可以摆脱政治挂帅时代的羁绊，畅所欲言，尽情表达自己的利益诉求，有充分且自由的选择余地进行主体性展示和主体间交流。这何尝不是主体性培育的良好途径。

所谓人的社会化，是"使一个自然人（刚刚出生的生命机体或生物学意义上的人）转变成为一个社会人（合格社会成员或社会学意义上的人）的过程"②。一个完整意义的人的生命不单单是自然意义上具备生理结构和各种本能的自然生命，还需将自然生命社会化，向文化生命转化，将自然人转化为文化人、社会人。获取文化生命的根本路径是实践，大众文化是根植于实践的一种文化实践形式，对生命的塑造和成长产生重大的影响。从一个生命机体呱呱坠地开始，到有了基本的认知能力，便与大众文化结下了不解之缘，而且随着科技的飞速发展和大众文化的迅速普及，这种缘分越积越深，影响越来越大，任何生命都无法摒弃这种缘分，摆脱这种影响。如果我们把双休日、节假日和寒暑假加起来，发现大学生每年有170天左右的时间处于闲暇状态，接近全年的二分之一。在如此充裕的闲暇时间中，大学生很大程度上在接触以网络文化、影视文化、偶像文化等为代表的大众文

---

①　[美] 豪赛尔：《艺术史的哲学》，陈超南、刘天华译，中国社会科学出版社1992年版，第321页。

②　沈杰：《中国现代化进程中的大众文化与青年社会化》，《中国青年政治学院学报》2002年第1期。

化。金民卿认为："大众文化由于其商业化的运作方式，具有极大的数量和广博的传播途径，大量地传播到社会大众的日常生活，文化生活当中，对社会大众产生了不可估量的影响力，这就使得大众文化成为一种成本非常低的提高文化素质的途径。"[①] 大众文化穿梭于大众的日常生活中，成为大家的大众老师，大学生处于社会化的关键时期，大众文化能帮助他们增长知识和技能，形成一定的价值观，更好地承担和扮演社会角色，加速其生命体的社会化进程，促进文化生命的生产与再生产。

二　大众文化载体在大学生生命价值观教育中运用的原则

"原则是原理（法则）与规则之间的中介，作为按照规则行事的理性行为的根据"[②]，原则对人们既是一种约束，又是一种引导，具有方法论性质，向人们规约了做事的依据和方向。大众文化载体在生命价值观教育中运用的原则，是根据大学生生命价值观教育的目的和大众文化影响下大学生生命价值观的形成规律提出的、在总结相关教育实践经验基础上而制定的准则。概括起来，主要有目的性原则、辩证性原则和渗透性原则等，对这些原则加以遵循无疑会增强生命价值观教育的成效。

（一）目的性原则

目的通常是指行为主体根据自身的需要，借助意识、观念的中介作用，预先设想的行为目标和结果。作为观念形态，目的反映了人对客观事物的认识和掌控。人的实践活动以目的为指向，目的贯穿实践活动的始终。目的性原则是指选择运用大众文化为大学生生命价值观教育的有效载体必须有明确的目的性、与生命价值观教育的目的保持一致，即帮助大学生识读生命意义与价值，形成正确的生命价值信念、信仰和理想，促进个体生命的丰盈和自由而充分的发展。

坚持目的性原则的依据。一方面，就目标本身而言，没有目标的努力，犹如在黑暗中远征。目标也好，目的也好，总是为人指明奋进

---

①　金民卿：《大众文化论——当代中国大众文化分析》，中共中央党校出版2002年版，第104页。

②　陈桂生：《"教育学视界"辨析》，华东师范大学出版社1997年版，第98页。

的方向，激发人奋斗的动力。美国作家纪伯伦曾说：人的意义不在于他所达到的，毋宁在于他所希望达到的。既然大学生生命价值观教育有着自身特定的目标，即形成科学合理的生命价值信念、信仰和理想，那么生命价值观教育这一教育实践活动就会贯穿着这一目标。另一方面，就大众文化而言，大众文化泥沙俱下、良莠不齐，既为生命价值观教育活动带来了新挑战，也可以在生命价值观教育中发挥应有的价值功能。但究竟挑战和功能哪方偏重，甚至将一方转化为另一方，全在于"运用"二字。既然如此，当我们在运用大众文化为大学生生命价值观教育的有效载体时，时刻不能忘记我们的初衷，将目的铭记于心，规避大众文化的不足，将挑战转化为生命价值观教育的契机，这是我们期望看到的结果。

坚持目的性原则，需要做到以下两点：

其一，增强目的的明确性。即选择和运用大众文化进行生命价值观教育要达到什么目的，是丰富生命知识、把握生命意蕴，还是启迪生命智慧、激发生命情感，教育者要心中有数，防止陷入盲目的境地，流于表面的形式，堕入"为活动而活动"的倾向。另外，明确目的，合理运用大众文化载体，也要紧扣大学生的实际，加强针对性。当前，大学生的情感丰富但情绪波动大，渴望爱情但爱人的能力不足，自我意识发展但自控能力较差，这些特点和倾向提醒我们在利用大众文化载体进行大学生生命价值观教育时，要注意结合大学生的自身特点，将目的明确化、具体化，真正地直面大学生的精神需求和现状，采用恰到好处的大众文化熏陶方式，取得实际的、具体的效果。要避免脱离教育目的或者目的含混不清，防止出现形式上热热闹闹但是实质却收效甚微的局面。

其二，将目的和手段相结合。大学生生命价值观教育作为一项以大学生为对象的教育实践活动，其目的是帮助大学生形成科学合理的生命价值观。我们将大众文化开发为生命价值观教育的有效载体，换句话说，就是将大众文化作为实现该目的的手段。目的决定手段，手段服从于目的。大众文化包含了网络文化、影视文化、时尚文化、偶像文化等在内的诸多文化样态，具体运用哪种文化样态取决于生命价值观教育的目的和不同文化样态各自的特征，如影视文化兼容并蓄，集光影声为一体，便于实现涵养生命情感的目的；偶像文化号召力强，有利于实现生命激励的目的；经典文化意蕴深刻，有利于实现启迪人生智慧的目的；等等。当然大众文化作为一种兼有商业性和娱乐性的文化类型，具有正负两种功能效应，因此更要注意在利用这一手段时，以实现生命价值观教育的目的为出发点和落脚点，趋利避害，扬长避短。

（二）辩证性原则

辩证性原则是指，运用大众文化为大学生生命价值观教育的有效载体必须从客观实际出发，用辩证的视角和思维看待大众文化，明确其优势和不足，归还大众文化的真实面目和本真性，以更好地促进生命价值观教育。坚持辩证性原则，主要是因为大众文化本身是一个矛盾体。在大众文化的研究领域里，有两种向度——批判向度和赞美向度。前者是以法兰克福学派中的霍克海默、阿尔多诺和马尔库塞及哈贝马斯等为代表的理论家对大众文化表示了深深的忧虑，体现了知识分子对社会发展病态的诊断和责任感；后者是以德国的本雅明、法国的德赛图和美国的费斯克等为代表的学者立足于经验和实际生活，赞美了大众文化对人的解放。大众文化是一个充满张力的复杂场域，其价值魅力和消极影响力同时存在，对其我们不应持有非此即彼的绝对态度，而应当敞开自己的思想视野，保持开放的向度。唯有如此，方能展示其本真性和真面目，故而我们应当用真正辩证的视角和思维来看待大众文化，不仅怀有对彼岸生命理想的向往，也应当拥有对此岸生存状态的关注；不仅发挥其价值功能，也要克服其不利影响，以清醒和理智的态度将大众文化这一载体运用好，使之有利于我们的生命价值观教育。

另外，坚持辩证性原则，还要注意不同大众传媒的优劣，发挥多种传媒的综合优势，形成运用大众文化全方位进行生命价值观教育的态势。大众文化是以大众传媒为载体进行生存发展的，离开大众传媒，大众文化成了无源之水。大众传媒包括报纸、杂志、广播、电视、网络以及手机等媒介形式，不同的媒介形式具有不同的特点，各有自己的优劣之处。如报刊等印刷媒介信息量大、便于保存但时效性差，广播媒介传播速度快但不易保存，网络信息量大但鱼龙混杂，等等，我们要注意把握不同传媒形式的优劣和特点，既充分利用每一种传媒的优势传递生命价值观教育信息，又发挥多种传媒的综合优势效应，优势互补，形成全方位态势，提高生命价值观教育的成效。总之，运用之妙，存乎一心，要注意辩证性，灵活运用。

（三）渗透性原则

"渗透"是指一种事物或力量循序渐进地渗入其他方面，达到一种较为通透的效果。渗透性原则，是指运用大众文化为大学生生命价值观教育的有效载体，将生命价值观教育信息与内容寓于大众文化形式中，并联系生命价值观教育的目标、方法、环境等进行全方位、多角度的渗透，以达到润物细无声之效，在潜移默化中感染生命、激励生命、熏陶生命，使人们习焉不察。

渗透性原则的依据。一方面，大众文化具有强烈渗透性。文化的核心是价值观，当生命体接触一种文化时，其背后蕴含的价值观会影响其生命价值坐标系统，对生命加以耕作和塑造，所以文化本身是具有渗透性的。大众文化是对大众日常生活的反映，数量巨大，无孔不入，以通俗易懂、饶有趣味的方式吸引着大众，在文化生态格局中占有重要地位。从影响方式上看，大众文化有着其他任何文化形式无法比拟的渗透性，其内含的知识、价值观念等对大众的渗透力亦是强大的。运用大众文化为我们生命价值观教育的有效载体要利用好大众文化的这一特征，将生命知识、科学的生命价值观以潜移默化的方式传递给青年大学生。另一方面，生命价值观教育本身是一个渐进性的过程，不是一蹴而就的。"十年树木，百年树人"一语中的地道出了教育的周期性之长，这也要求我们的生命价值观教育立足于长期的、远瞻的规划而展开和进行，短期功利的教育只会揠苗助长，将生命引向狭隘和畸形的境地。渗透性也意味着渐进性，我们不会追求立竿见影的效果，而是细水长流地涵养生命，鼓励生命体独立思考生命、领悟生命、品味生命，逐渐明白何为"真善美"，何为"假丑恶"，通过大众文化载体的强烈渗透性将生命知识和生命意蕴等内化为个体自身的生命价值观念并进而外化为行为。

坚持渗透性原则，需要做到以下两点：

其一，增强教育者的整合能力和"把关人"的渗透意识，将"既成"和"未成"相结合。一方面，要增强教育者整合大众文化载体中"既成"的生命价值观教育信息的能力。教育者是生命价值观教育过程的调控人和组织者，生命价值观教育的实效性很大程度上取决于教育者的素质和创造性劳动的发挥程度。教育者要善于发掘、利用并整合既成的大众文化产品中的生命价值观教育因素，使其自觉地成为影响大学生生命价值观的力量。另一方面，要促进"把关人"渗透意识的提升，将生命价值观教育的因素和信息融入"未成"的大众文化建设中。"把关人"作为社会的代表要对传播的内容进行筛选和过滤，使之既符合国家法律规范，又符合社会文化伦理，因此在大众文化的建设和传播中其重要性毋庸置疑。故而要注意增强"把关人"的渗透意识，将生命知识、生命意蕴等融入大众文化建设中。

其二，增强生命个体的自我教育能力和筛选鉴别能力，将自我渗透和"反渗透"相结合。瓦·阿·苏霍姆林斯基曾说："促进自我教育的教育才是真正的教育。"叶圣陶也曾说："教育的目的是为了达到不教育。"自我教育能力的培养有利于充分发挥个体的主动性，增强自我渗透意识，在广博的大众文化洪流中撷取涓涓细流，实现自身的内在矛盾运动，自觉提升个人修养，凝练生命之美。但是这种自我渗透要注意是建立在筛选鉴别的前提之上，必要时要"反渗透"。大众文化固然具有强大的渗透性，影响着受众的价值观念、思想观念、生命塑造，但我们必须明确，大众文化良莠不齐、鱼龙混杂，其渗透性如果利用不好，会带来明显的负面效应。生命个体要提升自身的筛选鉴别力，增强对负面信息的自我抵制，即"反渗透"，以在泥沙俱下的大众文化中"出淤泥而不染"。

三　大众文化载体在大学生生命价值观教育中的具体运用

载体的使用要力求具体，唯有如此，才能更有针对性、可行性，才能取得满意的效果。大众文化绚丽多姿、五彩斑斓，具有网络文化、时尚文化、影视文化、偶像文化等具体文化样态。我们可以对这些具体文化样态逐一审视，在享受一场大众文化盛宴的同时思量更好地将其运用为生命价值观教育的有效载体，以更好地浸润生命，使生命走向澄明。

（一）利用网络文化的丰富形式

网络文化是借助计算机技术和网络技术，通过互联网传播或由互联网产生的表意系统，是大众文化中新兴的具体形态。① 它包罗万象，形式丰富，包括即时通信文化、搜索引擎文化、论坛文化、微博文化、网络文学等。根据中国互联网络信息中心（CNNIC）的统计数据显示，截至 2015 年 12 月，中国网民规模达 6.88 亿，互联网普及率达 50.3%，其中手机网民规模达 6.20 亿，网民中手机上网人群占90.1%。随着高科技的迅猛发展，"互联网＋"时代已经来到我们面前，影响万千受众。因此，利用网络文化的丰富形式，增强生命价值观教育的受众面和时效性，对我们的生命价值观教育大有裨益。

即时通信以 QQ、微信、MSN 等应用为主，它是人际交流文化的重要发展，有利于生命个体社交能力的提升，同时也是公共传播的重要平台。截至 2015 年 6 月，即时通信应用的网民使用率达到90.8%②，在各网络应用中居于首位。我们要善于利用即时通信的广泛、自由、开放、互动等优势，捕捉和传递有关生命价值观教育的信息以涵养生命。

搜索引擎作为知识源头以及信息索引，满足了受众对特定信息的需求，有利于满足生命个体的文化个性，同时通过热搜关键词等也揭示了受众的文化共性。此外，由于搜索引擎本身不是把关者，受众对信息的自我把关之重要性就凸显出来，这本身就是对生命自觉的考验。我们要鼓励大学生将搜索引擎视为一个"学习化"的网络空间，以识读生命、历练生命、丰富生命。

论坛是一种网络虚拟社区，是多对多的传播空间，在这里，一个个生命个体相互交流、学习、结盟、妥协。无论是如天涯、豆瓣社区等公共论坛，还是如清华大学的"水木清华"、武汉大学的"珞珈山水"和复旦大学的"日月光华"等高校论坛，都是生命价值观教育可利用的平台。尤其要利用好校内 BBS 这一生命价值观教育的法宝，

---

① 陈灵强：《多维视野中的大众文化》，浙江大学出版社 2007 年版，第 268 页。
② 中国互联网络信息中心：《第 36 次中国互联网发展状况统计报告》，http://www.cnnic.cn/gywm/xwzx/rdxw/2015/201507/t20150723_ 52626.htm，2015 年 7 月 23 日。

在了解广大学子思想动态、价值取向的基础上有针对性地加以引导，不失为生命价值观教育的良策。

微博是一种以社交网络为传播渠道的信息交流方式，"微"字透视了它是一种碎片化文化，在这个平台上，很多文化碎片以一种内在的文化逻辑拼贴在一起，多元价值观交融，参差的文化个性交汇。我们可以利用微博以原创或转载的方式传播有关人生价值、人生态度等生命价值观教育的内容，或者有针对性地开通相关主题的公共微博平台，供大学师生交流讨论，以此使青年学子迷茫的生命价值观在交流碰撞中得以澄清。

网络文学写作主体隐蔽，创作文本新颖，网络文学在本次调查中的网民使用率达42.6%①，虽不及即时通信等应用广泛，但也不容小觑。从1998年蔡智恒的《第一次的亲密接触》到后来的《此间的少年》、《尘缘》、《花千骨》等，它们有些甚至被拍为电视剧，赢得千万书迷粉丝。网络文学作品固然参差不齐，影响各异，但是我们不能否定在这一文化土壤中不乏优秀的作品，"茅盾文学奖"将其纳入就是一个例证。因此，我们要善于撷取有关生命的优秀作品，鼓励大学生亲近文字，利用好碎片时间，发挥其情感涵养功能，以增强大学生生命价值观教育的实效。

（二）开启文化经典的生命智慧

在大众文化异军突起这一无须争辩的时代背景下，"重读经典"成为一种大众文化现象，在大众文化语境中方兴未艾，如易中天品《三国》、孔庆东讲鲁迅、于丹读《论语》等，随之诵读文化经典在华夏大地蔚然成风。有人认为大众文化的星火燎原的飞速发展导致文化经典的没落与黯然，有人持有"经典消失了"的绝望。然而，大众文化与文化经典并非背道而驰，大众文化中渗透着文化经典，促进文化经典的传播和普及。再者亲近文化经典是丰富个体生命、培植文化底蕴、陶养生命智慧的桥梁，文化经典中蕴藏着塑造生命的能量。因此，在此讨论开启文化经典的生命智慧在情理之中。

---

① 中国互联网络信息中心：《第36次中国互联网络发展状况统计报告》，http：//www. cnnic. cn/gywm/xwzx/rdxw/2015/201507/t20150723_ 52626. htm，2015年7月23日。

　　生命智慧指"生命所具有的指向生存与发展的智慧"。① 这意味着它包括孕育生命的智慧与发展生命的智慧两个层面。不同的文化经典蕴藏着不同的生命智慧。翻阅古今中外的文化经典——这些在时间长河中沉淀的精华，我们可以汲取生命营养，促进个体生命的成长和整个生命世界的圆融和谐。

　　其一，开启文化经典孕育生命的智慧。孕育生命的智慧即生存智慧，它使人适应客观世界并且生存下来。人作为"最孤独无靠的自然之子"，其自然生命处于一种"未最终完成的状态"，需要从文化经典中汲取生存智慧。从《黄帝内经》中汲取中医养生的智慧，体味生命百科全书的力量，促进自然生命的和谐延续和文化生命的建构塑造；从《本草纲目》中走近药物学机理，领略东方医药经典的魅力和作者不畏权威、实事求是的勇气；从《天工开物》中见识古人对外部世界的改造能力和科学工艺的精湛以及人与自然和谐相处的智慧哲思；等等。

　　其二，开启文化经典发展生命的智慧。发展生命的智慧即个体生活过程中形成的生活智慧和人生智慧，它使人适应客观世界且生活得更好，创建幸福人生。建立在自然生命基础上另一层次的生命是文化生命，文化生命需要我们为其精耕细作、增添光彩。亲近文化经典就是一条重要途径。《左传》中立德、立功、立言这"三不朽"说激励人们实现生命价值，达到生命不朽。儒家的"修身、齐家、治国平天下"的壮志，道家"自然无为"的洒脱和悠然，佛家的参禅悟道、顿悟人生，给我们生命以润泽和启迪。还有海德格尔向死而生的生死智慧，它启示我们辩证地看待死亡，领悟生命的本真。

　　其三，开启文化经典教诲生命的智慧。在当前的大众文化时代下，许多经典被拍成电视剧、电影、纪录片等，或者学者走出学府书屋为公众解读名著经典，甚至有人称之为"文化奶妈"。其中不乏优秀的作品如87版《红楼梦》、《平凡的世界》等电视剧，它们有利于文化经典的普及和传播。然而毕竟这些以大众文化作品呈现的文化经

---

　　① 刘慧：《陶养生命智慧——社会转型时期教育的一种价值追求》，教育科学出版社2008年版，第55页。

典是经过二次加工完成的，融入了加工者个人化的理解和心得，可能会使经典失去真实面目。因此，我们鼓励大学生亲自阅读经典，聆听原汁原味的生命教诲，从中得出自己个性化的感悟。

（三）把握时尚文化的生命意蕴

"所谓时尚，就是一个时期的风尚，这种风尚涉及生活的各个方面，如衣着打扮、饮食、居住、交通等生活方式，以及情感表达方式与思想方式等。"[①] 时尚是一种社会文化现象，时尚本身可以视为时尚文化。大学生思维活跃，包容性强，对新鲜事物保持好奇之心，是"时尚易感群体"。在生命价值观教育中，识别时尚文化的"生命意蕴讯号"，使个人发展空间得以扩展，生活情趣得以陶冶，以体验生命，超越生命。具体说来，有以下两点：

其一，利用时尚文化的丰富性，引导大学生体验生命。时尚文化表现形式多样，风格混杂，涉及各个方面，如消费时尚、语言时尚、饮食时尚、运动时尚等，为大学生提供丰富而有磁性的"文化场域"。体验可视为人的存在方式，它"可以使外界的客体真正进入生命，成为生命的一部分，使生命获得丰富"[②]。我们在享受时尚文化的丰富姿态时，应当引导大学生积极激发生命体验，孕育生命关怀，焕发生命活力。从倡导绿色理念、合理膳食的饮食时尚中珍惜生命之源，崇尚生命本真；从当前流行的中国风热潮中感受传统文化的魅力，汲取生命养分；从瑜伽时尚中追求人与自然的结合，体验身心和谐的艺术；从街舞时尚中感受到青春的活力，体验创造的幸福；从滑板运动时尚中不断获得高峰体验，享受到成功的喜悦。总之，大学生在品味丰富的时尚文化中获得启迪、陶冶，关注自身的体悟，丰富生命，发展生命。

其二，利用时尚文化的新奇性，启发大学生超越生命。时尚文化以新奇性著称，其保持生命力的源泉在于不断造就新奇、不断创新和超越，即新一轮的时尚形式必须更加新奇方能替代和超越过季时尚。

---

① 莫林虎等：《大众文化新论》，清华大学出版社 2011 年版，第 211 页。
② 刘济良等：《生命的沉思——生命教育理念解读》，中国社会科学出版社 2004 年版，第 102 页。

生命"是一个向未来开放、向各种可能性开放的超越性过程"①。时尚文化的新奇中孕育着创新和强烈的个性，我们在为时尚文化的新奇性惊叹时，应当把握其中蕴含的超越生命的精神和勇气，追逐积极向上的生命状态。当举国上下为北京申办 2022 年冬奥会的成功欢呼雀跃时，一种冰雪运动时尚即将在华夏大地悄然掀起，在冰雪运动中，人们会勇于面对挑战，享受攻克难关的高峰体验和超越毅力、耐力的满足感，在超越生命中冥思生命的意义与价值。

（四）挖掘影视文化的生命情感

影视文化即电影电视文化。"狭义的影视文化，应当体现为'影视艺术'，即以相对完整、相对独立的电影、电视艺术作品为主体的影视存在形态"，"而广义的影视文化应当是体现为电影、电视全部的存在形态"。②影视文化兼容并蓄，博采众长，集多种艺术于一身，是现代人无处不在、无时不有、无法离开的"社会空气"，在大众文化诸多形式中占有十分重要的地位。当今大学生成长和浸润于欣欣向荣的影视文化中，甚至将其作为一种生活方式，正如美国未来学家阿尔温·托夫勒在《力量转移》一书中将大学生称作"荧光屏育成"的一代。

影视文化亲近平凡人生，品读世间百态，关照普通人的情感，展现芸芸众生的喜怒哀乐，是大学生识读生命、认识社会、了解世界的窗口。在耳濡目染的接触中潜心挖掘影视文化蕴含的生命情感，促进个体对自我生命的确认、悦纳、珍爱，增强对生命意义的体味、沉浸，达到对他者生命乃至整个生命世界的同情、关怀，使生命个体在润物细无声般的境地中得以滋润、舒展和厚实。优秀的影视作品流淌着人文关怀的元素，散发着人性的光辉，使拓宽生命情怀、丰富生命情感成为可能。《当幸福来敲门》中的男主人公面对生活的重重考验，勇担责任，坚强自信，展示了昂扬向上的韵致，舒展了生命之美，从中大学生可以体味一个平凡人物的奋斗历程，坦然面对人生的各种境

---

① 衣俊卿：《人之存在与哲学本体论范式——兼论马克思哲学的本体论意蕴》，《江海学刊》2002 年第 4 期。

② 胡智锋：《影视文化论稿》，北京广播学院出版社 2001 年版，第 53 页。

遇，增强感知和创造幸福的能力，思忖人生的意义和幸福的真谛；中国首档电视公开课——央视综合频道播出的《开讲啦》，邀请各行各界的知名人士以真诚、平等的姿态和青年分享、交流自己的成长感悟和生命体验，从中大学生可以汲取高扬的青春正能量和真实而丰富的生命营养；《感动中国》栏目坚持十余年，诠释了现实生活的榜样，创造了"中国人的年度精神史诗"，从中细细品味，体验生命对心灵的震撼，聆听生命的律动和激扬，它是一种力量，催人超越自我生命，关怀他人生命，承担社会责任。

（五）实现偶像文化的生命激励

偶像文化是指"人们在进行偶像崇拜活动过程中所创建的一整套包括思想观念、物质财富以及实践模式的总合"[①]。偶像文化是随着大众文化的发展日益兴起的，是大众文化的一种特殊表现形式。大学生是追捧和推崇偶像文化的主要群体，深受偶像文化影响，而偶像的力量是无穷的，它展示的巨大号召力和鼓舞力往往是家庭、学校和政府行为无法匹敌的。偶像身上所代表的道德情感和时代活力深刻地寓于具体事例中，易于被接受和仿效，能够产生正能量。因此，在大学生生命价值观教育过程中，要充分发挥偶像的价值坐标和精神激励功能，激发生命斗志，指引生命方向。

其一，利用大学生偶像崇拜的心理投射，觉醒自我意识，塑造健康人格。偶像崇拜似一面镜子，既体现了崇拜者对偶像的仰慕或迷恋及成长的心灵寄托，又在一定程度上潜在地映射了崇拜者内在的生命价值意识、观念、态度和看法，偶像选择本身是大学生表达自我的诉求方式。"认识你自己"是刻在古希腊德尔斐的阿波罗神庙的箴言，是一种意蕴深长的智慧。我们可以利用这种心理映射在实践中增强自我认知和体验，强化自我控制，为觉醒自我意识、塑造健康人格提供精神发展空间。

其二，利用大学生对偶像的认同心理，激励其树立理想，催发斗志。有人说，偶像是心中的一座山，这座山伟岸而深沉，承载着崇拜

---

① 覃雪源、陈鹤松：《论偶像文化对大学生成长的影响》，《湖南第一师范学院学报》2009 年第 5 期。

者对偶像的认同。我们可以利用这种珍贵的认同，引导大学生描绘未来为之奋斗的样板和蓝图，激励他们学习偶像为梦拼搏的斗志和勇气，帮助他们明确在成长的道路上的灯塔和方向。正如微软创始人比尔·盖茨曾说："在我的一生中有两大爱好，除电脑之外，就是阅读有关伟人的传记作品。通过阅读这些传记作品，我为自己找到了奋斗的目标和前进的方向。"① 这是偶像文化的精神价值所在。

其三，克服大学生对偶像的盲目崇拜心理，以理性之光汲取生命激励。霍尼曾说："人在追求理想自我的时候，会夺取和耗损建设性力量，从而疏远和脱离真实自我。"② 当今有些大学生对偶像崇拜呈现绝对化、盲目性、肤浅化倾向，更有甚者在崇拜和迷恋中迷失自我。对此，我们应引导大学生持有批判性思维，全面、客观地看待自身的偶像，取其精华，去其糟粕，深入挖掘偶像内在的人格魅力，以理性之光实现一个生命对另一个生命的激励、超越。

总之，在大众文化泥沙俱下但又蓬勃发展的今天，在大众文化的多种文化样态良莠并存而又欣欣向荣的当下，我们需要以谨慎而理智的目光审视这一文化类型，以开放而清醒的心态对待它的具体文化样态，将大众文化作为大学生生命价值观教育的有效载体，深入挖掘其蕴含的价值功能，吸收具体样态中的生命营养，发挥其潜在的巨大教育力量，增强大学生生命价值观教育的有效性和针对性，使大学生在接触如"社会空气"般存在的大众文化的过程中体验生命、感悟生命、润泽生命、升华生命，形成积极向上的生命价值观。

---

① 莫克、李群：《做"比尔"的同时做"保尔"》，《青年参考》2002 年 11 月 6 日。
② 转引自车文博《弗洛伊德主义论评》，吉林教育出版社 1992 年版，第 793 页。

第六章 大众文化影响下大学生生命价值观教育的内容与方法

　　大众文化在当代中国的兴起与发展，广泛而深刻地影响着人们的价值观念、思维方式、行为习惯与生活状态。大众文化的简单、快速、时尚、新颖和娱乐性决定了它的主要消费群体是青少年。青年大学生作为大众文化的主要传播者和消费者，沉浸在大众文化先进资讯与海量信息的浪潮中，享受着、思考着、迷茫着并挣扎着。面对"五色使人目眩，五音使人耳聩"的文化产品，当代大学生的理性思维、审美情趣、价值判断与生命智慧都受到考验。作为当代大学生生命引领的生命价值观教育，有必要也有能力担负起新的文化背景下生命价值观批判与重构这一时代所赋予的"新的重要使命"。

第一节 大众文化的渗透丰富了生命价值观教育的内容与方法

　　生命价值观是人们认识生命、面对生命、评价生命价值所持有的根本观念。这种观念，既凝结着以往生命体验与生命价值的实践经验和感受，又反映着人们对当下生命价值问题的根本立场、观点、态度和看法。由于价值观与文化的密切关系，文化就成为影响价值观形成的最为直接的因素。大众文化作为当代文化的重要表现形式，作为一种生活方式存在于现代大众的现实生活中，它所倡导的生命态度、生活理念、价值取向、行为规范深刻影响并改变着当代大学生对生命真、善、美的认知与追求。以大学生这一特殊生命群体为对象的生命价值观教育，作为一项以人为本、直面生命的社会实践活动，面对着大众文化的全面渗透，要引导人的生命健康发展，实现教育的根本目的，必将根据其教育主体与教育对象的变化，既要遵循大学生生命自身的发展特点，又要遵循特定时代社会发展的要求，进而在教育的内容、方式、方法上不断做出新的选择与创新。

一　大众文化境遇下生命价值观教育的价值新期待

所谓价值，是指在人的社会实践活动中，客体的存在与属性以主体的需要为尺度而建立起来的一种客观的主客体关系。[①] 而价值期待则是一种价值评价，指主体对客体能够满足自己某种需要的预期性评价，是对客体对于主体的未来意义的肯定性评价，是对主客体之间价值关系的应然状态的认识。[②] 生命价值观教育的价值期待就是社会和个人对其促进社会进步和个人全面发展的效用和意义的预期性评价。一直以来，有关人"生从何来，死往何去"的追问和对生命及生命价值的认识和思考，是千百年来人类不断追寻和探索的生命之谜。对个体生命的关注及其生命教育的兴起指涉一场深刻的精神变革，这种变革不仅事关个体的生存依据，而且直接指向个体生存方式的转换。在我国，生命教育作为一个现代教育的概念的提出与关注始于改革开放的历史背景之下，中国社会在政治、经济、思想、文化、社会生活等领域发生了翻天覆地的变化，这种变化改变着人们在社会生活中的地位和生存方式，也带来了生命价值观教育在呼唤和发展个人主体性、尊重和维护生命的存在与尊严、寻求和探索生命的价值与意义等向度的价值期待。随着大众文化的兴起与全面渗透，作为大众文化主要消费群体的青年大学生，在大众文化的裹挟与熏染中，逐渐放逐了对心灵世界的追寻与关照。而大学阶段又是生命进程中世界观、人生观、价值观形成和发展的关键时期，当代大学生对生命主体的忽视与遮蔽、对生命责任的淡漠与遗忘、对生命价值认知的偏执与混乱、对精神追求的消解与缺失带来对大学生生命价值观教育的价值新期待。

---

① 梅萍等：《当代大学生生命价值观教育研究》，中国社会科学出版社 2009 年版，第 14 页。

② 聂丽琴：《大众文化境遇下思想政治教育价值期待》，《内蒙古师范大学学报》（教育科学版）2013 年第 9 期。

（一）引领大学生对生命主体的呼唤与觉醒

生命是世界存在和发展的基础，有生命的个体的存在更是人类历史的第一个前提。在此，"生命"不是抽象的"生命"，而是具体的、现实的、活生生的个体的人的或物的生命。没有了承载生命的现实的人或物，任何生命都是无本之木、无稽之谈。可以说，承载生命的主体是生命存在与发展的根本，谓之生命之本。马克思指出："全部人类历史的第一个前提无疑是有生命的个人的存在。"[①] 以人为主体的生命存在，不但需要以物质能量交换为基础的自然生命的维系，而且需要源于自然生命又超越于自然生命的有情感有尊严、有价值有追求的生命主体性的张扬与展现。

主体性是生命主体的内在规定性，是在实践活动中、在与环境相互作用时表现出来的能动性、自主性和创造性。作为生命主体的人，不仅是个性鲜明、有血有肉的客观实体，也是感性的、现实的、历史的、能动的实践存在物。正如马克思所言，人"作为有生命的自然存在物"，无疑是"具有自然力、生命力，是能动的自然存在物；这些力量作为天赋和才能、作为欲望存在于人身上"[②]。主体性既是人的一种内在要求，又是人的本质力量的一种感性显现。主体性发展得越好，人的发展就越积极主动，发展的效果就越好。人的全面发展的过程实质上也是人的主体性、主体地位的生成、完善和不断提升的过程。

因此，作为生命主体的青年大学生，不仅拥有着生命发展历程中生命机能最为旺盛的代表着青春和活力的自然生命的绽放，也表现为在感知和探索外在世界的过程中作为年轻生命的主体所展露出来的勇敢、创新、自主和能动。然而，在大众文化潮流中，大众文化产品的批量生产，大众宣传媒介的无所不在，使大众文化无孔不入地渗透进当代大学生学习生活的方方面面。看不完的电影大片，听不完的流行歌曲，玩不完的网络游戏，说不完的新鲜词汇，赶不完的流行时尚，年轻的青年学子如浮萍一般漂游、沉浮于在大众文化温情浪漫、奇异

---

① 《马克思恩格斯选集》第一卷，人民出版社1995年版，第67页。
② 《马克思恩格斯全集》第42卷，人民出版社1979年版，第167页。

刺激的洪流之中，顾不上反思，来不及追问，缺失了自我。他们溶解于对娱乐对象的享受中，习惯了被动地接受外界填塞的各色图像信息、思想观念，并用接受的观念来指导自己的思维和言行，他们没有意识到自身已被新的尺度、标准、观念控制了，甚至认为生活本应该就是这样；他们在越来越平面化的文化模式中逃避现实，沉溺于毫无思想的享乐与现存认同，失去了自主的认识与思想的深度，作为青年大学生本应激发的主体性逐渐被消解。

"人的全面发展"是马克思一生始终关注的一个重要问题，而人的全面发展的过程实质上也是人的主体性、主体地位的生成、完善和不断提升的过程。在人的主体意识、主体性生长的过程中，教育是激发与引导人们主体成长的重要因素。马克思曾明确指出，教育"不仅是提高社会生产的一种方法，而且是造就全面发展的人的唯一方法"①。那么，在当前大众文化背景下，在财富、权力、娱乐被许多家长和学生看作人生追求的目标与价值的空间中，大学生生命价值观教育该如何建立与生命成长相契合的教育观念与内容、如何激发年轻大学生生命的激情与活力被赋予新的价值期待。

（二）促进大学生对生命责任的直面与担当

生命之责，即个体生命存在、发展于人类社会中所应承担与面对的责任。那么，什么是责任呢？通俗而言，责任是指我们分内应做的事，是生命个体和群体组织所应承担的职责、使命和任务，是不可推卸、不能回避的。生命与责任不可分割，生命的产生由不得自我，但对于生命如何存在，自我必须负责，可以说，生命本身就是一种责任。马克思和恩格斯曾经明确指出："作为确定的人，现实的人，你就有规定，就有使命，就有任务，至于你是否意识到这一点，那都是无所谓的。这个任务是由于你的需要及其与现存世界的联系而产生的。"②纵观古今，人类之所以能从茹毛饮血时代走向刀耕火种，迈开了人类文明的第一步，是因为我们的祖先把种群的壮大当作责任；之所以有古时的金戈铁马和流传千古的英雄传说，是因为我们的先辈们

---

① 《马克思恩格斯全集》第 23 卷，人民出版社 1972 年版，第 530 页。
② 《马克思恩格斯全集》第 3 卷，人民出版社 1960 年版，第 329 页。

把开创太平盛世当作生命的责任；之所以有近代的一次次变革与流血牺牲，是因为那些仁人志士们始终把国家的进步与富强当作自己的责任。应该说，是责任驱动了人类的进步。我们每个人生命的每一分钟，不管是学习、工作，或是生活，无不与责任紧密相连。

大众文化的兴起和发展，得益于市场经济在我国的确立与繁荣。市场经济提倡人的独立、自主、公平与自由，生命个体的主体地位与自主意识，得到了前所未有的复苏、肯定与张扬。但是，由于市场经济的趋利性，由于大众文化的商业性特质，个体本位、个人价值、个人实现、个性张扬充斥其中、大行其道，个人主义价值观开始上升，责任意识逐渐淡化。在许多大学生的生命价值观谱系中，个人的需要重于他人的需要、个人价值重于社会价值、个人实现重于社会责任、个人梦想重于国家重托。相当一部分大学生唯我独尊，个人至上，不会合作与共处，缺乏必要的包容与宽阔；相当多的大学生不再追求远大与理想，不再关注他人、集体和社会，缺乏必要的责任与担当；还有个别大学生面对挫折和困难，一意孤行，轻易剥夺他人或自我生命。2005 年 8 月 20 日下午 4 时多，中国科学院上海有机化学研究所在读博士生孟懿因"厌世，想偷懒，精神抑郁"（遗书留言），从就读的教学楼纵身跳下，正值青春年华的 26 岁生命消失了。其父在收到儿子的遗书后，含泪给逝去的孩子写了一封信："孩子啊，如今你不负责任地走了，你给家人带来了极度的伤心和痛苦，今后你的老爸老妈将要在痛苦和悲伤中惨度余生了！孩子啊，你愧对含辛茹苦养育了你 26 年的老爸老妈和培养教育你的老师，孩子你不该啊！你死得太不值啊！"

生命与责任，如同鱼和水，两者密不可分，生命是责任展现的基础，责任是生命存在的理由。每一个人都在人生中履行着责任，同时在责任中走过人生。在现实生活中，当人们过分强调自我，纠缠于自我的悲欢与得失，丢掉了对他人和社会应该承担的责任与义务，淡化了对他人和社会应做的付出与贡献，就会渐渐迷失自我的方向，沉迷于狭隘封闭、自私自利的心理空间，无法真正体会生命的价值，难以享受生命因责任与奉献而带来的幸福与意义。因此，开展生命价值观教育，就要唤醒大学生的生命责任意识，激励大学生勇敢面对生命过程中的挫折和挑战，使其认识到爱护自己的生命、尊重他人生命是最基本的生命道德底线；就要唤醒大学生承担起对自我、家庭、社会和国家的责任，努力学习、积极向上、目标高远、充实坚韧，把关心他人、关心集体、服务社会当作一种自觉的行动和品格。

（三）协助大学生对生命价值的梳理与澄清

青少年时期是社会人格形成的关键时期，每个人在这时期均会形成自己的人生价值观，并以此判别是非对错。在很多情况下，青少年的价值观来自自身以及身边的老师、同学、亲戚、朋友等现实社会生活的意义与经验，而意义与经验又源于文化的熏陶和感染。大众文化所蕴含的现代文化意识强化了青年学生的民主参与、独立自主、公平公正、竞争求先等主体意识，为他们健康人格的塑造发挥了重要作用。但是大众文化的娱乐性及其所体现出来的对物欲和感官享受的过度追求又冲击着主流文化、淡化着意识形态、排挤着高雅文化、消解着人文精神，削弱了中国传统文化所蕴含的价值理念与道德规范，使人们固守的善恶观失去了原有的效力，如诚信观、义利观、荣辱观、权力观、婚姻观、集体观等已"物是人非"，道德相对主义和虚无主义在青年人中盛行。"理想似乎等于幻想甚至于狂想，因而'耻言理想'；信仰似乎等于迷信或盲从，因而'嘲弄信仰'；道德似乎等于迂腐甚至愚笨，因而'蔑视道德'；崇高似乎等于虚伪甚至是愚弄，因而'躲避崇高'；传统似乎等于废品或垃圾，因而'拒斥传统'；规则似乎等于枷锁或桎梏，因而'不要规则'……耻言理想，嘲弄信仰，蔑视道德，躲避崇高，拒斥传统，不要规则，于是变成了'什么都行'。"① 很多年轻人被功利价值观绑架，痛苦地做着自己不喜欢的事情，拼命追求自己批判的东西，久而久之这会让社会和个人都陷入一种精神分裂的状态。

面对这种状况，教育负有神圣不可推卸的变革使命。依据德国文化教育学派的观点，教育之所以为教育，是因为它是对人格心灵的唤醒。人格心灵的唤醒意味着人的价值感和生命感的解放，使人成为一个活生生的有独立思考能力的人。雅斯贝尔斯在《什么是教育》一书

---

① 孙正聿：《探索真善美》，吉林人民出版社 2007 年版，第 132 页。

中提出：教育过程首先是一个精神成长过程，然后才成为科学获知过程的一部分。特别是价值观教育，更加是一个引导学生辨识、澄清价值选择的过程。这种教育的过程，不仅仅是向学生灌输"正确的价值观是什么"，而更重要的是启发学生认识到"价值观和我们的关系"，从事价值观教育的目的是让他们更有能力通过现在去把握未来。在多元文化价值竞流与共存的时代背景下，教育更要成为一种追求"善"的活动，引导学生正确判断哪些事物和行为是善的，哪些是恶的；在促进人类生命成长的过程中，既要保持"善"的存在、发展、壮大，更要促使其"恶"的成分向"善"的方面转变，扬善去恶，发展生命良知。

（四）激发大学生对生命精神的祛魅与舞动

人最宝贵的是生命，生命对于我们每一个人来讲只有一次。生命之于人类，不能简单地由其生物性来规定，人之生命的本质和高贵更在于孕育其中的精神和气度。在人生四季自然而有力的舒展中，生命也在人生发展的不同阶段洋溢着生命之"精神气儿"。在此，所谓生命之气，是指年轻生命之朝气、中年生命之睿气、老年生命之仁气；是指在生命发展历程中，年轻大学生之生命所应有的浩然之正气、铮铮之骨气、勇往直前之锐气、面对困难挑战之勇气，以及"为中华之崛起而读书"之志气！

毛泽东同志有句名言：人，总是要有点精神的。这个精神，它是一种思想信仰，是一种品格修养，是一种理想信念，是一种人生态度，是一种气概情怀，是一种不甘屈从、不甘平庸、不甘得过且过的血性和品节。一个时代有一个时代的精神气节，一个国家有一个国家的精神信仰。人无精神不立，国无精神不强。一个民族要有点精神，否则就会失去脊梁，不能自立自强；一个家族要有点精神，否则就会家业衰败，一代不如一代；对于一个人而言，如果没有一种积极向上的精神，没有一种使命感、责任感的激情，就会不思进取、得过且过，生命就会失去其存在的价值和意义。

大众文化是一种消费性、娱乐性的文化，具有商业特性和文化特性双重属性。在大众文化的现实发展当中，市场化的运作方式往往使得文化产品的商业特性与文化特性发生矛盾甚至相互背离。为获取最大限度的市场利润，大众文化产品的生产者和经营者往往以娱乐性、庸俗性甚至低俗性的文化"品位"刻意迎合受众，而大众文化的内在人文精神特质则在"利益驱动"的原则下被弃置、被消解。在大众文化的熏染中，青年学子感知着、享受着种种反现实的、"虚幻性"的"世界图景"，没有什么好坏优劣的选择，认为能够带来快乐感受和轻松感觉的就是好的。他们放弃了对人生价值、意义的深度思考，忘记了对民族、国家大义的理性观照，逐渐沦为一种纯粹感性的人、平面的人、日益被物化的人，而生命所应有的精神气度在随之不断地萎缩和湮灭。

泰戈尔说过：教育的目的应该是向人类传送生命的气息。从生命教育的意义而言，教育要尽最大可能去帮助每一个生命个体具有主动承担生命的理性自觉，要引导那些充满活力、蓬勃向上的年轻生命超越现实的物欲满足，超越生命自身的时空限制，让每一个个体在尊重生存的历史社会基础的前提下，获得精神的提升，得到人生的幸福，实现个体生命的意义与价值。

二　大众文化渗透拓展了生命价值观教育的思路与方法

人是文化的存在物，对于人而言，文化具有解释生活、诠释生命的特殊价值，人类正是借助文化表达他对生活的思考，对现实的追问。大众文化借助文化环境的日益宽容、大众传媒的技术支撑、青年群体的需求变化而快速发展壮大，为新的条件下开展大学生生命价值观教育拓展了更为丰富的思路与方法。

（一）内容选择的通俗性与精神性相结合

人类生命首先是一个肉体的自然生命的存在，然后才是人类精神生命的存在。自然生命是生命存在的物质载体，精神生命是自然生命的超越与提升。根据马斯洛需要层次理论，人的自然生命的物质欲望是生命最基层的需要，同时也是最强烈、最优先满足的需要。当自然生命需要得到满足，人们又会游离出、创造出新的更高层次的需要，但当人的高级需要得不到满足时，会反过来加倍追求低级需要的满足。因此，从人类生命本质而言，生命不仅是一种"饮食男女"的自然的生存，表现为肉体本身所具有的生物学意义上的自利性、受动性、有待性和有限性，人更是一种精神的追求，表现为对理想、道德、精神、信仰的执着。

反观大众文化的发展轨迹，可以看出大众文化的快速发展和全面渗透与大众文化内容选择的通俗性、文化主体的平民性紧密相连。大众文化是大众能够直接参与的文化，大众既是大众文化的接受者，同时也是大众文化的参与者和创造者。大众对大众文化的接受，是在日常生活中进行的。大众文化反映着人们的喜闻乐见，迎合了民众在繁重的工作和生活后渴望放松和消遣的社会期待。同时，大众文化以其平民化的视角触及生活，自由、平等地向所有大众开放，日常生活成为大众文化的重心，日常生活化的文化特征消解了主流话语霸权，打破了文化的等级界限，引发了个体生命活动更加丰富化、动态化、开放化，从而使人的主体性、自觉能动性得到了显著提升。大众文化正是在对大众生活的现实反映、积极回应之下迅速走向繁荣。

那么，在大众文化全面渗透的背景下，如何更为有效地进行大学生生命价值观教育呢？就是要做到内容选择的通俗性与精神性相结合。通俗性，就是以生命为教育的元点，从生命自身的特性出发，从生命发展的现实需要出发，从个体生命的成长规律出发，从个体生命当下状态与所处的生存环境出发，利用大众文化的平民化视野、生活化特征，采用通俗易懂、喜闻乐见的方式对大学生进行生命认知教育、生存技能教育、生活情趣教育等，引导其接纳生命历程的挫折与困顿，感恩生命的存在与丰富。精神性，就是生命价值观教育要契合大学生个体精神生命成长与培育的需要，唤醒个体生命的生命主体意识，树立其生命信仰，明确其人生目标，提升其生活品质，引导生命个体在纷繁复杂的现代社会中直面生命之责、澄清生命之善、激活生命之气。通俗性与精神性相结合，才能扬大众文化之长，避大众文化之短，推动大学生生命价值观教育的有效开展。

（二）呈现形式的多样性与可参与性相结合

大众文化的快速发展与全面渗透，从表现形式上而言，主要得益于两个方面：一是文化形式的多样性，契合了现代社会人们的心理需求；二是文化形式的可参与性，满足了人们的主体需要。

改革开放给中国带来了持续快速的经济发展，人们的物质生活日益丰富与提升。但同时，终日的繁忙、激烈的竞争、生活的多变、节奏的急速也给人们带来了生活生存方面的巨大压力，人们的精神时时处于一种莫名的紧张、焦虑、压抑、沉重、烦躁，甚至空虚和无奈之中。此时，严肃单一、偏重教化的主流文化、高雅文化形式已经不能满足现代社会人们的内心需求，大众文化以其多样性、娱乐性、直观性受到人们前所未有的欢迎与接纳。轰动一时的《超级女声》是对含蓄、内敛、隐忍的一种宣泄，"想唱就唱"是对长期被压制的张扬。摇滚音乐的兴起，表达着自主与反叛，启发的是一种回归肉体的快乐和美感。更有通俗小说、电影大片、电视剧、流行音乐、各种动漫符号等多种文化形式渗透于人们生活与情感的方方面面。大众文化以其多种形式扑面而来，给人们带来了身心的休息与放松、情感的发泄与抚慰、逃避现实焦虑的轻松与愉悦。大众文化所具有的这种心理抚慰功能，以及大众文化的多样性、娱乐性、直观性的呈现形式，使之成为当代大学生生命价值观教育的重要载体。

另外，大众文化作为现代科技和市场经济充分发展的产物，可以说是有史以来人类最广泛参与的文化实践形式。传统农业社会，少数文化人掌握着文化话语权，把一种自觉的精英文化强加于普通民众的生活，人们没有选择和参与的权利；现代社会，大众文化打破了精英文化的垄断，以娱乐文化、通俗文化和网络文化等形式进入到文化世界，使广大民众作为主体真实地参与到各种文化活动中来，既有利于文化创作形式的多元化，也有利于大众对现实利益的充分表达。仍以《超级女声》和《快乐女声》为例，节目的成功与其所倡导的"给大众提供表现的舞台"这一创作理念密不可分，不论出身高低、不论教育层次、不论贫富贵贱，只要相信一个口号"想唱就唱"就可以参与到文化活动中来。在此节目成功的影响下，全国各地出现的台上台下互动的"群众舞台"类节目越来越多，如中央电视台的《星光大道》、《出彩中国人》、《挑战不可能》等节目，无一不展示着一种不可遏制的主体性参与。在大众文化背景下，生命个体的主体地位与自主参与意识，得到了前所未有的复苏与肯定。这些都为大学生生命价值观教育如何提升学生的主体性、发挥学生的主体性提供了新的思路和方法。

（三）传播方式的现代性与独特性相结合

相对于书信、电视、广播、报刊等传统媒体而言，新媒体是建立在数字技术的基础上，通过网络、无线通信等媒介，利用计算机、手机、数字电视机等终端，为人们提供信息和服务的传播形态。随着新媒体时代的到来，新媒体技术已经渗透到人们生活的方方面面。在新媒体时代，高度开放性、自由性与双向性的网络社会，使得人们可以自由地、无时间和地域限制地进行互动与交流。

现代传媒的高速发展和普及为大众文化需求的满足提供了物质载体，可以说，大众文化在国内的迅速传播与普及，与报刊、电影、电视等传统媒体的传播密不可分，同时，微信、微博、论坛、短信、QQ、网络等现代传媒更功不可没。现代媒体以其自由灵活、图文共茂为公众提供了一个更为平等、民主、快捷的信息交流与互动平台，大众文化充分运用现代科技手段，实现着主题表达与文化形式的统一。2009年，电影《阿凡达》的超高票房及都市人群的狂热追捧，恐怕是任何一个影评人都想象不到的，这部电影从高科技特技的制作到"3D电影院"的欣赏，无不带有最新科技与最新时尚消费的双重符号。而当前众多选秀互动节目的热播，更离不开手机短信互动、网络迅时传播等现代媒体的联通作用。值得一提的是，大众文化在充分享用现代技术盛宴的同时，也在着力开发着电视等传统媒体的独特作用。在传统媒体中，电视因其特有的传播优势，如直观、声像兼备、覆盖面大、传播速度快等，一直都被视为大众文化传播领域的主角。中国足球甲级联赛如不借助电视与央视媒体，就不会吸引那么多现场观众，更不会在公众中造成强烈的影响。大众文化因其传播方式的现代性与独特性而无处不在。

新媒体的兴起，大众文化传播方式的多样，提醒着我们在生命价值观教育方式与内容上也必须做出相应转变。一是打破课堂封闭状态，在网络、电视等媒介上构建生命价值观教育阵地。将教育内容渗透在鲜活的事件和现象的讨论中，在潜移默化中凸显理性声音，争取更多话语权，引导学生理解生活，形成积极的价值判断。二是注重图像的力量，改变传统单一的理论说教。运用多媒体教学手段和实践体验式教育方式，创造一种活跃、真实、生动的交流方式，让教学内容可见、可感、可触，调动学生的自主性与参与性，加深同学们对文字符号的深刻理解。

第二节　大学生生命价值观教育的主要内容

大学生处于生命成长的关键时期，大众文化的全面渗透对当代大学生的生命发展产生着更为直接和深刻的影响。教育是大学生生命价值观形成与发展的本体动力，教育是一种培养人的活动，是一项基于学生个体自然生命的直面生命并以提高生命价值为目的的活动。生命价值观教育是有层次的，直面自然生命之真是生命价值观教育内容的逻辑起点，能够帮助大学生正确认识生命、敬畏生命、感恩生命，时刻维护生命的尊严；关注社会生命之善是生命价值观教育的重要内容，能够培养大学生健康的生活方式、健康的情趣、健康的心理和健康的人际关系，提高生命的品质；提升精神生命之美和圣是生命价值观教育的最高境界，能够引导大学生探寻生命的意义、明确人生的目标、承担生命的责任、创造生活的幸福，真正过有价值的人生。生命的真、善、美、圣共同构成了生命价值观教育完整而丰富的内容。

一　敬畏生命：生命尊严教育

生命是世界上最美丽的花朵，是人赖以存在的物质基础，也是世界得以发展的现实载体。对于每一个个体来说，生命都只有一次；对每一个生命存在而言，生命都不可复制。生命是宇宙创造的奇迹，世界上最珍贵的只能是生命，所以生命伟大而值得敬畏。尊严则是人的生命形式所享有的、高于物和其他生命形式的一种特殊的尊贵和庄严。马克思说："尊严就是最能使人高尚起来、使他的活动和他的一切努力具有崇高品质的东西，就是使他无可非议、受到众人钦佩并高出于众人之上的东西。"[①] 敬畏生命就要激发起人的尊严意识，让人过上体面的、有尊严的生活。敬畏生命是对自然生命最本真、最基础的态度，只有敬畏生命，时刻维护生命的尊严，才会关爱生命与发展

---

① 《马克思恩格斯全集》第40卷，人民出版社1982年版，第6页。

生命。

（一）了解生命的珍贵：生命认知教育

生命，是宇宙中最生动、最复杂、最奇妙的现象。然而，"何为生命"却成为自人类进化以来最难回答的问题。千百年来，人们从未停止过对生命的探索。开展大学生生命价值观教育，首先要引导大学生科学、全面地认知生命、解读生命。生命是人在实践中形成的一个复杂、矛盾的有机整体，根据人在现实中生存所面对的各种关系以及生命在这些关系维度中的体现，我们意在从自然生命、社会生命、精神生命的视野进行探索与认知。

自然生命是人之为人的前提和基础。漠视和否认这一点，对生命本质的认识就会陷入唯心主义的幻想和抽象。要教育学生重新认识生命的自然特征，懂得生命的宝贵。马克思指出，"人是自然界的一部分"①，"人直接地是自然存在物"②，人的生命首先是一个自然存在物，像日月星辰、山川河流、鸟兽虫鱼一样，是整个大自然的重要组成部分，自然生命既是大自然给予的，又必须在与大自然的物质能量交换中得到完善、发展。同时，人作为一种高级的生物，不论如何进化都会一直保有一些生命属性，都需要一直服从生物本身的规律。如生命的体征与节奏、生命的生老与病死、生命的物质欲望与满足。根据马斯洛的需要层次理论，人的生存需要是生命最基层的需要，也是最强烈、最需优先满足的需要。在生命价值观教育中，认知生命，首先就应该看到自然生命短暂、脆弱、不可重复的特征，尊重生命的唯一；重视生命的价值，首先就应当肯定人的自然生命的价值，关注和保全人的自然生命。脱离生命的自然形式，生命便无法存在和延续，更谈何实现生命的价值。

社会生命是人之为人的本质特征。人不仅是自然存在物，展现着人和动物的共同性；同时，人还是一个社会存在物，具有社会本质。马克思指出，"人是最名副其实的社会动物"③，而且"只有在社会

---

① 《马克思恩格斯全集》第 42 卷，人民出版社 1979 年版，第 95 页。
② 同上书，第 167 页。
③ 《马克思恩格斯全集》第 12 卷，人民出版社 1962 年版，第 734 页。

中，人的自然的存在对他说来才是他的人的存在"①。由于个人是社会存在物，在社会中相互依存、相互作用，"因此，他的生命表现，即使不采取共同的、同其他人一起完成的生命表现这种直接形式，也是社会生活的表现和确证"②。"孤立的一个人在社会之外进行生产——这是罕见的事。"③ 正是由于人的社会存在、社会属性的影响和作用，才能把人和其他动物区别开来，人才真正地属于人的存在。作为社会存在，生命的价值在于责任与担当。每个人都生活在一定的社会关系中，承担一定的社会角色，背负一定的权利和义务。每个人的需要，从来都要靠社会的存在才能满足；每个人的价值实现，除了个体的个人努力，还要看个人价值与社会现实的契合程度，只有把个人价值放在社会发展的责任领域中，才能体现出自身价值的大小。每一个生命个体，不仅要担当自身，还要担当社会；不仅要担当现在，还要担当历史与未来。每一个人的生命，不但是个人的，也是家庭的，更属于社会和人类。人，不仅要尊重自身的生命，还要尊重他人的生命；不仅要追求自身的幸福生活，还要尊重他人的幸福生活。因此，责任是一种与生俱来的使命，它伴随着每一个生命的始终，是生命价值的体现。

精神生命是人之为人的超越性存在。对于人类个体而言，生命不仅是一种肉体的自然存在，更是一种精神的追求与存在。马克思指出："动物和它的生命活动是直接同一的。动物不把自己同自己的生命活动区别开来。它就是这种生命活动。人则使自己的生命活动本身变成自己的意志和意识的对象。他的生命活动是有意识的。……有意识的生命活动把人同动物的生命活动直接区别开来。"④ 由此看见，人与动物之间最大的区别就在于人是有意识的，能意识到生命的能动与创造，能感知生命活动的超越与意义。作为人类生命的存在，活着不仅仅是为了满足生命的自然需求，还要追求超越自我的价值。人类通过一系列的生命活动在社会实践中认识和改造自身生存条件，实现自

---

① 《马克思恩格斯全集》第 42 卷，人民出版社 1979 年版，第 122 页。

② 同上书，第 122—123 页。

③ 《马克思恩格斯全集》第 12 卷，人民出版社 1962 年版，第 734 页。

④ 《马克思恩格斯全集》第 42 卷，人民出版社 1979 年版，第 96 页。

己的情感、道德、理想、信仰、价值等精神追求。有了生命的精神存在，人才会确立一个独特、有存在意义的自我，才会超越生命肉体，走向精神永恒。人虽然来自物，却能超越于一切物之上，人是自然生命的存在，却又超越了自然生命的局限，这正是人类的奥秘所在。

总之，生命价值观教育首先是生命认知教育，认知生命的独特与唯一，认清生命的依存与担当，认识生命的理性与超越，从而敬畏生命，发展生命，提升生命。

（二）尊重生命的有限：死亡教育

个体的生命是一个有限的存在，这种有限性首先表现为自然生命存在时间的有限，自然生命在其发展终端存在着不可改变的必然结局——死亡。死亡是生命的终点，正是因为生命历程中死亡的存在，才显示了生命存在的珍贵；正是因为人们意识到死亡的必然和生命的短暂，才越发珍惜当下的存在和对生命的珍爱。

长期以来，科学规范的生死教育在我国学校教育中几乎是空白的。正是因为死亡教育的长期缺失，加之当代大学生长期生活在和平优越的环境中，绝大部分大学生缺乏对生存艰难与死亡恐惧的认知与体验，相当多的青少年不理解死亡究竟是怎么一回事，人为什么会死，生与死的关系如何，怎样避免不必要的死亡，怎样正确对待死亡，等等。一些大学生对死亡表现出极端的恐惧、害怕；有的则认为死亡只是一场游戏，根本不算什么。一些大学生之所以轻易地处置自己或他人的生命，并不是因为他们不懂得生命的宝贵，而是不知道也没想过死对他们自己和他们的亲人意味着什么。将自杀与杀人作为解决问题的手段，死亡成为解决问题的最终方式。正因为一些大学生不能正确地看待死亡，他们也就不可能正确地理解生命，大学生死亡意识的缺乏其实就是他们生命意识的缺乏。因此，在大学生生命价值观教育中开展死亡教育既是人类生命的本体之需，也是引导大学生正确地认识与理解死亡，树立科学的生死观，促使大学生珍爱生命、提升生命质量、积极筹划有限人生的重要途径。

具体而言，死亡教育主要包括以下主要内容：

1. 死亡的本质

教育作为一种指导生命发展的活动，它的一个重要职能就是教人认识死亡的本质，如什么是死亡，如何避免不必要的肉体死亡，怎样看待不可避免的肉体死亡等。通过死亡教育，揭开死亡的神秘面纱，使同学们明白，死亡乃是一种正常的自然现象，与生一样都只是自然变化流程中的必然环节，如花开花落、草长莺飞是自然规律的自然体现，而非神灵操纵的偶然事件，对待死亡应坦然面对，不必无端畏惧。同时，死亡对每一个人来说都具有不可避免性、终极否定性和不可逆转性。死亡既是个体生命的一部分，又是一个人生命发展的必然终点。它是对个体物质生命的终极否定，并且不可逆转。因此，对于每一个人来说，生命只有一次，生命一旦丢失就无可找回，死亡以其无与伦比的无情与冷酷警醒着生命的有限与宝贵。

2. 死亡的价值

正是由于死的存在，凸显了生命的短暂、有限与珍贵；也正是死亡的存在，赋予了生的价值和意义。诚然，死亡是生命发展的必然走向，但死亡的价值和意义不只是指向生命的毁灭，而更主要的是指向"生"的思考。假若能够长生不死，岂知人不会因为不死而视生命如草芥？那么生命又有何尊贵可言？存在主义哲学家帕斯卡尔说，人是世界上最脆弱的一棵苇草，但却是一棵高贵的苇草，因为人知道自己要死亡。正是由于人们对死亡有着明晰的自我意识，才会意识到生命的有限，才会有生活的紧迫感，才会珍惜当下生命的美好时光；人只有以死亡为参照，才能全面反观生命存在的意义，努力实现自己的人生价值，企望对死亡的精神超越。通过死亡教育的正确引导，可以促使大学生们在观照死亡的基础上，认识到生的珍贵，从而把生活的重心转移到对现实人生的关注上来，努力于当下，追求于"永恒"。

3. 求生的基本技能

随着大学生们生活的丰富与活动范围的扩大，高校中因游泳、失火、雷击、郊游等意外事故而导致死亡的事例时有发生。一部分死亡因事故发生的严重与急迫而无可挽回，另一部分则是因为当事者缺乏一些基本的求生技能而最终导致生命的死亡。因此，在死亡教育中，对大学生介绍一些特定情景中基本的求生技能很有必要。如突遇火灾自救常识、触电自救常识、如何高楼逃生、溺水时如何自救和救人、迷路时如何辨别方向、在特定情景中如何滤水净水、如何取水、野外伤病的急救常识，等等，都是大学生应该了解的基本求生技能。

4. 向死而生，努力当下

海德格尔曾言，只有向死而生、向死而在，才是本真的存在。在他看来，死亡并不外在于生存之外，而是内在于生存之中，意识不到生存的另一面——死亡，也就不可能领悟生存的本真。人们自"生"观"生"是得不到"生"的，只有以"死"观"生"才能"生"，只有以死观生、向死而在，我们才能更加珍爱所拥有的生活；才能更加豁达、宽宏大量，不以物喜，不以己悲；才能更加有计划地安排自己的生命，努力于当下，走好每一步，不让人生虚度。这样，当我们死之后，可以把思想留在世上，把情谊留在世上，把精神的产品留在世上。这就把"死"转变成了"生"的动力和求取的内容，寻获到生死的意义与价值。因此，向死而生并不只是强调"向死"，而更着眼于"向生"。

（三）感谢生命的恩赐：感恩教育

感恩是生命个体对于给予自己恩惠和益处的他人、社会和自然心存感谢并意欲回馈的一种心理活动和行为表现，是人之为人的基本道德品质和行为准则。感恩是中华民族的传统美德，"知恩图报"、"投我以桃，报之以李"、"滴水之恩当涌泉相报"等感恩理念是我们优秀民族文化的重要因子和灿烂瑰宝。习近平同志曾经讲到，有一颗感恩的心很重要，所有的人都要有感恩的心。感恩教育则是指教育者有目的、有计划地激发受教育者感恩情感、培育受教育者感恩品质，使其形成正确的感恩意识、健康的感恩情感和自觉的感恩行为的教育实践活动。感恩教育是促进当代大学生健全人格发展的重要方式。

随着社会经济的发展和社会文明程度的进步，绝大多数大学生都具有正确的道德观念和较强的感恩意识，对生活怀有感恩情怀并能做到知恩图报。然而，在市场经济和多元文化的冲击下，人们的感恩意识却在不断的争名逐利中被渐渐淡忘，部分大学生情感冷漠、自我意识膨胀，不知感恩为何物。在自我关系层面，不懂得照顾自己，爱惜身体，抗挫折能力差，漠视生命甚至伤害生命；在人我关系层面，漠视父母的养育之恩、老师的教诲之恩、社会的培育之恩，忘记了作为青年大学生所应具备的社会责任与担当，不愿意对社会给予一丝回报；在物我关系层面，不懂得感恩自然，破坏环境、乱扔垃圾、随意踩踏、虐待动物、资源浪费，缺乏最基本的保护环境、感恩自然的观念与意识。

感恩是一种积极的生活态度，心怀感恩的人看到的都是事物的美好的一面，内心充满正能量；而缺乏感恩之心的人看到的更多的是邪恶与消极的东西，内心总是悲观的、敌对的。所以加强感恩教育，旨在于改变大学生对待生活的态度，促使他们发现生活中的美并用感恩的心去学会回报，从而开阔年轻学子的心胸，提高他们的道德境界，促进他们健康成长。具体来说，感恩教育应引导当代大学生树立以下观念：

1. 感恩生命的唯一与独特

生命是宇宙创造的奇迹，每个生命个体在世界上都是独一无二的，正如没有两片叶子是完全相同的，每个人的生命都是宇宙中的独特存在。生命的独特性决定了生命个体存在的独特意义，同时也决定了生命个体存在的不可替代性。对于每个人来讲，生命只有一次，人生是仅此一次的生命体验。因此，生命对每个人来说都是弥足珍贵的，世界上最宝贵的只能是生命。当我们和任何生命相遇时，都必须有尊敬之心，不可有玩弄之意。当生命与生命直面时，最基本的伦理应该是相互尊重与爱护，既要尊重自己的生命，又要尊重他人的生命。

2. 感恩父母的养育与付出

"百善孝为先。"感恩首先应该感恩父母。父母给了我们生命，又费尽心血哺育了我们。《诗经·小雅·蓼莪》用生动形象的语言描述了父母养育子女的艰辛："父兮生我，母兮鞠我。拊我畜我，长我育我，顾我复我，出入腹我。欲报之德，昊天罔极。"可以说，父母是这个世界上永远给我们关爱、宽容、无私付出却不计回报之人，作为当代大学生，应心存感恩之情，体验父母养育子女的艰辛，常回家看看，重新认识父母，从细微的小事做起，从贴心的关爱做起，感恩父母的养育与付出。

3. 感恩社会的帮助与关爱

社会是人的社会，人是社会中的人。每一个人都是特定社会的一员，每一个人的发展与进步，都离不开他人与社会的发展与进步。从这个意义上讲，感恩是人类社会属性的直接展现。感恩国家给我们提供安定和平的社会环境，使我们能全身心地学习；感恩社会给我们提供优越的学习条件和众多优惠政策如国家奖助学金、助学贷款等，使我们学习无后顾之忧；感恩老师对我们的辛勤培育，使我们不断进步；感恩爱心人士和爱心机构的公益资助和热心鼓励，使我们心存温暖。对于这些关爱和帮助，大学生都应该带着一颗感恩的心来对待，从而自觉承担起对他人、对社会的责任。

4. 感恩自然的滋养与润育

自然生命是人类最基本的生命尺度，是个体生命存在的物质载体及本能的存在方式。作为自然界的存在物，人类与自然万物生长于自然环境中，自然是人类的母亲，是我们得以"诗意栖居"的自然家园。作为自然之子，人类应心存感恩，感恩自然，是它让我们能够健康、快乐地生活，是大自然的蓝天白云、青山绿水、阳光雨露，让我们感受到了无尽的美好和舒畅。作为当今的大学生，要珍爱自然、保护环境、绿色消费、生态休闲、节电节水、废物再利用等，崇尚一种更健康、更节俭、更环保的生活方式，从而获得一种简单生活的轻松与舒适。

（四）敬畏生命的唯一：生命权意识教育

生命权是生命的法律表现形式，是以生命为客体对象，意在维持生命存在的权利。生命权是人之一切权利的逻辑起点，是所有权利中最原始的权利。生命权的珍贵与重要源于生命本身的价值与独特：一是源于生命的唯一与不可逆性；二是源于生命是人类行使其他任何权利的前提；三是源于生命本质上的平等性。因此，生命权是人类享有的最基本、最根本的权利，是人之所以为人并成为法律主体的根本前提和基础，是所有人权的基础。

对于生命权的含义，在法律界有着不同的观点，主要有广义和狭义之分。广义的生命权涉及人类生活中的各种权利，包括政治、经济、文化、教育等权利的各个方面；狭义的生命权则专指在法律保障下，任何人的生命不能被随意剥夺和威胁的权利。在此，仅做狭义理解，即生命权仅指人类自然生命本身不受非法侵害。具体而言，生命权应包括以下几方面：一是生命得以存在的权利。生命权是一项维持个体生命存在的权利，即活着的权利。任何组织、团体和个人不得用任何非法手段剥夺他人的生命，也不得威胁他人的生命安全。生命存在权是生命权的核心内容。马克思在其著作中指出，对于人类社会来说，具有生命权的个人创造了社会，没有生命权的存在，什么都将是不存在的。所以，生命存在权理应成为生命权的核心，具有至高无上的地位。二是生命得以安全的权利。人有权生活在安全的环境之中，当有危及生命安全的危险和行为发生时，权利人（即享有生命权的人）为维护生命安全，有采取相应的措施、依法排除或避免危险与威胁，从而使生命得以正常存续的权利。因为只有当人的生命存在于相对安全的环境中，才能真正得以存续。国家相应地有承担立法保护、司法保护、行政保护和社会保护生命权的义务。

生命权是一种法权，生命权意识则是一种法律意识。杭州飙车夺命案、药家鑫撞人杀人案、马加爵连环杀人案、复旦投毒案等不仅显示出部分大学生道德修养的低下、心灵的扭曲与自私，更显示其法律意识的淡薄、缺乏对他人生命权的起码尊重、缺乏对法律底线的应有敬畏。因此，要提升大学生的生命权保护意识，就要加强法治建设与法治教育，形成全社会尊重生命的良好氛围。

通过法治尤其是宪法提升生命权价值地位，彰显生命尊严的神圣不可侵犯。当前，在我国宪法中，生命权只属于一项"隐含的权利"，即"从其他条文中（如国家尊重和保障人权、中华人民共和国公民人身自由不受侵犯）可以推导得出的权利"，生命权在宪法中尚未得到明确的确认，概念界定也不明朗。这种"沉默"，无疑让人产生生命权无宪法保护就可以无视生命权的错觉，从对立面姑息、助长了伤害生命安全与无视、践踏生命事实的发生。因此，我们有必要将生命权写入我国的宪法之中，在根本大法中明确赋予生命权在法律上的崇高地位，在根本大法层面宣示生命的神圣，提升生命权在人们心目中的位置；同时也从民法、刑法、社会法及各种行政法规中完善对生命权的法律救济与保护。只有当人们在宪法和法治运行过程中真正感受到生命权价值、确立维护生命权价值的共同意志时，才有可能培养人们敬畏生命的意识，使生活在共和国土地上的每一个公民都能过着有尊严的、享受生命意义的幸福生活。

通过生命权法律知识的普及宣传，使大学生知法懂法，自觉遵守法律"底线"，不去触碰法律"红线"。相当多大学生不尊重自己生命（如乱过马路、乱闯红灯），侵犯他人生命（如林森浩投毒只是"愚人节"开个玩笑），都与其法律意识淡薄、法律知识欠缺有很大关系。其实，我国1997年《刑法》对故意和过失杀人规定了严厉的刑罚，如《刑法》第二百三十二条规定"故意杀人的，处死刑、无期徒刑或者十年以上有期徒刑；情节较轻的，处三年以上十年以下有期徒刑"，第二百三十三条规定"过失致人死亡的，处三年以上七年以下有期徒刑；情节较轻的，处三年以下有期徒刑。本法另有规定的，依照规定"。我国1986年通过的《民法通则》对侵犯公民生命健康权的民事赔偿也做了明确规定，第一百一十九条指出："侵害公民身体造成伤害的，应当赔偿医疗费、因误工减少的收入、残废者生活补助费等费用；造成死亡的，并应当支付丧葬费、死者生前扶养的人必要的生活费等费用。"但大学生对此却知之甚少，有的大学生法盲杀了人之后，认为自己只要交代清楚就可以回家了。无知才无畏，所以要提高大学生对生命和法律的敬畏意识，首先是要普及法律知识，通过理论联系实际的方式，教育大学生"何可为"、"何必为"、"何禁止为"，树立自己的行为底线。

通过法治观念的培养，增强大学生的生命权自我保护意识和义务观念。生命权法治教育的关键是解决两个问题，即如何运用法律保护自己的生命权和如何自觉遵守法律，以及尊重他人的生命权的问题。2009年年初，陕西丹凤县高中生徐梗荣因被警方"怀疑"与谋杀案有关，警方刑讯逼供，年仅19岁的花样年华在受审过程中猝死。当前，在强大的公权力面前，公民该如何维权、如何自保，变得越来越重要。在现代法治社会里，法律是保护公民合法权利不受侵犯的最坚实的屏障，大学生应该提高自己的法律意识，在自己的生命权和其他权利遭受威胁和损害时，自觉寻求法律保护和法律救济，如司法救济、行政救济、社会救济和自力救济（如正当防卫、紧急避险），通过合法途径，运用合法手段，充分、合理地表达自己的诉求，保障自己的合法权益。另外，权利与义务是统一的，大学生的生命权受到合法保护的同时，大学生也有义务尊重和维护他人的生命权。人人平等享有生命权，任何个人都不得任意藐视、践踏和剥夺他人的生命权，也不得威胁他人的生命安全。个体若不尊重他人的生命权，就有可能丧失自己的生命权。如一个人非法杀害他人，国家司法机关就可能依法剥夺杀人者的生命。可见，生命权意识不仅包括对自我权利的认识，也包括对他人权利的认同与尊重，只有当尊重他人生命权成为大学生价值观的组成部分、变成其日常生活习惯的时候，个体生命权才能真正得到维护。

二　关爱生命：生活品质教育

生命不仅需要得到尊重与敬畏，生命也需要得到关爱与维护。要过上有品质的生活，就要关注生命的质量与和谐，加强健康生活方式教育、心理健康教育、生活情趣教育和人际关系教育，它们都是生命价值观教育的基础性内容。

（一）关爱生命的质量：健康生活方式教育

简单来讲，生活方式即人们的生活活动形式，通常是指人们日常生活的行为习惯，包括饮食、衣着、运动、作息、交流、嗜好等生活习惯。文明的生活习惯、健康的生活方式既是一种生活追求，也是一种人生境界。健康的生活方式可以使人精力充沛、精神焕发、朝气蓬勃、延年益寿，而不良的生活方式不仅有损生理健康，而且影响心理健康，容易导致食欲不振、疲乏无力、精神萎靡、失眠多梦、烦躁不安、记忆力下降、情绪低落等亚健康状态。当代大学生是时代的弄潮儿，是同龄人中的佼佼者，也是文明生活习惯的倡导者，更应是健康生活方式的推行者。习惯是习得的，可以通过学习形成，也可以通过学习来改变。大学生精力旺盛，又处于长身体、长知识的阶段，为了达到身心健康、提高生命质量的目的，从一进大学起，就应该着实培养良好的生活习惯，养成健康的生活方式，为自己将来的工作和生活保留一个厚实的"本钱"。

1. 树立科学的现代健康观

世界卫生组织在其《章程》序言中指出："健康不仅是没有疾病的表现，而且是一种个体在身体上、精神上、社会上完全安好的状态。"当今时代对健康的理解又在 20 世纪 40 年代的基础上有所发展。

1981 年世界卫生组织在对健康人群进行大量调查后，对"健康"的概念作了如下阐述：健康就是能精力旺盛地、敏捷地、不感觉过分疲劳地从事日常活动，保持乐观蓬勃向上及有应急能力。还有学者提出了现代人应有的健康观，健康就是能对抗紧张，禁得住压抑和挫折，能积极安排自己的各种生活活动，使自己的智慧、情感融为一体，生活和精神充满生机，且富有文明意义。可见，健康已从一个单纯的生理指标上升为生理、心理和社会处事能力等诸多方面统一的概念，它不仅包括身体健康，也包括心理健康和社会适应良好。受传统教育观念的影响，许多大学生虽然知道健康的重要性，但对健康内涵的理解还不够全面，常把体质好、没有疾病与健康混为一谈。要达到身心健康这一标准，首先要转变大学生的健康观，提高大学生的自我保健意识和水平，注重身心和谐与全面发展。

2. 生活要有计划、有规律

人们的日常生活、学习、工作和劳动总是通过一定的安排而有秩序地进行。有规律的生活能使大脑和神经系统的兴奋和抑制交替进行，天长日久，能在大脑皮层上形成动力定型，这对促进身心健康是非常有利的。大学生应该做生活的主人，合理安排好自己的作息时间，形成良好的作息制度，争取做到生活有规律、起居有常、无不良嗜好等。尤其重要的是要养成早睡早起的习惯，长期熬夜不仅影响平时的课业学习，还容易引起失眠，甚至引发神经衰弱症。

3. 适度锻炼

生命在于运动，锻炼是解除疲乏增添活力的一种必需品。正如古希腊山崖上刻着的三句话："如果你想健壮，跑步吧；如果你想健美，跑步吧；如果你想聪明，跑步吧。"适度锻炼可增强体魄，可以提高大脑的反应灵敏度，增强智力，还可以排除忧虑，改善和减轻心理负荷。锻炼的真义在育"体"，而"体"为"心"之基，故锻炼不只是强身健体，同时也体现在人的心理方面，是身心交融的和谐与促进。正如奥林匹克运动创始人皮埃尔·德·顾拜旦不朽的《体育颂》所传送的真义："啊，体育，你就是乐趣！想起你，内心充满欢喜，血液循环加剧，思路更加开阔，条理更加清晰。你可使忧伤的人散心解闷，你可使快乐的人生活更加甜蜜。"①

4. 合理饮食

食物是人一切活动的能量之源。合理的饮食习惯包括：三餐定时定量，吃好早餐；不挑食偏食，荤素搭配，粗细协调，不暴饮暴食；少吃多盐食品与甜食；创设良好的进餐气氛，细嚼慢咽；多吃水果与蔬菜，做到营养均衡、充分。具体的，在饮食的营养搭配上，要遵从众多权威健康饮食专家所提倡的"四高四低"营养原则，即高蛋白、高维生素、高纤维素、高钙、低糖、低脂肪、低热量、低盐。而在三餐的能量搭配方面，应与工作强度相匹配，遵从人们"早吃好，午吃饱，晚吃少"的养生之说。

5. 不吸烟少喝酒

吸烟对人的身心健康的危害极大，没有吸烟的学生应坚定自己选择的正确，为了自己与家人的健康坚持不吸烟。已有吸烟习惯的学生应充分认识吸烟的害处，有计划、有步骤地戒烟。戒烟的关键是要有充分的决心和坚强的意志。可以通过自我控制法、环境监督法、心理治疗法实施戒烟。同时，平时还应做到不喝酒，特殊场合饮酒也要做到有节制，避免过量饮酒而失态失言。人们常说酒不醉人人自醉，酒是无意识的，人是有意识的，要加强自我控制，少饮酒甚至不饮酒。

6. 讲究卫生习惯

卫生习惯体现一个人的修养水平。大学生尽管文化层次高，但仍有一些人缺乏良好的卫生习惯。卫生习惯包括常洗澡勤换衣，常剪头发常漱口，不随地吐痰，不乱扔瓜果皮核、纸屑等。小事见精神，小处现人格。大学生应该从小事做起，严格要求自己，以文明的行为展现大学生的风采。

（二）关爱生命的丰富：生活情趣教育

生活情趣是指一个人对人生的一种特定的心理指向、对生活的一种持续性的感情倾向。情趣是人的内心世界的一种折射，它展示的是一个人由学识、涵养、品质、修为、兴趣爱好、价值取向乃至人生追求等要素构成的总体形象和整体风貌，是一个人求真、崇善、爱美的

---

① 转引自冯建军《生命与教育》，教育科学出版社 2004 年版，第 225 页。

综合表现，轻易不会改变。因此，它就成了评价一个人内心健康、外在正派、行为高雅与否的重要标志。中国自古文人雅士众多，他们很注重怡情悦性，远离世俗功名，情寄山水之间。在他们看来，"清风明月本无价，近水远山皆有情"，"我看青山多妩媚，料青山见我亦如是"。他们深谙生活的情趣，不仅要求生活得惬意飘逸，"保自然之雅趣，鄙人间之荒杂"；而且追求美的享受，"神游任所萃，悠悠蕴真趣"。借用邓牛顿教授的话，"中国人把人的生存意识、生命意识和审美意识都凝结到这个'趣'字之中"，"在人生意味的探索中，我们中国人形成了一个以'趣'为要素的相当完整的审美生态系统，说明人生可以全方位地寻求与创造生命之美与生活之趣"。[1]

1. 情趣培养有助于大学生的身心健康

面对大学生的心理问题有各种疏导和排解的方法，其中培养情趣就是一种积极有效的方法。培养情趣就是为了陶冶性情，增强对一切真善美的事物的共情、同感、领悟和喜好的能力，随时随地体验到快乐。如自然之趣，"逍遥陂塘之上，吟咏苑柳之下，结春芳以崇佩，折若华以翳日。弋下高云之鸟，饵出深渊之鱼……何其乐哉"[2]；读书之趣，"书卷多情似故人，晨昏忧乐每相亲。眼前直下三千字，胸次全无一点尘"[3]；品茶之趣，"花晨月夕，贤主嘉宾，纵谈古今，品茶次第，天壤间更有何乐"[4]。生活在情趣世界里，身心得以放松，快乐时常萦绕心中，自然而然可驱走负面情绪。培养健康情趣，津津有味地投身其中，还可以让心灵变得更加豁达与坚韧，面对人生的苦乐悲喜，不乱于心，不困于情，笑看庭外花开花落，漫观天外云展云舒，达到"一蓑烟雨任平生"的境界。

2. 情趣培养有助于提高大学生的幸福感

当前，不少大学生缺乏幸福感，空虚寂寞，内心总感焦虑和不安。徐宗良教授认为："由物质享受带来的快乐、幸福毕竟是有限的、

---

① 邓牛顿：《趣——国人的审美生态系统》，《上海大学学报》（社会科学版）2005 年第 2 期。

② 孙立群：《中国古代的士人生活》，商务印书馆 2003 年版，第 176 页。

③ 同上书，第 27 页。

④ 同上书，第 129 页。

不长久的。一旦幸福感消散，接踵而来的便是精神空虚与厌倦。所以，真正的幸福一定要与人的内在价值、德性、人性的完善相关，一定要深入人的精神层面……"① 而情趣恰恰是属于精神层面的。情趣能够令人兴致盎然，津津有味地活着；情趣能够让人顶住"生存压力"和"精神贫乏"，坚毅快乐地活着。缺少情趣，人生会乏味烦闷许多。梁启超说："我是个主张趣味主义的人，倘若用化学化分'梁启超'这件东西，把里头所含一种元素名叫'趣味'的抽出来，只怕所剩下的仅有个零了。我认为，凡人必常常生活于趣味之中，生活才有价值。若哭丧着脸挨过几十年，那么生命便成沙漠，要来何用？"② 所以，当一个人爱好越多，懂得越多，参与的活动越多，生活中就越是充满了情趣，就越有幸福感。

3. 情趣与大学生的健康成长、全面发展密切关联

可是，纵览大学生的情趣却让人忧心忡忡。现代大学生的生活，一切都那么理性，那么功利，从对金钱、权力、名誉的追求到学习、交友、实习、兼职、兴趣培养、社团活动的安排，都那么有目的性。他们生活的目的，就是追求好的结果，而完全忽略了生活过程本身的逸致。即便是娱乐，也更多的是寻求感官的刺激，而不是真正享受生活。从近年来大众文化的兴旺与高雅文化的冷落这种巨大的反差，便不难感受到人们生活品位的没落，这是现代科技文明和工具理性的缺陷与悲哀。

4. 健康的生活情趣要以渊博的知识为基础

著名的发明家爱迪生在自己的实验室里贴着这样一张条幅："不下决心培养思考能力的人，便失去了生活中的最大的情趣。"有了知识，就会产生一种独特的思维方法，对真与假、善与恶、美与丑作出正确的判断；并使人见多识广，发现常人发现不了的规律和"奥妙"，使自己的工作、生活其乐无穷。为获取广博的知识，大学生读书就要超乎功利的阅读。培根曾说过：读史使人明智，读诗使人聪慧，演算使人精密，哲理使人深刻，伦理使人高尚，逻辑修辞使人善辩。大学

---

① 徐宗良：《幸福问题的伦理思考》，《道德与文明》2008 年第 4 期。
② 夏晓红：《梁启超文选》（下），中国广播电视出版社 1992 年版，第 393 页。

生除了要阅读大量专业书，还要广泛涉猎历史、地理、哲学等方面的书籍，慢慢增加自己的知识量，拓宽自己的眼界，形成自己独立的见解和思想，这对丰富自己的内心世界、培养自己的生活情趣非常重要。乔布斯也建议大学生："你在憧憬未来时不可能将以前积累的点点滴滴串联起来，你只能在回顾过去时将它们串联起来。所以你必须相信，当前积累的点点滴滴，会在你未来的某一天串联起来。你必须相信某些东西——你的勇气、目的、生命、因缘等等——相信它们会串联起你的生命，这会让你更加自信地追随你的心，甚至，这会指引你不走寻常路，使你的生命与众不同。"①

5. 健康的生活情趣往往表现在业余时间，也就是休闲时间的利用上

马克思在他的《剩余价值理论》中指出，可以自由支配的时间"不被直接生产劳动所吸收，而是用于娱乐和休息，从而为自由活动和发展开辟广阔天地"②。闲暇时间的合理利用对于人的发展意义重大。忙碌的生产劳动、工作学习虽能够创造生命的价值，但紧张的节奏、重复的活动容易使生命窄化，无法深刻领悟与己照面的信息。而休闲的生命是开放的、真实的、创造性的，既发自内心意愿，又处在与外界"对流"的状态，能够以整体的"眼光"把握世界和自我。所以，合理的休闲不仅愉悦身心、陶冶性情，还能认识自我、发挥潜能、提升生命品质、促进人的自由而全面发展。健康有益的休闲有三条原则：有趣、有度、有益。高校可以组织丰富多彩的课外活动，引导学生进行积极健康的休闲。比如进行：促进修身养性、愉悦身心的"审美休闲"（如影视观赏、音乐欣赏、读书沙龙）；培养人的闲情逸致、陶冶性情的"情趣休闲"（如集邮收藏、参观访谈、人文旅游）；发挥个人才能、培养意志力的"意志休闲"（如体育比赛、歌唱比赛、演讲比赛）；以及培养创新意识、创造能力的"创业休闲"（如学科竞赛、兴趣研究）等。另外，还可针对休闲中出现的问题进行健

---

① 乔布斯：《乔布斯在斯坦福大学 2005 年毕业典礼上的演讲》，《中华活页文选：高二、高三年级版》2012 年第 2 期。

② 《马克思恩格斯全集》第 26 卷（第三册），人民出版社 1974 年版，第 281 页。

康休闲辅导，减轻不良休闲行为带来的思想困扰和心理困扰。

（三）关爱生命的和谐：心理健康教育

和谐是一切生命得以存在的"本能"趋向，是世间万物得以衍生发展的原生态势。大自然是一个和谐的世界，人类社会需要一个和谐的空间，人类生命也自是一个和谐的体系。生命的和谐，既包括人们生理心理如知、情、意、行的和谐；同时亦是我的生命与社会其他人生命的和谐。和谐的生命意味着身心的相协、心灵的平和以及生命的活力与幸福，意味着人们各方利益与冲突的协调与平衡，意味着生活的安宁与社会的稳定。只有和谐与平衡，生命才能在欢快的乐板中前进。那么，如何实现生命之和谐呢？古人云：生生之道在于和，致和在于通。人之血脉畅通则无疾病，心理畅通则无痛苦。心理健康的重要内容就是追求和谐，即内部自洽与外部相融。其中内部自洽指向生命基本心理活动过程的完整、协调，以及个体对自我身心状况及自己和周围关系的认识达到一种相谐、悦纳的状态；而外部相融其实是个体对外部环境的积极适应，并达到一种相对协调融合的状态。心理健康素质较高的个体不仅能够正确认识自我、客观评价自我、积极发展自我，实现自我的和谐；同时，又具有敏锐的观察力、较强的全局意识、良好的协调人际关系和营造和谐氛围的能力。这些能力使人们能够正确面对、客观分析现实生活中的种种差距、冲突和矛盾，能够积极协调自己和周围世界的关系以达到个人与周围世界的和谐。因此，加强心理健康教育、保持健康的心理状态是促进大学生生命之和谐的重要途径。

心理健康教育就是教育者从受教育者身心发展特点出发，运用心理学、教育学及相关学科的理论与技术，通过多种途径和手段，有目的、有计划地对受教育者心理进行积极的教育引导，缓解心理冲突、调节心理功能、增强心理健康、开发心理潜能，促进受教育者全面和谐发展的教育活动。教育发展的价值取向决定了大学生心理健康教育不是单纯的心理咨询和心理治疗，而是以人为本、预防为主、开展发展性为主体的心理健康教育。

1. 发展性心理健康教育以全体学生为对象

马克思认为，社会性是人的本质属性，一个人的发展同时也取决于和他直接和间接进行交往的其他人的发展。教育发展性心理健康教育既指向促进学生个体的全面发展，也包括促进一切学生的发展。以全体学生为对象的心理健康教育，不仅仅是教育对象的扩大，更是教育理念的进步、教育目标的明确，是大学生心理健康教育的本质体现。美国心理学会早在1954年成立时就提出："由有经验的心理学家，应用心理测评、学习理论、人际关系的专业知识，扶助学校工作人员，去促进所有学生的成长，丰富他们的经验，并识别和帮助特殊学生。"这一观点至今仍值得我们借鉴。

2. 发展性心理健康教育以预防和发展为主题

大学生心理健康教育的根本目标是优化学生心理素质、培养学生良好的人格品质、促进大学生潜能开发与自我实现。以此为指导，根据大学生的实际需要，又可具体划分为发展性目标、预防性目标和矫治性目标三个不同层次。发展性目标着眼于学生的未来发展，预防性目标着眼于学生的当下适应，矫治性目标则指向学生的心理疾病，这三个目标都是从大学生出发，以大学生过去、现在、未来为着眼点，又以大学生发展为归宿，三者从不同层次和角度最终归总于大学生的全面发展与自我实现。教育发展性心理健康教育以预防和发展为主题，其中发展性目标与大学生心理健康教育的本质目标相契合，预防性目标既是当前大学生心理健康教育主要任务所指，又是发展性目标与治疗性目标的交叉点。

3. 发展性心理健康教育以尊重大学生主体地位为选择

从大学生心理健康形成机制看，个体是心理健康的承载者和实现者。尽管大学生心理健康的形成与发展受个体因素与社会因素的综合影响，但个体因素无疑是学生心理健康状况发生变化的内在原因，社会环境因素作为外因，从来不是某种外在于学生的力量单方面赋予学生的，而是学生与环境相互作用的产物，是学生主体本质力量的外化。人创造环境，环境同样也创造人。因此，发展性心理健康教育在内容选择与方式运用上总是以尊重大学生主体地位为指导。内容选择应符合当前大学生现实需求及大学生心理健康的实际状况；方式运用应坚持显性教育、正面引导为主，同时结合大学生敏感、自尊、闭锁性、逆反性强的心理特征，适时开展隐性渗透，在教育过程中充分发挥隐性教育的特有优势。

（四）关爱生命的合作：人际关系教育

马克思说："人的本质不是单个人所固有的抽象物，在其现实性上，它是一切社会关系的总和。"① 每个生命都不是孤立的存在，它的诞生、生长、壮大、成熟乃至死亡，都离不开与其他生命的千丝万缕的联系。美国心理学家哈罗等人做了一项实验，将猴子放在一间生活条件很好的房子里单独喂养，把它与其他猴子的一切交往活动隔绝。经过一段时间后发现，这只与世隔绝的猴子具有强烈的恐惧不安的反应，他的情绪和交往行为受到了损害，精神上是不完善的。交往的保健作用即使在动物中也是非常明显的，对人更是如此。德兰修女在获得诺贝尔和平奖时讲了这样几句话：饥饿并不单指没有食物，而是指爱心的渴求；赤身、寒冷并不单指没有衣服，而是指人的尊严受到剥夺；无家可归并不单指要一栖身之所，而是指受到排斥和遗弃。人有强烈的归宿需要，人和人之间通过交往，诉说各自的喜怒哀乐，增进彼此间的心理沟通，从而在心理上产生一种归属感和安全感。如果长久缺乏人和人之间的感情交流，会导致人的心理活动混乱，出现抑郁、恐慌、妄想和幻想等情况。已故心理学家丁瓒教授认为，人类的心理适应，最主要的是人际关系的适应，所以人类的心理病态，主要是由于人际关系的失调而带来的。所以，建立和谐的人际关系，不仅有助于大学生正确认识自我、获取信息、增长才干，更有助于大学生的心理健康与人格完善。

1. 大学生人际关系中存在的问题

在一个日益开放、信息多元、竞争激烈的社会里，大学生的人际关系日益体现出开放性、自主性、多层次性、虚拟性的特点。为了扩大未来就业竞争的优势，提高自己适应社会的能力，大学生大多积极扩大社会交往面，利用网络和新媒体建立自己庞大的朋友圈。但是不成熟的心理特点和多元文化的负面影响也使得当前大学生的人际关系出现新的问题：（1）以自我为中心。当代大学生多为独生子女，自我意识强，在人际交往中往往以自我为中心，习惯从自己的角度、立场

① 《马克思恩格斯选集》第一卷，人民出版社1995年版，第56页。

去分析问题，不善于和他人协同合作；或者对对方期望过高，缺乏理解、认同和宽容；或者崇尚个人主义，欣赏个人奋斗，拒绝交流和帮助。（2）现实人际关系淡漠。不少年轻人对网友的信任与依赖程度已远远超出了对身边的亲人和朋友；对社会上爱心救助活动的参与投入程度远远超过了对父母、同学日常生活的点滴关心。这样就使得虚拟的人际关系实在化，现实的人际关系淡漠化。人际交往的虚拟化、泛化一方面放大了人际交往圈，另一方面疏离了人际交往情；一方面释放了内心的压力，另一方面丧失了交往的安全感；一方面朋友遍及世界的每一个角落，另一方面倍感现实生活中的孤独与无助。（3）功利性比较明显。我国的市场化改革对物质需求欲望的合理性与正当性的肯定使得经济因素在人际关系中的作用越来越重要，人们交往的功利意识明显增强，以有利、有用作为交往的根本原则，建立功利性的人际交往关系。大学生不可不受其影响，越是高年级的大学生，越注重人脉建立对自己今后就业和发展的有用性，这就使得在交往中情感因素少了一些，人与人之间的真诚互助、互守诚信有所下降，持久友谊越来越少。

人际关系中，功利目的的强化和情感的弱化、对自己的关心和对他人的冷漠、见利忘义而丧失诚信等问题的存在拉大了人们之间的距离，加深了人们之间的矛盾，瓦解了人们之间的信任，从而消解着现有社会中的和谐人际关系，生命价值观教育应该注重大学生人际关系的教育，促进生命的合作与共存。

2. 大学生人际关系教育的方式

第一，教育大学生加强自身修养，完善人格品质。人格品质对大学生良好人际关系的建立极为重要，大学阶段又是其个性品质形成和发展的关键阶段，应引导教育大学生加强自身修养，完善个性结构中的优秀品质，如自信、真诚、善良、宽容、善解人意等。自信能使人在交往中积极主动、从容不迫、落落大方，便于人际交往。真诚是以诚待诚，以心换心，不虚假、不做作，是人与人之间沟通的桥梁。善良的人愿意付出和奉献，关心支持他人，能够建立良好的人际关系。宽容是一种精神成熟和心灵丰盈的高贵品质，能包容生活中的喜怒哀乐，可消除人际关系中的紧张情绪和矛盾冲突。善解人意是一种智慧，可促进对他人的理解，增加人际吸引，促进人际关系的改善。

第二，为大学生交往创造更多的机会。网络的普及使得"宅在宿舍"的现象在大学生中日益增多。"宅男"、"宅女"过多诉诸和沉迷于网络，脱离大学生成长的群体环境和现实交往圈，天长日久，就会渐渐地产生对现实世界的恐慌和丧失生活的情趣，陷入网络孤寂、自闭和抑郁中。因此，学校应组织学生开展健康向上的、丰富多彩的校园文化活动和社会实践活动，激发大学生关闭网络，走出宿舍，全身心投入活动中，增强与外界的联系，使他们在交往中学会交往，在互相帮助的群体氛围中感受温暖，在设身处地的现实生活中建构良好的人际关系。

第三，进行大学生人际心理辅导和团体咨询。大学生人际交往的心理障碍如羞怯心理、自负心理、自卑心理、嫉妒心理、闭锁心理以及性格障碍如抑郁、内向、冷漠等在某种程度上都呈现出了其社会化过程中亚健康的心理状态，是大学生人际交往中的大敌，必要时需要适当的心理辅导与治疗。另外，虽然每个大学生经历不同，遇到的人际关系问题会有差异，但不管差异性有多大，总会遇到共同的困惑或难题，我们就可以采取团体辅导或朋辈辅导的方式，将面临相同或相似问题的大学生组织集中起来，形成一个暂时的团体，使他们产生一种集体感，并在此基础上共同解决问题。

三 提升生命：价值引领教育

生命不仅仅是得到尊重与关爱，生命更是一种发展和超越。从镌刻在古希腊德尔菲神庙上的神谕"认识你自己"，到古希腊哲学家苏格拉底提出的"我是谁？我从哪里来？我要到哪里去？"三大哲学追问，无不体现了人类想超越自身和世界本体的终极向往。苏格拉底把"认识你自己"作为人生的根本问题，其意旨正在于通过个人自我认识的开启，引导人充分运用个人理性来超越感觉经验，把握自我人生，甄定人生目的，实现自己美善的生活。所以，提升生命、实现对生命的价值引领也就成为创新大学生生命价值观教育的重要内容。

（一）探询生命的意义：生命意义教育

人不仅是一个实体的存在，更是一个意义的存在。对意义的追寻，是人的生存方式，是人之生命的独特性。"人的存在从来就不是纯粹的存在，它总是牵制到意义。意义的向度是做人所固有的。"① 马克思在《1844 年经济学哲学手稿》中也指出，人的生命活动区别于动物的生命活动的"意识"便是人的物质性的生命的源初存在。"动物只是按照它所属的那个种的尺度和需要来建造，而人却懂得按照任何一个种的尺度来进行生产，并且懂得怎样处处都把内在的尺度运用到对象上去；因此，人也按照美的规律来建造。"② 从这里我们可以发现，作为人的物质性的生命的源初存在，它有两种尺度，一是"种的尺度"，即"物的尺度"；二是"内在尺度"，即"人的尺度"。而"物的尺度"正是人的物质性生命的体现，"人的尺度"却是人的精神性生命的体现。人的精神性生命之美源初于物质性生命中所实际获得的自由，但精神性生命中的自由却又高于已获得的这种自由。正是人的不断超越的精神力量，才使人的生命去追求意义，向往理想，谋求自我价值的不断提升。高清海教授指出："人是不会满足于生命支配的本能的生活的，总要利用这种自然的生命去创造生活的价值和意义。人之为'人'的本质，应该说就是一种意义性存在、价值性实体。人的生存和生活如果失去意义的引导，成为'无意义的存在'，那就与动物的生存没有两样，这是人们不堪忍受的。"③ 由此可见，人是一种以"意义"为生存本体的高级动物，正是意义决定了人的生命存在和发展方向，也正是"意义"体现了生命的价值和尊严，生命的真谛就在于意义的追寻和价值的获得。

　　大众文化是一种"无意义"的文化，它将生活表现得不再那么沉重，而是表现出一种"快乐生存的梦幻"。有学者指出："大众文化的文本放弃了对终极意义、绝对价值、生命本质的孜孜以求，也不再把文化当作济世救民、普度众生的神奇的法宝，不再用艺术来显示知识分子的精神优越和智力优越，来张扬那种普罗米修斯的人格力量和悲剧精神。它们仅仅是一些无深度、无景深但却轻松流畅的故事、情节和场景，一种令人兴奋而又眩晕的视听时空。这些文本是供人消费

---

　　① ［德］威廉·赫舍尔：《人是谁》，槐仁莲译，贵州人民出版社 1994 年版，第 46—47 页。

　　② 《马克思恩格斯全集》第 42 卷，人民出版社 1979 年版，第 97 页。

　　③ 高清海：《人就是"人"》，辽宁人民出版社 2001 年版，第 213 页。

而不是供人向上的，是供人娱乐而不是供人判断的。它华丽丰富，但又一无所有。"① 在大众文化的图景中，不少大学生以所谓的"躲避崇高、消解意义"、"拆除深度模式、追求平面效应"为时尚，在生命的实践中忘记了生命本身的崇高使命，忘记了生命的精神追求，陷入一种"我所占有和所消费的东西即是我的生存"② 的精神贫乏和心灵空虚的疲软状态之中。

泰戈尔说过：教育的目的应该是向人类传送生命的气息。从生命教育的意义而言，教育要尽最大可能去帮助每一个生命个体具有主动承担生命的理性自觉，要引导那些充满活力、蓬勃向上的年轻生命超越现实的物欲满足，超越生命自身的时空限制，让每一个个体在尊重生存的历史社会基础的前提下，获得精神的提升，实现个体生命的意义与价值。

第一，引导学生在现实生活的积极展现中赋予生命以意义。生活总是有生命的生活，生活意义总是有生命的生活的意义。生命是生活之本，对生命之爱是生活意义的根源。"在实际的人的实际生活中，生命，即使在觉得它是个负担时，实际上也深受珍爱，也具有崇高的价值，也被人接受。人的存在的真理是热爱生命。"③ 生命展现于生活，生活是生命的形式，热爱生命就是积极去生活，当生命在生活中挥洒、展现，而非在空无中被虚掷，生活本身即赋予了意义。不管人是否意识到，生命总在流逝，每一刻都转瞬即逝。热爱生命，意味着要抓住现时，努力将生命展现于现时，极力在生活中表现自己，从而获得现实生活的充盈。教育应该更多地唤醒人们的生命之爱，教人们珍惜生命，珍惜现在的拥有，珍惜身边的亲人、同事和朋友。一句话，珍惜现在的生活。

第二，引导学生在良好的文化熏陶中体验生命的意义。人是文化的存在，"人没有文化将是虚无"（兰德曼），客观的人文文化作为一

---

① 黄会林：《当代中国大众文化研究》，北京师范大学出版社 1998 年版，第 7 页。

② ［美］弗罗姆：《占有还是生存：一个新社会的精神基础》，关山译，生活·读书·新知三联书店 1989 年版，第 77—78 页。

③ ［德］威廉·赫舍尔：《人是谁》，槐仁莲译，贵州人民出版社 1994 年版，第 76 页。

种精神性的东西，本质上是主观精神的客观化，是个人对生活意义体验和表达的结果。文化熏陶是一种智性的、灵性的、悟性的、情性的、德性的教育，是一种促使受教育者热爱生命、培养其生命智慧、陶冶其性情、引导其情感向崇高方向发展的特殊的情感涵化，它更多的不是通过"说"的方式进行，而是通过"感"（感染、感悟、感化）的方式进行。"感"在生活实践中有正面感受（如神圣感、美感、道德感）和负面感受（如恐惧感、耻辱感、负罪感），文化熏陶既要激荡升华正面情感，又要让学生体验化解负面情感，调动人的各种心理能力并使之和谐运动，以感性的意象传达理性的观念，于不经意间悟出人生的真谛，于潜移默化中提高人的精神境界。

第三，引导学生在挑战苦难中实现生命的意义。对生命意义的发现和获得，可以借助在生活中体验价值、通过劳动提供和创造价值，以及在苦难中实现价值三种方式来实现。个体的生命体验不仅有愉悦、幸福的人生体验，还有生活中的重要丧失、重大挫折、苦难、逆境甚至死亡的威胁。这些负性体验并不都是有害的，只有在面对苦难和死亡、体验生活的失意中才能更好地体会到生命的脆弱和不可逆转，进而敬畏生命。心理学家弗兰克尔认为："对于人生的绝大多数时光而言，生命是平淡的，这种平淡往往掩盖了生命意义的真实显现。因此对于一个一帆风顺的人而言，只有当他面临死亡时，才会从内心深处真正领悟生命对自己的意义。所以启迪人的经验或令人发现生命的意义，常常是在生命受到威胁之时，或者是在经历极不平常的事件之时。"① 因此，德育工作者应注意引导学生追求本真的生存，教会学生"向死"而思生，挑战苦难而获取欢乐，使人生活得充实而精彩。

第四，引导学生在创造性劳动实践中开创生命的意义。弗洛姆认为："人除了通过发挥其力量，通过生产性的生活而赋予生命意义外，生命就没有意义。"② 人作为宇宙万物之灵长，其对自己生命意义的追

---

① 转引自刘翔平《寻找生命的意义——弗兰克尔的意义治疗学说》，湖北教育出版社1999年版，第7页。

② ［美］弗洛姆：《为自己的人》，孙依依译，生活·读书·新知三联书店1988年版，第60页。

求和探寻不仅仅在于满足于发现生命的意义，体验生命的意义，更在于创造生命的意义。人只有通过自己的实践，通过创造性的劳动才能满足社会和他人的需要，升华自己的精神境界，使自己的生命价值得以实现和发展。面对越来越多的大学生网络自闭和自杀现象，德育工作者应启迪他们走出"象牙塔"和个人设定的小圈子，走向社会，参与工农业生产、科学实验和技术创新等创造性的社会实践活动，自觉以"社会公民"或"父母之子"的姿态反观自己的生命，努力地生活和创造，从而克服因人生短暂和社会变化无常而滋生的虚无之感。

（二）确立生命的目标：人生目标教育

人生目标是人对未来的向往和追求。恩格斯强调，人们通过每一个追求他自己的自觉期望的目的而创造自己的历史。人的生命活动虽总是局限在特定的时空范围之内，但人绝不会满足于有限的空间，人的理性使人有一种超越有限、奔向无限的自然趋向，这就是人对无限的追求，这种追求实际是人对终极的关怀，是人的一种形而上的追求。萨特认为，每个人都是带着希望生活的，在行动的方式中包含着希望。① 人以自己的希望造就自己，并且把生命的希望表现为人生的目标。在人生的旅程中，理想、目标就像一个个路标，引领着人生的价值追求，激励着人生的成功。哈佛大学曾对毕业生进行了一次有关人生目标的调查，当问及是否有清晰明确的长远目标以及达成计划时，只有3%的学生做了肯定的回答。25年后，有关人士又对这些学生进行了追踪调查，结果发现，这3%的学生的人生成就远远高于其他97%的学生，成为社会的顶尖人士，这就是目标的明确性和坚定性对于成功的意义。

人生目标不仅是成功的前提，其更重要的价值是增强人们的价值感和幸福感。因为拥有真善美的人生目标是人类的本质与特性，是人区别于动物的又一个本质规定，对人生目标的执着追求过程就是个体以人的方式完成和印证自己的过程，这一过程开拓了人的新生活，超越了人的有限性，因此，它必然是崭新的、有活力的、激动人心的，

---

① ［法］萨特：《存在主义是一种人道主义》，周煦良、汤永宽译，上海译文出版社1988年版，第32页。

这就是人生幸福的真实体验。这种幸福体验不是肉体感官上的快感，也不是虚无缥缈的天国世界里属于神的东西，而是切实存在于现实人生中的最崇高、最有价值的幸福感。它可以保持心灵的充实和安宁，避免内心世界的空虚和迷茫。"倘若人不能依靠一种比人更高的力量努力追求某个崇高的目标，并在向目标前进时做到比在感觉经验条件下更充分地实现他自己的话，生活必将丧失一切意义与价值。"①

进入大学之前，学生的目标就是考入理想的大学。经历了刻苦的学习、艰辛的奋斗，学生们终于考入大学实现了目标。进入大学后，没有了升学的压力，没有了老师和家长的监管，没有了明确的目标，出现了一个"动力真空地带"或称"目标断裂期"。面对这种自由自主的生活，有些大学生顿时丧失了学习的动力和积极性，迷失了人生的方向，业余时间要么是对着电脑，要么是抱着手机，打游戏、刷微博，浑浑噩噩，得过且过。从本质上看，缺乏激情或缺乏上进心的人十有八九是找不到真正可追寻的目标或理想的人。杜尔凯姆特别强调："现在自杀比以往多，并不是因为我们为了生存下去要付出更大的代价，也不是因为我们正常的需求得不到满足，而是由于我们已无从知道正常的需求到底有何限度，由于我们无法发现我们为之奋斗的方向。"② 也就是说，当人们不清晰自己奋斗的目标价值何在时，要么局限于"小我"感到人生的渺小和疲惫，要么忽视了自我感到奋斗的空虚和无奈。

人生目标的确定，应该是和谐的、多样的，它建立在现实可能性的基础上，既与社会需求相统一，也与个人兴趣、爱好与追求相一致；既有长远、持久的目标，也有短期的实施计划；既包括人生规划，也包括精神充实、人格完善，即身心和谐、持续发展的目标。只有当目标自我和谐，并相应地为了实现目标投入到各种有价值感的活动中去，个体才不会感到生命的迷惘和生活的空虚，才不会悲观厌世，轻易地放弃自己的生命。教育者应引导学生建构自我和谐的人生

---

① ［德］鲁道夫·奥伊肯：《生活的意义与价值》，万以译，上海译文出版社 2005 年版，第 41 页。

② ［法］杜尔凯姆：《自杀论》，钟旭辉等译，浙江人民出版社 1988 年版，第 339 页。

目标。

首先，自我和谐的人生目标必须是自我认同的目标。哲学家泰勒（C. Taylor）认为，有意义的人生"必须是一种有目标的人生——这目标不是我们碰巧满意的随便哪种东西，而只能是真正高贵而美好的那种目标。而且，这种目标事实上必须是可以达到的，不能永无止境地求而不得；它还必须是延续性的。最后，这种目标应该是我们自己的，不能由外在强加于我们"①。即目标应具有内在性。美国心理学家莱恩与德希的系列研究发现：源自内在需要的目标是幸福感的重要基础，而外在目标（例如金钱、名誉、生理吸引）是工具性的，不会产生幸福感。但是，在现代社会里，由于人们要去寻找和获得的东西越来越多，有些人可能就无法觉察自己的真正需要，很容易受别人或世俗文化的潜在支配，分散注意力，追求许多外在的东西，这种价值目标的充盈与外化常常造成人们在短暂地获得喜悦后，又立刻陷入更多丧失的沮丧中。因此，自我和谐的人生目标首先应是自我认同的目标。

其次，自我和谐的人生目标必须是个体与社会需求相统一、物质与精神追求相统一的目标。人生目标首先是个体的，是个体的兴趣、爱好使然，是个体的理想、信念追求所至，但目标并不仅仅满足于个体现实生活和自我追求，它具有社会价值和精神价值。马克思在其中学毕业论文《青年在选择职业时的考虑》一文中写道："如果我们选择了最能为人类福利而劳动的职业，那么，重担就不能把我们压倒，因为这是为大家而献身；那时我们所感到的就不是可怜的、有限的、自私的乐趣，我们的幸福将属于千百万人，我们的事业将默默地、但是永恒发挥作用地存在下去，而面对我们的骨灰，高尚的人们将洒下热泪。"② 马克思特别强调："人们只有为同时代人的完美、为他们的幸福而工作，才能使自己也达到完美。"③ 这就是说，只有为人民造福，使同时代的人生活更美好，为社会做出贡献，有较高的社会价

---

① 转引自［美］艾温·辛格《我们的迷惘》，郜元宝译，广西师范大学出版社 2001 年版，第 114 页。
② 《马克思恩格斯全集》第 40 卷，人民出版社 1982 年版，第 7 页。
③ 同上。

值，才能使自己也达到完美，有较高的自我价值。而选择了所谓"现实"利益的人生目的，过度关注自我价值的人，则会终生纠缠在"小我"的得失、悲欢中不能自拔。

最后，自我和谐的人生目标必须投入到有价值感的活动中去才变得有意义。目标的实现是一个渐进的过程，每一步都离不开主体的参与和实践。有学者（Cantor and Sanderson，1999）认为，参加有价值的活动和努力为个人目标工作都会对幸福感产生积极的影响。"这些生活目标和有价值的活动可以通过下列途径提升幸福感：（1）通过有价值和有挑战的活动，使个体获得动力和奋斗目标；（2）使每天的生活变得有规律和有意义；（3）帮助个体应对每天生活中的问题和不幸，使他们能不断地重新开始；（4）巩固个体的社会关系，并且引导他们参与更多的社会活动。"[1] 这就告诉我们：当目标确定后，个体还应积极主动地投入到实现目标的有价值感的活动中去，在实践活动中找到活着的理由，克服人生的挫折和不幸，使每天的生活充实而有意义。

（三）承担生命的责任：生命责任教育

责任是人与人之间所形成的相互支持、相互依存的关系，它要求个体在实现自身权益的过程中，不忘他人和社会整体利益，自觉履行各种法定义务和岗位职责。责任是社会性个体间联结的内在基础，人的个体生命是由他所属的群体（社会、文化）支持和塑造的。每个人都是生活在社会关系中，依附于自己所属的群体，并产生了个人在社会中的独特的角色和使命。"如果你不给你自己指定某种使命、某种任务，你就不能生活，不能吃饭，不能睡觉，不能走动，不能做任何事情，——这套理论不是摆脱任务的提出、摆脱职责等等（这是它所希望的），而是真正把生活的各种表现甚至生活本身，都变成某种'任务'。"[2] 社会对这些规定、任务、使命所做的有意识表达，就构成人的权利、责任和义务。权利是对人的主体地位的一种确认，是对

---

① 郑雪、严标宾、邱林、张兴贵：《幸福心理学》，暨南大学出版社 2004 年版，第13—14 页。

② 《马克思恩格斯全集》第 33 卷，人民出版社 1960 年版，第 329 页。

人的需要和能力的具体肯定和直接体现，是人作为主体自我维系和自我创造的条件。如果说权利是从必要和可能方面对人的主体地位的肯定的话，那么，同权利相联系的责任和义务，则是从前提和后果方面对人的主体地位的另一种肯定，它表明主体之间、人的主体性活动与客体之间以及活动过程与后果之间的联系。在这种联系中，主体和客体的共生性使得他们之间互相提出要求或共同认同某种社会规范，由此规定了每个主体在社会中得以生存和发展所必须承担的责任。这种责任并不是抽象的，随着个体社会角色的变化而对人们的利益产生不同程度的影响，个体就会被社会赋予某种特定的义务，相应地个体便产生了要对其特定对象负责任的社会要求。生命因承重、因承担和履行着对他人、对社会的责任而显得亮丽、充实和富有意义。故"责任的实现能为他人带来现实利益，责任的实现也就意味着实现了责任者的社会价值，从而责任者在其责任的实现中获得某种精神上的巨大愉悦和满足"①。

生命是一种责任，与生俱来或后天萌发的责任，承担和履行这种责任的过程，就是探索和实现生命价值的过程。康德提出："责任的最高原则就是竭尽全力维护自己的生命、发展和提高自己的生命，使他具有最大的道德价值。"② 要帮助青年大学生克服"无兴趣、无所谓、无意义"的"精神疲软"状态和"极端功利化"的趋势，预防自杀心理和行为的发生，关键在于引导大学生勇于、敢于承担自己的生命责任。

第一，引导大学生正确认识自我价值，自觉承担社会之责任。不能正确认识自我生命的价值是当代大学生轻易放弃生命的重要内因。只有当大学生对人生需要、人生目的、人生态度和人生理想等问题有了正确认识，建立起正确的自我意识时，才能形成产生社会责任感的内在精神支柱和履行社会责任的强大动力。"一个人不能去寻找抽象的人生意义，每个人都有他自己的特殊天职或使命，而此使命是需要

---

① 王兆林：《学会负责与学校责任教育再探》，《中国教育学刊》2003 年第 4 期。
② ［德］康德：《道德形而上学原理》，黄力田译，上海人民出版社 2002 年版，代序，第 11 页。

具体地去实现的。"① 生命是在承担责任中体现价值的，应引导大学生把个人成才与社会发展有机地结合起来，自觉地把社会理想、时代要求内化为个人的成才目标，树立一种"舍我其谁"的责任感和"敢为天下先"的使命感。有这种英雄气概的人，才不会为个人名利所累、所怨、所伤，反而能"激流勇进不回头"，像鲁迅先生说的那样"在生活的道路上，将血一滴一滴地滴过去，以饲别人，虽自觉渐渐瘦弱，也以为快活"②。

第二，引导大学生投身社会实践，实现生命之责任。大学生自杀现象暴露出社会结构（主要是社会矛盾）的深刻变化，以及郁于书斋中的大学生对这种变化的不可理解以及无可奈何。实际上，脱离现实、困于书本的大学生有的是强烈的使命感，缺乏的是改造现实的责任感；有的是在社会生活之外的旁观者般的狂热和批判，缺乏的是融入社会生活之内的主人翁般的理智和拼搏。但是，责任不仅仅是呐喊，还是融入社会生活中的实实在在的不屈的奋斗，只有在社会实践中才能深刻体验社会的变化和社会的需求，获取履行责任的亲身感受，消除知识分子固有的清高和偏激。因此，培养大学生的责任感，就要引导大学生自觉走出书斋，深入社会，到基层去，到社区去，通过科技服务、公益劳动和集体活动，了解社会，认识国情，丰富情感，磨砺意志，真正体悟人生之意义，做改革开放的推动者，自主自愿生活的强者。

第三，引导大学生担当生活之主体，学会对自己负责。大学生是大学生活的主体，增强自我责任意识，首先要学会尊重自己的主体地位和主体人格，学会在各种利益冲突中独立地判断和选择，并对自己的行为后果承担责任。印度的佛陀奥修说过，你唯一的责任是对自己的本性负责。用全部的心力关注和实践自我本性的完善，使生命的价值不致因我们的懈怠而辱没，这正是生命所要承担的第一责任。如果一个人对自己都不负责任，自己怎样做人都糊里糊涂，甚至自暴自

①　［奥］维克多·弗兰克：《活出意义来》，赵可式等译，生活·读书·新知三联书店1991年版，第84页。

②　《鲁迅全集》第 11 卷，人民文学出版社 1981 年版，第 249 页。

弃，也就谈不上对其他人和对社会负责任了。所以大学生要学会对社会负责，首先要学会对自己负责：对自己的生命负责，对自己的健康负责，对自己的事业负责，对自己的情感负责，由己及人，由近及远，对自己的亲人负责，对身边的周围人负责，再升华到对社会、对民族、对国家负责。在这里，责任已不再是抽象、空洞的口号，它已具体化到生活的每一个层次、每一个领域、每一个行为中。人只要活一天，就被社会给予一天，也就应该为生命负责一天。"修身、齐家、治国、平天下"是生命进程的四个阶段，每一个阶段都给我们规定了应负的职责，承担好每一个责任才使得我们的生命变得美丽而有意义。

（四）创造生活的幸福：幸福观教育

幸福，既是自古以来的伦理学难题，又是一个诱人而难解的人生学之谜。追求幸福是人类生活的永恒主题和社会发展的强大动力。"幸福就是一种合乎德性的灵魂的实现活动，其他一切或者是它的必然附属品，或者是为它本性所有的手段和运用。"① 幸福是人所追求的生存状态和生存方式，人的任何一种追求都是对幸福的追求。苏格拉底强调人生的意义、人生的根本目的是幸福，而幸福就是对至善的追求。生命价值观的教育以尊重生命、健康发展为直接目标，但其更长远的目标在于能够对大学生当下及未来的生活有积极的作用，能够使他们生活得更好，能够有助于他们所追求的终极目标——幸福生活的实现。

大众文化的世俗化自然带来了大学生幸福观的世俗化。我们在调查中发现，在回答"人生最大的幸福是什么？"时，56.0%的学生选择的是"身体健康、家庭幸福"（比10年前对"80"后的调查高出15个百分点），13.3%的人选择的是"有确定的人生信仰和内心的宁静"，10.6%的人选择的是"自由自在"，5.8%的人选择的是"有知心朋友"，5.2%的人选择的是"实现了自己的理想"，4.5%的人选择的是"受到社会的认可和他人的尊敬"，3.5%的人选择的是"有

---

① ［古希腊］亚里士多德：《尼各马可伦理学》，苗力田译，中国社会科学出版社1999年版，第18页。

较高的社会地位和一定的经济实力"，1%的人选择"其他"。也就是说，大学生对幸福的理解越来越注重自我感受和现实需求，健康、家庭、宁静与自由构成了当代大学生幸福目标取向的基本特点。另外，受市场经济大潮的冲击和西方价值观念的影响，部分大学生的幸福观发生了一些偏差，相当一部分同学认为金钱是影响幸福的首要因素，把追求金钱、物质享受摆到了越来越重要的地位；在获取幸福的方式上，认为机遇、出身、关系比辛勤劳动、脚踏实地更重要，甚至为了达到自己的幸福可以"不择手段"；还有的大学生过分追求权力，认为权力不仅可以使自己的世俗生活更加舒适优越，而且使自己的身份更加高贵、形象更加优雅；有的大学生非常在乎功名，忙忙碌碌，只求今后能够出人头地、改变全家人的命运；有的大学生过分注重享受，花前月下，花天酒地，"今朝有酒今朝醉"。人各有志，以上对幸福的理解和追求不能单纯地给予对与错的评价。但是，幸福是有层次的。就它的本义而言，幸福是成为人时的意义感，是生命超越时的高原体验，它更多的是指一种精神状态，一种精神追求，一种精神境界，也就是说主要是人的一种精神生活。所以，要让大学生的幸福观走出低级、庸俗、肤浅甚至功利、短视的境界，就要加强幸福观教育，让大学生明白什么是真正的幸福。

首先，幸福是物质生活与精神生活的和谐统一。马克思主义认为，幸福既不是超验的、纯粹的精神体验，也不是单纯肉体感官的满足，幸福在本质上是一种物质和精神的统一。恩格斯说："他需要和外部世界来往，需要满足这种欲望的手段：食物、异性、书籍、谈话、辩论、活动、消费品和操作对象。"[1] 恩格斯这段话中所列的八项内容，包括了满足人的幸福的物质需求和精神需求。禁欲主义诅咒人的感官满足，因而鄙视物质生活的追求，这从本质上歪曲了人类的幸福。所以马克思在批判宗教时说："废除作为人民幻想的幸福的宗教，也就是要求实现人民的现实的幸福。"[2] 不过"现实的幸福"，也不是单纯物质意义上的追求，人的尊严与幸福离不开一定的物质条件，但

---

[1] 《马克思恩格斯全集》第21卷，人民出版社1965年版，第331页。
[2] 《马克思恩格斯全集》第1卷，人民出版社1956年版，第453页。

有了一定的物质条件也并不意味就有了幸福。马克思指出享乐主义局限性时说，享乐主义者实际上是"把丑恶的物质享受提到了至高无上的地位，毁掉了一切精神内容"①。在马克思眼里，人之为人，不只在于肉体生命，更在于思想、精神、灵魂。人追求知识，追求理想，追求人生价值，追求创造才能的发挥，还追求社会尊重和深刻丰富的情感。所以，真正的幸福应该是在求得外在享受过程中求得内在完善。只有丰裕的物质生活和充实的精神生活相协调的人才能感受到完满的幸福，感受到内心的宁静与充实。

其次，幸福是身、心与道德健康的和谐统一。健康的体魄、欢愉的心灵与得到社会和他人认可的道德修养是幸福的必要条件。健康是幸福的载体，健康的身体是维持和延长生命的物质基础。人的身体由各种器官构成，当躯体器官受伤或生病时，人就会感到痛苦和不适；当身体正常时人就会感到满意和愉快。同时，人的心理状态、道德修养也直接影响着人的生活状态，"获得幸福的生活方式是道而不是利，或者说，幸福不是由利而是由道而德（得）"②，只有保持身心的平衡、道德的完善，人才能感受到圆满。生理幸福、心理幸福与伦理道德幸福在完整的幸福中扮演着无可替代的角色，三者有着同等重要的作用。洛克对此有一段经典表述："健康之精神寓于健康之身体，这是人世幸福的一种最简单而又充分的描绘。"③

再次，幸福是现实拥有与未来追求的和谐统一。人都有理想，理想的实现是幸福，而对理想的追求和靠近本身也是一种幸福。事实上，最难忘的幸福往往存在于充满希望、百折不挠的期待与奋斗中。因此，幸福不仅是最终的拥有，也是一个积极的期待与创造。幸福只存在于人们不断超越自我向更高状态的发展过程之中。④ 只要未来能给人希望，那么希望就会带来幸福，人正是在满怀希望、走向美好未来的过程中感受到幸福的；反之，处于幸福处境中的人如果预感到不

---

① 《马克思恩格斯全集》第 1 卷，人民出版社 1956 年版，第 636 页。
② 赵汀阳：《论可能生活》，生活·读书·新知三联书店 1994 年版，第 16 页。
③ ［英］洛克：《教育漫话》，傅任敢译，教育科学出版社 1999 年版，第 1 页。
④ ［美］弗洛姆：《弗洛姆文集：我相信人有实现自己的权利》，改革出版社 1997 年版，第 445 页。

幸即将来临，那么眼前的幸福就会大打折扣。所以，人们不仅要力争眼前生活的幸福，更要追求未来的幸福。幸福就存在于人们永无止境的劳动创造中，存在于人们永恒的进取过程中。一旦停滞，现实的幸福不会被守住，未来的幸福也不会实现。

最后，幸福是自我实现与无私奉献的和谐统一。幸福总是基于个体，而又依存于社会的。一方面，人对幸福生活的体验来自幸福感的产生，"幸福就是人的根本的总体的需要得到某种程度的满足所产生的愉悦状态"①。从这个意义上来说，幸福是人的一种生存状态与存在方式，是人的自我实现后获得的一种满足感。也就是说，当人发挥了自己的创造潜能，实现了自己的生命价值，找到了自己在世界上的位置，找到了自己与社会、与世界的应有关系后，他就会感到充实与幸福。另一方面，幸福是建立在个人幸福与社会幸福相统一的基础之上，人作为类的存在物，有自身的道德责任。正因为人有这种"类"的道德，个体为类做出贡献甚至牺牲时，才会产生一种极其崇高的幸福感，这种幸福感将远远超过个人自私而可怜的欢乐。正如马克思所言，"历史承认那些为共同目标劳动因而自己变得高尚的人是伟大人物；经验赞美那些为大多数人带来幸福的人是最幸福的人"②。可见，幸福的最高境界就是为人民谋幸福，这时候，幸福才是一种伟大的精神力量。

第三节　大学生生命价值观教育的主要方法

大学生生命价值观教育是一种特殊的教育实践活动，它应当代社会发展所需，合大学生个体生命成长所求，旨在引导大学生树立正确的、科学的生命价值观，提升大学生的生命品质，追寻意义人生。目标的实现离不开得当的方法，尤其是在大众文化给大学生生命价值观教育带来诸多影响的情形下，大学生生命价值观教育更需以适当的方

---

① 江畅：《幸福之路》，湖北人民出版社1999年版，第29页。
② 《马克思恩格斯全集》第40卷，人民出版社1982年版，第7页。

法为"催化剂"、"助跑器",充分利用大众文化提供的多样化平台和有效形式,创造性地运用新方法和方法的新运用,把大学生生命价值观教育落到实处,取得实效。

一　偶像激励法

作为大众文化的重要形态之一,偶像文化常对大学生的价值观产生潜移默化的影响。偶像古已有之,"最初的偶像是人们创造出来的,是将一定的文化寓于木偶人之中的,偶像成为一定文化的载体"①。从语义学的角度看,《现代汉语词典》将偶像解释为"用木头、泥土等雕塑的供敬奉的人像,比喻盲目崇拜的对象"。《辞源》将偶像解释为"以土木或金石制造的人像"。可见,现代汉语对偶像的解读在很大程度上沿袭了古时的偶像之意,"认为偶像是用土木等制造出来的,供人们盲目崇拜的对象,蕴含贬义"②。书面语言往往具有一定的滞后性,而生活用语则随着社会生活的变迁不断丰富和发展。现代社会中人们对偶像的解读和认知早已超出《现代汉语词典》等工具书的解释,偶像失去古时蕴含的贬义,而更多地承载着大众文化语境中的褒义,成为公众崇拜和学习的对象。在现代大众文化视域中,所谓偶像,即"被个体(或群体)所认同,并受到极度尊敬、钦佩或者极其欣赏、喜爱和向往的形象化的象征性人格符号"③。这里的"人格"泛指"人的生物性和社会性的人的综合特征"④。"形象化"即"这种人格特质是通过具体的人物形象来表征的,与抽象符号相对,是一种'具象符号'"⑤。大众文化语境中的偶像具有较高的认同度和认可度,其行为模式、思维方式甚至价值观念往往受到公众的热烈关注和追捧。正如岳晓东所说:"远古的偶像是拟人化了的神;而今的偶像是神化了的人。"⑥偶像往往因其魅力或光环效应而对受众产生激励作

---

① 张淼:《在校大学生偶像崇拜及其思想政治教育引导研究》,硕士学位论文,西南大学,2012年,第3页。

② 同上。

③ 何小忠:《偶像亚文化与青少年榜样教育》,江西人民出版社2007年版,第28页。

④ 同上。

⑤ 同上。

⑥ 岳晓东:《我是你的粉丝——透视青少年偶像崇拜》,上海人民出版社2007年版,第13页。

用，因而可将偶像激励法引入大学生生命价值观教育之中，鼓励大学生树立正确的生命价值观。

（一）何谓偶像激励法

所谓偶像激励法，即运用偶像这种具有较高认同度和认可度的"象征性人格符号"对教育对象进行激发和鼓励的方法。大众文化语境中的偶像与传统偶像具有不同的时代内涵，因而识读偶像激励法需把握以下几个方面：其一是现实性与生活性的契合。传统偶像以雕塑、绘画等艺术造型为基本存在形式，"具有宗教和神化的特质"①，往往"向崇拜者展现出神圣完满而永恒统一的光辉"② 形象，可望而不可即，具有超现实性和超生活性。而大众文化语境中的偶像则是现实生活中具象化的个体生命存在，是生命体在现实时空中的展开，即使是被商业性的现代传媒所包装和神化了的偶像亦不例外。偶像激励法正是运用现实生活中真实存在的、可亲可近可感的偶像人物给予教育对象以生命启迪和激励，引导他们立足现实，形成热爱生活、砥砺自我、奋发向上的人生态度。其二是外在感性形式与内在精神价值的统一。偶像或因光鲜亮丽的外在感性形式，或因意蕴丰厚的内在精神价值，或因二者兼具而颇受崇拜者的喜爱和追捧。大众文化视域下，教育者在运用偶像激励法的过程中不只是关注偶像的外在形象，更注重其内在精神价值和人文底蕴，并以此引导教育对象认识到缺乏人文内涵和精神价值仅光鲜亮丽的外表是贫瘠的、短暂的，而由内向外散发的精神气质和人文底蕴则是丰裕的、恒久的。教育者正是以偶像的感性形象和内涵美启迪和激励教育对象注重和升华生命的内在价值，当然也不可忽视生命的外在感性形式。其三是影响效果的多样性。受市场经济和大众文化商业运作模式的影响，现代大众传媒乐此不疲地参与"造偶"和"灭偶"运动，加之受众个体需求的变动，某一时期为受众喜爱的偶像在下一时期可能被替代，如此，偶像激励法的效果或是短期的或是长久的。偶像往往具有光环效应，可能导致受众陷

---

① 岳晓东：《我是你的粉丝——透视青少年偶像崇拜》，上海人民出版社 2007 年版，第 13 页。

② 王一川主编：《大众文化导论》，高等教育出版社 2009 年版，第 208 页。

入盲目崇拜的境地，不分是非黑白，迷失自我，偶像激励法若运用不当亦可能产生此后果，因而教育者需慎用偶像激励法，把握好分寸和尺度。

（二）大学生偶像崇拜的大众文化透视

偶像崇拜古已有之：它"始于原始图腾崇拜，经历了从图腾物象到天地神灵再到帝王的崇拜过程"[①]，"具有宗教和神化的特质"[②]。而当前社会的偶像崇拜具有明显的现代性，与古时的偶像崇拜意蕴相去甚远，偶像转化为个人或群体"认同并欣赏的人物，崇拜则是崇拜对象所激起的崇拜者的心理行为反应"[③]。

偶像崇拜是一种亚文化现象，也是一种常见且特殊的社会心理现象和行为方式，它存在于各年龄阶段的人群之中，尤以青少年和青年群体最为明显。大学生作为青年群体的重要组成部分，其偶像崇拜既具有青年崇拜的共性，又具独特性。大学生偶像崇拜是指"大学生群体对于自身所喜好人物的认同和情感依恋，并通过收集、分享、模仿等行为方式表现出来，是大学生自身的理想信念及其价值观念在偶像身上的投射，反映了大学生内心深处的理想需求与现实生活之间的矛盾"[④]。大学生偶像崇拜产生于特定的时代背景和群体心理基础之上，透视大学生偶像崇拜必然要结合大众文化盛行的社会背景和大学生群体的文化心理现象。

1. 勃兴的大众文化为大学生偶像崇拜奠定文化基调

随着改革开放和市场经济的逐步深化，我国文化市场日益活跃，主导文化、精英文化、大众文化各美其美，并行于社会文化生活之中，呈现多元文化共存、共容、共生的景象。大众文化因其通俗性、世俗性、娱乐性、流行性等颇受大学生青睐。大学生偶像崇拜与大众文化的发展、传播和影响不无关联。在文化多元、价值多样的时代背

---

① 岳晓东：《我是你的粉丝——透视青少年偶像崇拜》，上海人民出版社2007年版，第123页。

② 同上书，第121页。

③ 同上书，第123页。

④ 张淼：《在校大学生偶像崇拜及其思想政治教育引导研究》，硕士学位论文，西南大学，2012年，第5页。

景下成长起来的大学生，其偶像崇拜不可避免地受到大众文化的影响。

（1）大众文化为大学生偶像崇拜的多元化提供文化背景。大众文化的兴起打破了主导文化和精英文化一统天下的局面，整个社会文化环境更加"开放、自由和宽松"，这为大学生偶像崇拜由单一走向多元创造了社会文化氛围。20世纪90年代以前，大学生崇拜的偶像多为革命英雄人物、社会道德楷模、科学家等。在当时的社会背景下，通过倡导对这些榜样人物的学习，培养了一代代优秀大学生。当前大学生偶像崇拜更具多样性，崇拜对象扩展到影视歌星、体育明星、草根英雄等，"在网上的文化偶像投票选举中，时下流行的歌星、演员、球星等文艺界明星与代表精英文化、革命文化的鲁迅等人物并列一起，这种现象很好地诠释了偶像崇拜的多元性"[①]。

（2）大众文化为大学生偶像崇拜的自主性提供多样化选择。借助快速发展的现代传媒，大众文化以迅雷不及掩耳之势渗透到社会生活的各个方面，并营造一种开放、平等、自由、民主、宽松的社会文化氛围。伴随着改革开放，各种社会思潮纷纷涌入中国，更加速了大众文化的传播和普及，冲击大学生的思想和视野。这些为大学生生活方式的多样化和价值追求的多元化与自主性创造了外部文化环境。今天的大学生较改革开放前的大学生，有更强的主体意识，"再不轻易认同主流文化所宣扬倡导的榜样、模范，有了更多选择的机会，强调出自我的选择与主张，个性更加张扬，拥有了比以往各个时代更多的自主选择的权利"[②]。可见，大众文化影响下，大学生更倾向于自主选择偶像，且崇拜对象和崇拜方式更具多样性。

（3）大众文化影响下大学生偶像崇拜的娱乐化倾向和功利性色彩共存。近年来，我国高等教育逐渐由精英教育转化为大众教育，大学生数量年年攀升，质量参差不齐，加之严峻的就业形势，大学生面临诸多竞争压力。在具有娱乐性和流行性的大众文化的影响下，大学生

---

①　彭雪、孙守安：《浅议当代大学生偶像崇拜》，《辽宁工业大学学报》2011年第6期。

②　同上。

倾向于将偶像崇拜作为自己放松心情和释放压力的一种途径，以达到娱乐自我的目的。同时，大学生作为接受高等教育的群体，其世界观、人生观、价值观渐趋理性，更倾向于将偶像视为学习的榜样，从偶像身上汲取向上的力量以满足功利化和实用性需求，这也是具有世俗性和商业性的大众文化对大学生偶像崇拜产生的影响。

2. 大学生通过偶像崇拜满足实现自我确认和主体认同的心理需求

人是具有目的性的、有意识的能动主体，人们所从事的一切活动都与其目的息息相关。大学生偶像崇拜的背后隐含着大众文化影响下大学生寻求心理认同与情感依附、实现自我确认和主体认同的心理需求。

（1）偶像崇拜是大学生释放内心压力、寻求心理依傍的途径之一。如前所述，借助现代传媒，大众文化得以对社会进行全方位渗透，并营造一种"开放、自由、宽松"的社会文化氛围，这使得长期受此影响的大学生主体意识大大增强，渴求自我发展与实现。然而，"理想很丰满，现实很骨感"，当前大学生面临诸多压力，学业、就业、情感、竞争……无不是摆在他们面前的课题，现实与理想的落差难免让其产生失落、困顿、压抑、迷茫的心理或情绪，而偶像崇拜正是向外寻求心理解脱的途径之一。偶像往往以自身的优秀品质和人格魅力获得大学生的认同、欣赏、钦佩、崇拜和模仿，在大学生成长过程中"扮演了对现实的自我不满足而找寻到的最佳理想自我的角色，是自我同一性的最佳代表"①。在偶像崇拜中，大学生寻找到释放内心压力、情感依附和"脆弱人生依托"的对象，实现满足自我确认和认同的心理需求。

（2）偶像崇拜引发大学生情感共鸣，满足其追求向上的心理需求。大学生偶像崇拜的一个非常重要的原因是，他们将自己的心路历程投射到偶像身上，他们在偶像的人生阅历中发现"自己的影子"，寻找到生命价值的契合点，引发情感共鸣。偶像往往凭借自身刻骨铭心的追梦之旅和历经磨炼而积淀的优秀品质取得令人叹服的成就，受

---

① 李须战：《封杀"问题明星"对青少年思想道德观念的影响探析》，《南阳理工学院学报》2015 年第 5 期。

此启发、鼓舞和感召，大学生力求向偶像看齐，视偶像为学习榜样和精神动力，相信自己通过不懈努力也能取得辉煌的成就，满足追求自我提升、发展、充实人生意义的心理愿望，这体现出世俗性的大众文化对大学生心理的影响。

（三）在偶像崇拜中积极渗透生命价值观引导

大学生"择偶"往往以满足自我需求为导向，或是为给自己树立学习榜样，或是为寻求情感依附和心理依托，或是为满足自我感官享受等。大学生偶像崇拜具有多重性，我们需要一分为二地加以审视。一方面，大学生受偶像优秀特质和人格魅力感召表现出积极向上、自我完善和提升的愿望，不断追寻生命的价值和意义。另一方面，由于根据自我需求择取偶像，大学生可能会陷入盲目崇拜、迷失自我的境地，消解自我存在的价值和意义。因而需在大学生多元偶像崇拜中积极渗透生命价值观引导，引发其生命思考与感悟，塑造其生命态度与习惯，帮助他们树立正确的生命价值观。

1. 教育大学生端正"择偶"态度，理性"择偶"

"偶像崇拜是大学生在其特定年龄阶段普遍存在的正常心理现象。"[1] 作为教育者，首先应理解和接纳这一特殊心理现象，尊重大学生基于自我需求的"择偶"权利，同时也要认识到大学生尚处于世界观、人生观、价值观不完全成熟的人生阶段，其偶像崇拜行为尚不够理性，教育者有必要结合大学生偶像崇拜心理和情感诉求，引导大学生理性"择偶"。一方面，教育大学生端正"择偶"动机，规范"择偶"标准。教育者要引导大学生从生命意义的视角审视偶像，以益于追求美好生活和自我完善、追寻生命品质和价值为"择偶"动机，并引导大学生认识到真正的偶像应当具备人格魅力、优秀特质和内涵美，应当能够给人以向上的力量和精神的鼓舞，能够满足生命成长与发展的需求，而不能单纯将时尚流行、外表光鲜亮丽和纯粹感官刺激作为"择偶"依据。另一方面，教育者需引导大学生以一颗平常心正视偶像，欣赏而不迷恋，热烈而不盲从，懂得识别偶像身上的闪光点

---

① 彭雪、孙守安：《浅议当代大学生偶像崇拜》，《辽宁工业大学学报》2011年第6期。

与不足之处，"择其善者而从之，其不善者而改之"，理性崇拜，不迷不躁。

2. 引导大学生挖掘偶像的精神内涵，追寻人格完善与美好品质

偶像往往因内在的精神价值和人文底蕴而具有强大的生命力、吸引力和感召力，引发受众的崇拜心理，激起受众的崇拜情结，影响受众的思维模式和行为方式。教育者应善于利用大学生的偶像崇拜心理和崇拜情结，引导大学生关注和挖掘偶像的精神内涵，品读和学习偶像的内在品质与人性优点，晓之以理，动之以情，导之以行，引导他们做出合理的人生定位、追求向上、热爱生活、充盈内心、完善人格、达于生命的意义与价值。同时，启迪大学生在追寻个人生命绽放光彩的基础上也要关怀他人生命，以自己的生命光芒照耀和指引他人生命之路，博爱生命，感恩生命，回馈生命，追求生命境界的沉淀与升华。

二　生命体验法

生命具有多种存在方式，而体验作为其中之一，对生命走向充盈、获得丰满、生成意义具有重要价值。

（一）体验：生命的存在方式

"体验是生命在活动过程中产生的主观感受、经验及情感，生命通过体验感知自我，体验生命的情感，并创造生命超越的意义。"[①] 体验是生命的存在方式，生命本身是一次意义非凡的体验之旅，正是在体验中，生命感知自我存在，充实自我力量，丰富自我内涵，增加自我厚度，追求完满与升华。失去体验，生命难以感知自己存在的价值和意义；体验不足，生命会失去光泽，变得单调而贫瘠。体验不会凭空而生，它是实践过程中主客体相互作用而产生的主观感受和情感反应。体验不是对客体简单而浅显的认识，而是关于主客体相互关系和意义生成的认识。其中，客体并非脱离主体的纯粹的外界存在物，"而是与生命有关的内容，是主体生命意识之中的客体，成为生命生

---

① 刘济良等：《生命的沉思——生命教育理念解读》，中国社会科学出版社2004年版，第101页。

成的资源"①。"对于没有音乐感的耳朵说来，最美的音乐也毫无意义，不是对象，因为我的对象只能是我的一种本质力量的确证，也就是说，它只能象我的本质力量作为一种主体能力自为地存在着那样对我存在，因为任何一个对象对我的意义（它只是对那个与它相适应的感觉说来才有意义）都以我的感觉所及的程度为限。"②所以，体验与主体的参与和客体的卷入是分不开的，它"使外界的客体真正进入生命，成为生命的一部分，使生命获得丰厚，而且体验还可以在主客的融合过程中引起主体产生情感、领悟，获得启迪、升华，从而生成意义"③。

体验是生命的存在方式，生命因体验而走向丰盛和完满。体验在生命教育中的作用已得到多方证实和承认，生命体验法就是生命教育和体验教育的有机融合，促使学生亲历生命的旅程，主动参与生命活动，在体验中感悟生命的价值和意义，追寻意义人生。我们在进行大学生生命价值观教育的过程中应注重生命体验法的运用。

（二）课堂教育中生命体验情境建构

课堂教育是培养大学生生命价值观的主要方式，更应该注重生命体验法的运用。因为人的生命，尤其是个体生命的存在和生长，是每一个人最能直接经验和感受的。人的生命形式的神奇和多彩，个体生命成长和发展过程中的曲折经历以及自己和家人所凝聚的艰辛劳动，都是大学生最能也是最应该经验和感受到的，生命信仰就源于个体这些最强烈、最直接的生命体验。也就是说，生活和实践确认、引导和规范了个体的思想行为。著名哲学家胡塞尔也认为，生活世界与科学世界的本质区别是生活世界中充满了目的、意义和价值。回到生活世界的个体才会不断地思索生命的意义，选择自主的道德行为。因此即使是课堂教育，也应确立"生活世界"的理念，回归到学生的生活世界中去。把丰富多彩的生活世界的内容变为课堂教育的内容，把单一

---

① 刘济良等：《生命的沉思——生命教育理念解读》，中国社会科学出版社 2004 年版，第 101 页。

② 《马克思恩格斯全集》第 42 卷，人民出版社 1979 年版，第 126 页。

③ 刘济良等：《生命的沉思——生命教育理念解读》，中国社会科学出版社 2004 年版，第 102 页。

的"我讲你听"的课堂变成人人参与的体验场所，促进学生在生命体验中达到"移情"与"共感"的效果。

创设生命体验情境是课堂教学中生命体验建构的重要一环。生命本是多姿多彩、灵动有趣的，因而生命体验情境的创设也须"具体、生动、活泼"。通过一种真实情境创设或者模拟场景布置，让大学生走进情境、融入情境，扮演不同情境中的具体角色，体验不同的感受，选择不同的行为。在此过程中，教育者要保持敏锐的洞察力，适时进行调整，保障活动的顺利进行。活动结束后，参与者分别谈一谈自己在不同情境中的体验。身处特定的情境、身为特定的角色，参与者想到了什么，做了什么，选择了什么，放弃了什么，为何这样抉择。通过对这一系列问题的思考和回答，大学生必能深刻感受到生命应有所为，有所不为。有所为提升生命的价值和意义，有所不为保证生命的纯净与美好。这一亲历性过程让大学生以当事人的身份做出种种思考和最终抉择，有助于激发他们的生命感悟，深化生命认知，提升生命体验能力，愉悦生命体验情怀。

（三）校园文化中生命体验渗透

体验是一种移情和理解，它使他人、他物融入我"心"，浸染生命，撼动心灵。[1] 大学生学习和生活在校园之中，校园文化无时无刻不在或正面感染或潜移默化地影响着他们，因而可将生命价值观教育渗透在校园文化中，借助校园文化给予大学生更多生命体验平台和契机，浸染其生命，撼动其心灵。

1. 营造良好的生命教育宣传环境

就宣传主体而言，学校党政部门、学生工作部门、各种学生组织和社团等要高度重视大学生生命价值观的培育，互相协调配合生命教育工作，同向发挥育人作用。具体而言，要在全校范围内大力宣传生命教育，充分调动师生参与生命教育，营造浓厚的校园生命文化氛围。从宣传客体来看，即就宣传内容而言，要体现丰富性和多样性。既有关于生命知识的宣传和普及，促进大学生识读生命意蕴，深化生命认知；又有关于典型人物生命事例的宣传和教导，增强生命知识的

---

① 冯建军：《让教育与生命同行》，《人民教育》2006 年第 9 期。

说服力和可信度，培养大学生的生命意识和生命情感；还有关于生命教育的经典口号和标语等以警示大学生珍爱生命，关怀生命。从宣传媒介来看，现代大众传媒为大学生生命教育提供了多样化的宣传手段和平台，高校要充分发挥各种网络平台、宣传栏、校报校刊等生命教育的宣传作用，促使生命教育无处不在，无时不有，实现每一位大学生无时无刻不在接受生命教育的熏陶和陶冶。需要注意的是，在营造生命教育校园宣传舆论环境的过程中，要保证宣传主体、客体和介体成为一个"三位一体"的统一体。"三体"并用才能更好地营造校园生命教育的舆论环境，为大学生生命体验创造良好的校园文化氛围。

2. 在丰富多彩的校园文化活动中渗透生命教育

丰富多彩的校园文化活动是高校促进学生发展和成长的一大平台，因而可将生命教育渗透到校园文化活动之中，促使二者相融共生。高校可充分利用各种校园文化平台和基地，开展丰富多彩的生命教育文化活动，让大学生在亲历活动的过程中认知生命、体验生命、感悟生命。比如，开展以"生命、生活、生存"为主题的"三生"教育座谈会，举办以"珍爱生命、快乐生活"为主题的征文比赛和演讲比赛，组织学生拍摄珍惜生命的微电影，观赏生命教育的相关影视剧，举办心理健康知识讲座等。丰富多彩的校园文化活动有助于大学生感受生命成长的快乐，体验生活的美好，领悟生命的意义。

良好的生命教育校园舆论环境和丰富多彩的生命教育校园活动是高校校园文化中生命体验渗透的两个着眼点，犹如"车之两轮、鸟之双翼"，相得益彰，共同促进大学生体验生命存在的意义，形成正确的生命价值观。

（四）社会实践中生命体验润泽

社会实践是大学生生命教育的平台之一，通过社会实践，大学生既能将所学知识运用到生命活动中去，达到学以致用，又能在亲历实践的过程中体验生命，感悟生命，升华生命认知。"高校应坚持以社会实践为舞台，构筑当代大学生生命教育的平台，把当代大学生生命教育置于整个社会之中。"①

1. 在奉献社会的实践中体验生命价值

人生命体验的生成是在人的生命活动、生命实践的不断展开中实现的。因为只有在亲身参与的活动中，学生才能"以身体之，以心验之"，才可能产生积极的生命体验。比如，组织大学生到养老院、孤儿院、社会福利院、临终关怀医院、贫困地区、灾区等参与志愿服务活动，力所能及地向弱势生命群体伸出援助之手，向社会奉献一份爱心。在志愿服务过程中，大学生直接或间接接触到孤儿、老人、病人等社会弱势群体。透过这些不同的人群，大学生能够感受或体验不同的生命感悟：孤儿或传递生命坚韧独立、茁壮成长的正能量，或传达生命中爱的缺失与归属的失落；老人或表达怡然自得的生命情怀，或感慨来日无多的生命惆怅；病人或憧憬生活的改观与美好，或呻吟生命的痛苦与不堪，甚至苦吟生命的短暂与绝望；受灾人群或展露重建家园的勃勃雄心，或隐忍对生活的迷茫与无助……不同的人有不同的生活态度和生命感知，而健全的人也会有或喜或悲的生命情怀。这些不同的生命声音足以让大学生感受百态人生，体验生命的酸甜苦辣，促进他们获得对生命的完整认识和感悟，在慎思的基础上做出正确的生命判断和抉择，尊重生命，热爱生命，珍视生命，呵护生命，完善生命，自觉树立正确的生命价值观。同时，大学生在参与社会实践，奉献社会与他人的过程中也能体验到助人为乐的自我生命存在感和价值感，追求个人生命价值的饱满。

2. 在社会实践中推进生活化的生命体验

"大学生生命教育要从生活化的实践中体验教育。生命之趣是人所感受到的存在价值、生命意味与生活乐趣。实施生命教育必须坚持认知、体验、实践三结合的原则，使学生在社会生活实践中的知、情、意、行一体。"② 青年大学生正值人生学习和大胆尝试的宝贵时期，他们热情洋溢，充满活力，渴望接触社会，了解社会，认识社

---

① 徐志远、鲜于纯子：《论当代大学生生命教育的途径与方法》，《求索》2012 年第 4 期。

② 何碧如、王占岳、俞林伟：《大学生生命教育的探索与思考》，《学校党建与思想教育》2013 年第 3 期。

会。"高校要了解大学生的生活世界，贴近大学生生活实际，从日常中提取并利用生活化的教育资源，有针对性地开展生命教育，从而指导学生现实生活行为，引导他们形成正确的生命价值观，适应生活，提高生活质量。"① 因而，高校可通过丰富多样的贴近大学生生活实际的社会实践活动来实施生命教育，比如，在万物复苏之际组织大学生到野外写生、植树等，给予大学生体验生命之鲜活、生机之盎然、生活之美好的契机，引导大学生在体验社会生活的实践中识读生命价值，维护生命尊严，呵护生命成长，追求品质生活和意义人生。

三　生命叙事法

叙事即讲故事，它是人类社会的一种自我表达方式和价值传递行为，是实现个人与他人、社会联结的载体。"在叙事中，一切都被安排在一个追求某种特定价值的生活历程的大框架之中，一切意义由此得到说明。"② 生活离不开叙事，正是在叙事中，人们才能实现自我表达和情感交流的意愿，体验生活的意义和价值。叙事的形式多种多样，如生活叙事、道德叙事，而生命叙事作为一种重要的叙事形式，在生命教育中意义突出。教育者应善于运用生命叙事对学生进行生命价值观教育和引导。

（一）何谓生命叙事

"生命叙事是指叙事主体表达自己的生命故事。"③ 所谓生命故事，即"叙事主体在生命成长中所形成的对生活和生命的经验、体验和追求"④。它建立在叙事主体人生阅历的基础之上，是源于生活的生命感悟。生命故事包括叙事主体个人的人生阅历、生活经验、生命体验和追求，也包括叙事主体对他人生活经历和经验、生命体验和追求的感悟。正如利布里奇（Lieblich，1998）所说："人们天生就是故事的叙说者，故事为人们的经历提供了一致性与连续性，并在我们与他

---

①　何碧如、王占岳、俞林伟：《大学生生命教育的探索与思考》，《学校党建与思想教育》2013 年第 3 期。

②　陈飞：《生命叙事：一种值得运用的道德教育实践策略》，《现代大学教育》2008 年第 2 期。

③　刘慧：《生命德育论》，人民教育出版社 2005 年版，第 227 页。

④　同上。

人的交流中扮演着主要的角色。"① 当我们的生活遭到挫折时，当人们感觉自己的生命毫无价值时，当一个人觉得自己已经没有勇气继续活下去时，叙事可以让人重拾忘掉的记忆，重新找回生命的感觉。每个人都有自己的故事，每个人都有能力讲述和倾听故事。讲述生命故事，即是在以生命叙事来体验个体生命历程和表达个人内心世界；倾听生命故事，则是在寻找一种共鸣，生发每个人新的生命体验。

生命叙事属于叙事范畴，但它又有自己的特殊性，主要体现在三个方面。一是个体性。生命叙事强调的是叙事主体对自己或他人生命故事感悟的"个性化表达"，它以叙述主体个人对生命的理解为出发点，是个人言语的诠释和心声的表达。二是日常生活性。生命叙事蕴含日常生活的元素，生命成长与日常生活体验休戚相关，这使得个体在生命叙事中能够根据自身经历展开生命联想，感受生命意蕴与真实生活的契合。三是生成性。生命叙事不是简单直白地再现已发生之事，而是叙事主体融自我的反思、体验、感悟等于生命故事之中，以识读生命、自我、他人和社会。这其中蕴含叙事主体个人的体验、反思、感悟与生命故事的渐融共生，因而"它是一个动态生发的过程"②。生命叙事与大学生生命价值观培育相融相生，生命叙事可促进大学生深化对自己和他人生命的认知，启迪大学生树立正确的生命价值观，而这又能促使大学生给予生命叙事丰富而饱满的内涵，耐人寻味，发人深省。因而，可将生命叙事纳入大学生生命价值观教育方法之中。

（二）生命叙事法之于生命教育的价值

所谓生命叙事法，就是叙事主体借助生命故事表达自己对生活和生命的体验、感悟和追求，传递生命价值认知，促使自我和倾听对象更好地理解生命，追求生命存在的价值和意义的方法。生命叙事法有助于提升生命教育质量，增强生命教育实效性。具体而言，生命叙事法之于生命教育的价值主要体现在以下几个方面：

---

① 转引自郭永玉、贺金波主编《人格心理学》，高等教育出版社 2011 年版，第 367 页。

② 刘慧：《生命德育论》，人民教育出版社 2005 年版，第 229 页。

1. 促进受教育者个体生命的自我认知、表达和发展，推进生命教育进程

叙述生命故事，表达生命感悟是每个生命个体的意愿。"心理学的研究发现，一个人在他生命成长历程中，只要经历过或体验过的事情，尤其是对他的内心世界发生过'震荡'的事，他就有将其表达出来的愿望。"① 生命叙事为大学生讲述触动心灵的生命故事提供了平台，大学生得以表达或宣泄内在生命感受，愉悦生命情怀或消解内心压抑，实现自我生命表达的意愿。个体讲述生命故事的过程也是自我认知的过程，在叙事中，个体整理自我对他人、他事、他物及自己的认识，梳理自我与他人、他事、他物的关系，认清自己的身份、现状和欲求等。大学生在叙事中给予自我的生命认知和定位为教育者实施生命价值观教育和引导提供了契机。个体生命故事建立在个人生命体验基础之上，叙事主体或许产生生命认知偏差，教育者若能及时发现并加以纠正，引导大学生沿着正确的方向解读和发展生命，这将极大地促进大学生生命的自我认知、表达和发展，推进生命教育进程。

2. 启迪受教育者个体建构和追寻生命存在的意义，为生命教育创造有利条件

生命意义存在于每个个体生命之中，它需要个体主动去发现和追寻。在生命叙事中，叙事主体通过自我或他人生命故事深化自我生命认知，了解自我真实生存状态，知道自己是怎样的一个人及自我生命价值所在。大学生通过生命叙事能够对自我及自我生命价值做出自己的判断和定位，而这又能启迪他们建构和追寻生命存在的意义。生命故事蕴含叙事主体的生活目标和生命追求，蕴含生命意义和价值的组成元素。建构与追寻生命存在的意义必然要回到个体生命故事中，"回到个体生命本身，回到个体生命本身的特性、所处的生存环境及当下状态，回到个体生命的经验与体验、具体而现实的活动之中，回到他们在现实生活中遭际的事件中来"②。在演绎生命故事的过程中，大学生能更好地认知和主动地建构生命存在的意义，为生命教育创造

---

① 刘慧、朱小蔓：《生命叙事与道德教育资源的开发》，《理论经纬》2003 年第 8 期。
② 同上。

有利条件。

3. 推进师生互动互促，增强生命教育实效性

在生命教育中运用生命叙事法，大学生个体和教育者本人兼具叙事主体和倾听者的双重身份。大学生讲述自我生命故事或借他人生命故事诠释自我生命认知，抒发个人生命情怀，此时大学生是叙事主体，教育者为倾听者。教育者在倾听大学生生命故事、引导大学生形成正确生命价值观的过程中也可讲述自我生命故事，以增强生命教育的感染力和说服力，此时教育者转化为叙事主体，大学生成为倾听者。这一角色的转换有利于促进师生交流与互动，提升生命价值观教育的效果：一方面，大学生既能充分表达内心生命感受，深化生命认知，又能聆听教育者的生命点拨，促进个体生命成长；另一方面，又有助于教育者从大学生生命故事中发现和提取新的生命教育资源，把握生命价值观教育的契机。

（三）生命叙事法的表达与应用

生命叙事法是大学生生命价值观教育的重要方法，在其具体表达与应用过程中，我们需要把握以下几个方面：

1. 慎选生命故事

生命故事作为大学生生命价值观教育的重要资源，它必须是撼动心灵、发人深省、耐人品味、具有生命教育价值的故事。按来源不同，它包括两个方面：一是关于叙事主体个人生活的故事，涉及叙事主体的家庭、学校、社会、工作生活中的事件；二是关于他人生活的事件，即社会生活中具有较强影响力的历史事件和现实事件。教育者要有敏锐的洞察力，善于"在学生与学生日常生活际遇及其学习间建立有意义的联系"[①]，引导大学生认识到源于生活实际的生命故事与生命价值观培育之间的契合，引发大学生生命叙事的兴趣，启示他们着眼于叙事的生命启迪，慎选生命故事，做有意义的生命叙事。例如，教育者可向大学生推荐复旦大学于娟教师的生命日记，引导他们讲述其中真实而生活化的生命故事，培养他们对生命的敬畏之感和珍爱之

---

① 陈飞：《生命叙事：一种值得运用的道德教育实践策略》，《现代大学教育》2008 年第 2 期。

情，但教育者也需慎重启迪大学生，不宜选用过于血腥暴力或价值观过分扭曲的生命故事，如某些网络游戏或影视剧中的事件，因为它们有悖于真实生活，往往对大学生生命价值观的塑造产生不良影响。

2. 善捕叙事主题

捕捉生命教育的主题是生命叙事的主心骨，这是一个动态的发展过程。在生命叙事中会涌现一个或几个有价值的生命教育主题，教育者要善于根据大学生生命价值观教育目标和大学生生命特点及需求，捕捉、深化和发展主题。"同时，又不把自身的价值引导绝对化，给受教育者提供参与的空间。"[1] 比如，教育者可让大学生就复旦大学林森浩投毒案阐发个人生命感想，并引导他们从其感想中发现和引出尊重生命、珍视生命的主题加以深入讨论，展开生命联想，促使大学生在把握生命教育主题的基础上自由感悟生命的可贵，自觉呵护自我和他人生命的健康成长。

3. 巧设叙事情境

生命叙事不是简单的生命故事的讲述，它离不开叙事主体的积极参与，而这需要创设相应的叙事情境。巧设情境是生命叙事的重要环节，它要求教育者事先根据大学生生命价值观教育的内容、目标及大学生实际状况，采用某种方法、手段巧设一种能够吸引大学生积极参与其中、充满信任、自由民主而轻松的生命叙事场景，引发大学生真实而感人、独特而多样的生命表达和生命对话。比如，教育者首先以自己的生命叙事感染大学生，拉近与大学生的心理距离，营造一种可亲可信的叙事氛围，在此基础上引导大学生渐进其中，倾吐内心生命故事。

4. 妙用叙事方式

生命叙事的方式有多种，如叙说、写日记、对话、绘画、创作、舞蹈等，而不同的叙事方式产生不同的叙事效果和意义。在叙事中，教育者可根据大学生倾听、接受的能力和特点，改变传统的一方叙说方式，利用大众文化提供的多样化平台，组合成不同的叙事方式，比

---

[1]　陈飞：《生命叙事：一种值得运用的道德教育实践策略》，《现代大学教育》2008 年第 2 期。

如文字加上图画、独白加上舞蹈、述说加上音乐、对话加上肢体语言、制作动画或微视频等，以达到整体最优的叙事效果，也要引导大学生主动参与生命叙事的学习过程，巧妙运用不同的叙事方式，增强自我生命故事的表达力和感染力，促使大学生生命价值观教育充满生命活力和生命意义。

四　艺术陶冶法

艺术是指通过塑造形象以反映社会生活而比现实更具典型性的一种社会意识形态。如文学、绘画、雕塑、音乐、舞蹈、戏剧、电影、曲艺、建筑等。艺术与大众文化有种天然的联系，很多艺术作品比如音乐、文学、电影、曲艺等本身就是大众文化的生存样态。作为人类精神世界的反映和外化，艺术本身具有净化心灵、陶冶情操、提升生命品质的作用，因此可运用艺术陶冶法开展生命教育，引导大学生树立正确的生命价值观。

（一）何谓艺术陶冶法

艺术源于生活又高于生活，它用形象来反映现实，又比现实更具典型性和经典性，它以追求高雅为格调，往往给人以美的感觉和享受。陶冶有教化培育、怡情养性之意，它能给人的思想、性格、心灵等以有益影响。所谓陶冶法，就是指"教育者自觉地利用环境、氛围、风气以及自身教育因素对教育的对象进行潜移默化的熏陶，使其耳濡目染，心灵受到感化"[①]。艺术陶冶法就是这样一种教育方法：教育者运用艺术化的手段和形式对教育对象进行思想、性情、心灵的熏陶和感化，引导教育对象摒弃低级庸俗的生活方式和生命态度，塑造高尚纯净的人格心灵，追求高雅的生活品位与生命品质。

把握艺术陶冶法需要注意以下几点：其一，艺术陶冶法"比较生动直观，具有丰富多彩性，有较强的吸引力"[②]。因为艺术陶冶法借助艺术的形式熏陶教育对象，而艺术往往凭借外在的鲜活形象和感性形式、内在的生命力和深刻寓意颇受人们青睐和喜爱。其二，陶冶成效

---

① 梅萍等：《当代大学生生命价值观教育研究》，中国社会科学出版社 2009 年版，第 220 页。

② 同上。

是渐进式的，因为艺术对人的陶冶是一个由外而内、由浅入深的渐进过程，不是一次完成的。其三，影响的双重性，即有积极影响和消极影响之分。多数情况下，艺术给人以高雅和美的感受，惹人欣赏，怡情养性，但也不能排除某些情况下由于人们理解的偏差或艺术本身内涵的低俗而使得艺术产生消极影响。

（二）艺术陶冶法之于生命教育的价值

作为生命教育的常用方法之一，艺术陶冶法在生命教育中的作用和价值不可忽视，它以多样化的艺术表达方式丰富生命教育资源，帮助受教育者释怀生命重压，促进身、心、灵和谐，提升生命教育实效；又以审美的艺术视角陶冶生命情操，升华生命追求，提升生命境界，达于生命教育的至尚目标。具体而言，艺术陶冶法之于生命教育的价值主要体现在以下三个方面：

1. 多样化的艺术表达方式丰富生命教育资源，增强生命教育的吸引力

艺术具有多样化的表达方式，如音乐、电影、文学等，它们都是人的生命本质力量对象化的表现，反映人的生命认知、生命情感、生命意志和生命行为。傅雷曾说："艺术品是用无数'有生命力'的部分，构成一个一个有生命的总体。"[1] 艺术不仅能诉说个体生命心声，表达个体生命情愫，也能传达人类生命呼声，展现人类生命活力，抒发人类生命情怀，满足人类生命所求。艺术家常将人类生命的共性或共同追求融入艺术中，以艺术涵养生命。比如用音乐陶冶性情、用文学塑造精神世界、用电影表达生命情感。因而，以艺术为生命教育资源能够丰富生命教育的内涵，增强生命教育的吸引力，而多样化的艺术表达方式的组合运用亦能增进生命教育的趣味性。

2. 释怀生命重压，促进身、心、灵和谐，增进受教育者对生命教育的认可度

在物欲横流、生存压力大、危机四伏的现代社会，不少人处于生存重压之下，内心充满矛盾、恐慌与无措，寻不到生活的方向和归属，成为精神上的孤独者和心灵上的漂泊者。艺术是人的生命本质力

---

① 傅敏编：《傅雷家书》，天津社会科学出版社 2006 年版，第 54 页。

量外化的产物，本身承载着生命中向上的、美好的一面，能够陶冶人的精神境界。在生命教育中，教育者引导大学生欣赏和解读不同形态的艺术作品，剖析和感悟其中蕴含的力量与情感，有利于促进大学生重新审视生命，释怀生命重压，追寻心灵的宁静、放松与自由，追求身、心、灵的和谐，热爱生活，尽享生活的幸福与生命的舒畅，感受生命教育的馈饷，进而增进对生命教育的理解、认可和接纳。

3. 陶冶生命情操，升华生命追求，提高生命教育的境界

人的生命是一个在满足基本生存需求基础上不断追寻生命品质和意义的历程，其发展具有无限的可塑性，它从不止步于基本生存需求的满足，而是力求在生存的基础上实现质的改观，追寻生命的本真意义和意境，达成真善美的契合，这也是生命教育追求的至尚目标。"人世间一切美好的事物，只有与生命联系在一起，才有意义。"（林语堂语）艺术是人的生命活动的创造物，具有激活生命活力和陶冶生命境界的功能，因而能够促进生命教育的开展。审美价值是艺术的基本价值之一，通过对艺术的审美和欣赏，感受其中蕴含的灵动的生机和生命的节律，体味其中的生命情趣和情调，能够促使主体在艺术陶冶中感知和领悟生命存在的价值与意义，形成积极的生命态度和生命情怀，自觉追寻真善美的生命意境。因而，艺术陶冶能够熏陶受教育者的生命情怀，升华其生命追求，提升生命教育的境界。

（三）艺术陶冶法的设计与应用

艺术陶冶法是大学生生命价值观教育的重要方法，在其具体设计与应用过程中需把握好以下两点：

1. 利用具体的艺术作品，启迪大学生的生命感悟和人文情怀

艺术作品多种多样，形态丰富，如音乐、影视、文学、绘画、舞蹈、雕塑等，都可以放在生命价值观教育中加以具体设计与应用。如音乐是人类生存与发展必不可少的元素之一，"音乐教育可以唤醒人的生命本性和超越意识，可以引导学生对生命意义的认识，引导学生对生命本体价值追求，给予学生生命超越的工具"[1]。教育者可组织与

---

① 钟恩富：《试论润泽生命的音乐教学路径》，《东北师大学报》（哲学社会科学版）2011 年第 1 期。

生命价值观培育相关的音乐会、合唱比赛等引导大学生去欣赏和领悟音乐艺术的生命内涵，陶冶个体生命情操，追寻生命本真价值；影视作品作为大众传媒的产物，具有广泛的影响力和扣人心弦的吸引力。通过故事情节的安排、人物的塑造、场景的布置，一种让人意想不到的教育效果就自然而生了。但影视市场鱼龙混杂，影视产品的质量、水平和教育意义参差不齐。因而，教育者和相关部门需提高辨别精华与糟粕的眼力，增强鉴赏和评析的能力，精选一批适合大学生生命价值观教育这一主题的优秀影视作品，并推动这些作品走进校园、走进课堂、走进学生，达到"润物细无声"的教育效果。此外，优秀文学作品亦承载着生命价值观教育的宝贵资源。纵观古今中外的优秀文学作品，无不是人类文明智慧的结晶，其中不乏关于人生的学问和生命的启迪。无论是中华民族文学作品中的"死有重于泰山，轻于鸿毛"、"乐知天命"、"天道贵生"、"舍生取义"等生命观，还是西方文学承载的自由、奋斗、进取、不屈不挠的生命信念，它们都是可贵的精神财富和心灵养料。在开展大学生生命价值观教育的过程中，教育者应充分利用这些艺术资源，将它们与教育实践有机融合起来，引导大学生从中感受厚重的生命底蕴，聆听细腻的生命气息，潜移默化地接受生命的熏陶，促进正确生命价值观的形成。

2. 培养大学生的艺术爱好，引导大学生以艺术化的眼光审视生命，升华生命体验

"人有悲欢离合，月有阴晴圆缺"，"人生在世，不如意事十之八九"。大学生身处大众文化甚嚣尘上和竞争压力大、危机四伏的时代，现实的自我和理想的自我难免相去甚远，平庸与恐慌、失落与自卑、孤独与落寞、悲苦与彷徨，使得大学生在生命的征途中感到茫然和无助，甚至走向自我迷失与生命放纵。而艺术是人的生命本质力量的体现，其本身蕴含着生命的诉求与呼唤、价值与意义、追求与意境，能够启迪主体热爱生命，感恩生命。"是艺术，是她留住了我。啊！我认为，在我还没有完成交给我的全部使命之前，就离开这个世界，这简直是不可能的。"（贝多芬语）这是音乐大师在走出生命低谷后的肺腑之感。基于此，教育者需培养大学生的艺术爱好，如绘画、摄影、舞蹈、器乐、影视欣赏等，通过相关的课程开设和实践活动，培

养大学生欣赏艺术美、感悟艺术美、体验艺术美的意识与能力。艺术爱好的培养与坚持可以让大学生心胸更宽广，视野更开阔，生活更有激情。可以将生活中的失意和烦恼转化为审美对象，视为生命完满和升华的养料，主动以审美的眼光去欣赏和感悟，勇敢地面对真实的自我和现实，化悲伤为动力，确立正确的生命价值认知，追求向上的生命价值目标。同样，教育大学生将生活中的快乐和幸福视为艺术化的审美对象也能陶冶大学生的生命情操，给予大学生更多生命正能量。

五　网络宣导法

网络文化是大众文化的一种新型表现形态，大众文化对大学生生命价值观的影响在很大程度上是通过网络文化发挥效用的。当前我们正在进入"互联网＋"时代，一切传统事物只有与互联网相结合，才能顺应时代所趋，保持持久生命力和旺盛活力，获得发展前途和光景。生命教育与互联网相结合是其保持发展活力和前景的必然选择。网络本身具有宣传、引导、教育等作用，因而可利用网络宣导法实施生命教育，促使大学生生命价值观教育与时俱进。

（一）何谓网络宣导法

所谓网络宣导法，就是指通过网络平台发布和宣传特定信息、知识或资源等，以影响受众的思想观念、思维方式和价值取向，引导他们树立相应的世界观、人生观和价值观的方法。使用网络宣导法必须把握好网络宣导本身的特点：一是网络宣导信息量大、导向性强。网络平台不但信息承载量大，而且可根据不同受众需求有针对性地将信息进行分类、发布和宣传，引导受众接受网络信息所承载和传递的思想观念和价值取向。二是受众面广。网络传播范围广，且不受时空限制，任何人可在任何时候接触、接收、接受网络信息及其影响。三是交互性强。网络宣导不是单向的信息传递和影响过程，它体现的是一种互动传播和资源共享。四是具有多维性，吸引力强。网络宣导融图、文、声、动画、视频等于一体，生动直观，灵活多样，更能吸引受众。五是宣导效果具有多重性，即网络宣导的效果有积极和消极之分。网络信息对受众的影响并不总是发挥正向作用，由于信息本身的真实与虚假、正面与负面共存或受众理解的偏差，网络宣导的效果也有所不同。我们在运用网络宣导法时，应发挥其正面导向功能，帮助受众形成正确的价值认知。

（二）网络宣导法之于生命教育的价值

作为一种具有现代性的教育方法，网络宣导法在生命教育中作用突出，它开拓生命教育新阵地，包罗生命教育内容，创新生命教育形式，契合网络社会受众需求，大大增强了生命教育的吸引力和实效性。具体而言，主要表现在以下几个方面。

1. 开拓生命教育新阵地，促使生命教育与时俱进、因势利导、顺势而为

近年来，随着互联网的兴起和普及，网络平台成为"兵家必争之地"，各种社会活动意图通过互联网这一新阵地加强宣传、传播和引导，扩大社会知名度和影响力，增强活动实效性。尤其是当前我们正在进入"互联网＋"时代，这种寻求与网络契合的社会现象更是司空见惯，生命教育亦不例外。网络宣导法顺应网络时代发展所趋，积极与互联网相融共生，其在生命教育中的运用有利于开拓生命教育新阵地，抢占生命教育新平台，畅通生命教育新渠道，增强生命教育的时代感和现代性，进而推动生命教育更好地利用网络传播生命知识和信息，引导受众树立科学的生命价值观。

2. 契合网络社会受众需求，增强生命教育影响力

现代社会快捷的生活方式和巨大的竞争压力使得人人与时间赛跑，与他人比效率拼成就，不少社会群体因此失去完整、连续、固定的阅读和学习时间，转而消费碎片化文化。网络平台既可承载和传播整体性、系统性的长篇大论式知识和信息以满足受众整体把握、深入理解、细细品味的需求，也可发布和传递短小精悍的碎片化知识和信息以满足受众节用时间、高效获取信息、与现代社会快节奏生活方式相一致的需求。网络宣导法能够利用网络平台的这种灵活性和针对性满足不同受众的实际需求，以增强生命教育的影响力。

3. 包罗生命教育内容，丰富生命教育形式，增强生命教育的吸引力和实效性

网络宣导法利用互联网平台信息容量大和传播方式多样化等优势，发布和宣传富有时代感、体现现代性与独特性、丰富性与创造性、生活化与多样化的生命教育知识和信息。这里的现代性与独特性

表明，网络宣导法借助互联网平台发布和宣传的生命教育信息与时代同行，与社会同步，是符合现代社会受众需求的特色化资源；丰富性与创造性表明，网络宣导法经由互联网平台所承载和传播的生命教育资源内容丰富，包罗生命教育知识与技能，且富有开创性、新颖性和趣味性；生活化与多样化表明，网络宣导法通过互联网发布的生命教育资源贴近受众生活实际，富有生活气息，且表达方式多样化，能够满足不同受众的选择需求。透过生命教育资源的特性，我们不难发现，网络宣导法能够有效地调动受众关注和参与生命教育的热情，增强生命教育的吸引力和实效性。

（三）网络宣导法的操作与实施

如前所述，网络宣导法在生命教育中的作用突出，教育者和相关部门、组织应善于运用这一方法开展大学生生命价值观教育，引导大学生树立正确的生命价值观。具体而言，网络宣导法的操作与实施主要围绕宣导内容、宣导方式和宣导主体而展开。

1. 开设生命教育网络专区，普及生命教育知识

互联网具有信息容量大的特点，但同时也难以避免信息混杂的现象。教育者和相关部门、组织在运用网络宣导法开展大学生生命价值观教育时可甄选生命教育资源，开设生命教育专区，宣传和普及生命教育知识。其中，生命教育网络专区应囊括丰富的生命教育资源。从时空角度看，它应当涵盖古今中外的生命教育思想，汲取诸家生命智慧，以启迪大学生识读生命，感悟生命，敬畏生命，感恩生命。从生命教育资源的性质来看，它既要包括正面内容以启发和激励大学生追寻生命意义，又要包括反面内容以警示和告诫大学生摒弃错误生命认知，自觉抵制大众文化给予生命价值观的误导。从生命教育资源的具体内容来看，它既应包括整体性、系统性的生命教育知识，也应涵盖简短化、碎片化的生命教育信息，以满足不同受众需求。在生命教育网络专区发布和宣传丰富且分门别类的生命教育资源，引导大学生进入生命知识的殿堂，品味每一道生命珍馐，汲取每一份生命精华，是普及生命知识的体现，也是网络宣导法的现实运用。

2. 丰富生命教育形式，增强生命教育的趣味性

生活是多姿多彩的，生命是灵动有趣的，网络生命教育也应当是

形式多样、妙趣横生的。依据网络社会发展现状和大学生个体生命特点与需求，网络生命教育的形式应体现现代性与独特性、丰富性与创造性、生活化与多样化的统一。比如，可在生命教育网络专区设置分门别类的生命教育专栏，如生命认知专栏、生命情感专栏、死亡教育专栏等，以便分层次、有针对性地开展大学生生命价值观教育工作。又如，教育者可通过 QQ 群、微博、微信、论坛、手机客户端等平台，及时了解大学生的思想动态和心理状况，加强师生互动与交流，积极为大学生答疑解难，做好心理疏导工作，帮助大学生克服不良心理，保持健康心态。

3. 配用专业宣导人员，提高生命教育的专业化水平

作为一种具有现代性的教育方法，网络宣导法对宣导主体有较高的要求。一方面，网络宣导主体要掌握先进的网络技术，能够胜任网络生命教育平台的设计、规划、管理、维护与优化等工作，使网络生命教育既涵盖丰实的生命教育资源，又具有大学生喜闻乐见的、新颖的、独特的表现形式，真正体现网络生命教育的特色和专业化水平。另一方面，网络宣导主体要掌握丰富的生命教育知识和技能。掌握丰富的生命教育知识是大学生生命价值观教育实践中教育者为人师的前提，而掌握教育教学技能有助于教育者将生命知识灵巧地教授给大学生，保证生命教育的专业化水平。

第七章 大众文化影响下大学生生命价值观教育的有效机制

生命价值观教育是一个复杂的系统工程，是家庭教育、学校教育及社会教育等多种因素相互联系、相互作用构成的有机整体。作为一个有机整体的生命价值观教育活动系统，只有建立起协调、有效的运行机制，才能获得系统效益，取得生命价值观教育的最大效果。大学生生命价值观教育如何在大众文化的影响下更好地开展，以及构建怎样的教育机制，这不仅仅要靠大众文化的力量，同时还要将大众文化与校园文化相结合、善于利用网上网下资源、注重心理健康教育、协调审美教育以及价值观教育，更重要的是要充分利用个人、家庭、学校、社会四位一体的教育平台，更好地保障大学生生命价值观教育有效运行。

第一节 大众文化与校园文化的共生互动机制

在高校，影响大学生生命价值观的不仅有大众文化，还有校园文化。高校校园文化是在校园空间内，以校园精神为主要特征，以大学生为主体，以课外活动为内容的一种群体性文化。[①] 校园文化反映和包含了学校的历史传统、校风校训、校园环境以及全体师生共同遵守的行为准则等。校园文化是学校的灵魂，对大学生生命价值观的培养

---

① 颜伟红：《高校开展生命价值教育的必要性及其途径》，《福建论坛》（社会科学教育版）2008 年第 4 期。

产生潜移默化的影响。大众文化和校园文化都是社会发展的产物，要想充分发挥大众文化与校园文化对大学生生命价值观教育的正面功能，首先就要弄清楚大众文化与校园文化之间的关系以及它们各自对大学生生命价值观教育产生的影响，探讨它们的互生互动机制。

一　大众文化与校园文化的共性与差异

（一）大众文化与校园文化的共性

1. 两者都具有时代性

大众文化是在工业社会产生以后才出现的，随着社会的发展不断地变化，具有明显的时代特色。前工业时代人们享受着原生态的文化形式，拥有最淳朴自然的文化形态；工业革命以后，现代化社会生产不断壮大，文化的商业性质不断加剧，大众文化很快融入高速发展的商业社会中，并形成了一种比较流行的大众的文化。大众文化是伴随工业化和社会化而产生的，是人类历史发展到一定阶段的产物，所以说大众文化具有时代性。任何文化都是时代的产物，校园文化也不例外。校园文化的发展是适应社会历史发展、反映时代精神的，校园文化积极弘扬时代发展的主旋律，始终肩负培养社会主义事业接班人的重要责任，是社会主义精神文明建设的重要组成部分。校园文化始终坚持"以人为本"的教育理念，始终用科学的态度引导大学生确立正确的生命价值观，具有鲜明的时代性。

2. 两者都具有渗透性

随着现代传播技术的不断变革和发展，大众文化已成为势不可当的文化潮流，大众文化进入校园，对学术氛围浓厚的校园文化环境的改变产生了潜移默化的影响，大学生开始追逐潮流、时尚，各种流行音乐、具有大众文化性质的校园活动等开始弥漫了整个校园。校园文化作为一种文化形态，它包含的内容极其广泛，校园文化通过各种不同的校园活动形式、文化氛围塑造，对大学生的价值观念、道德情操、思想内涵以及行为模式产生潜移默化的影响。优美的校园环境是校园文化建设的物质条件，同时也为开展大学生生命价值观教育提供了强有力的物质保障。马克思、恩格斯在《德意志意识形态》中谈到环境对人的塑造作用时曾说过，人在创造环境的同时环境也创造了人。我国著名教育家陶行知也认为："一种生机勃勃、稳定和谐、健康向上的环境氛围，本身就具有广泛的教育功能。"① 整个校园充满了和谐美好的气息，净化了大学生的心灵，陶冶了大学生的情操，发挥了环境育人的功能。校园制度文化的建设使得大学生处于良好的学习环境中，大学生自身的一些不良习惯在制度规约中得以改正，综合素质得以提高。同时，丰富多彩的校园文化活动不仅可以调节大学生的学习生活，也为大学生提供了施展自己才能、增长知识的舞台，以及校园网络的发展为大学生生命价值观教育提供了全新的载体，扩大了生命价值观教育的空间，增强了感染力和吸引力。校园文化可以说是一部立体的、多色彩的、富有吸引力的教科书，是对大学生进行生命价值观教育的最好教材。

（二）大众文化与校园文化的差异

1. 性质上的差异

大众文化产生于现代工业社会，是一种与市场经济相适应的市民文化，大众文化的突出特点就是它的世俗性。大众文化脱去了华丽的理想主义的外衣，舍弃了超越现实的崇高意念，开始着上了实用主义、世俗观念、消费文化的色彩。社会主义市场经济的迅速发展，人们物质生活水平的日益丰富，现代都市生活的不断繁荣，极大地改变了人们的观念，在人们心底被压抑了许久的欲望蠢蠢欲动，不同领域和阶层的人们以往那种认为享乐可耻的观念随着市场的不断开放而烟消云散。人们的心灵深处开始烙上享乐无罪的印记，文学作品里也充斥着粗俗、低劣的语言材料，大学校园里稀奇古怪的着装成为大学生张扬个性的"流行时尚"，物质的享受渗透在娱乐消遣中，促使人们的欲望不断膨胀，非主流文化的诱惑力冲击着大学生脆弱的意志。

大学校园文化是培养大学生综合素质，促进大学生全面发展的重要因素，良好的校园文化环境不仅承担着塑造"四有"新人的重要角色，同时也是建设社会主义精神文明的重要载体。校园文化不同于大众文化，不会仅仅偏重于娱乐性和商业性，更不会盲目倡导物质利益至上的世俗文化，校园文化重在加强学术涵养的同时，增强其创造性

---

① 刘军主编：《校园文化视野下的学校德育研究》，合肥工业大学出版社 2012 年版，第 37 页。

和娱乐性，通过潜移默化、寓教于乐的方式塑造大学生美好的心灵和积极向上的人生价值观。

2. 文化内容上的差异

第一，价值观念上的差异。21世纪是中国社会发展的关键期，中国正处于全面深化改革的阶段，尤其是当今中国对外开放和交流的力度不断加大，中外文化之间的碰撞与融合，以及传统的价值观念和伦理道德遭受质疑，使整个社会的价值观念出现前所未有的倾斜，个人主义、功利主义盛行，享乐主义、拜金主义侵蚀人们的内心。大众文化为了追求资本的增值，以商业价值为目标，倡导及时行乐，体验超前享受，追逐感官刺激，这完全背离了主流文化的价值导向。

自大学产生以来，大学校园文化就开始存在，校园文化随着社会的发展而不断地发生着变化，但是亘古不变的是其最本质的作用——育人功能，它发挥着课堂教育难以发挥的作用。校园文化积极探求与当今社会核心价值观的契合点，大力提倡爱国主义、集体主义、社会主义精神，鼓励大学生勇于创新、开拓进取，洗涤了大学生的心灵，从而增强了大学生的社会责任意识。

第二，人生态度上的差异。市场经济的发展对大众文化具有很强的渗透性和影响力，大众文化产品通过拥有市场而成为消费产品，满足了不同大众群体的不同口味。大众文化为了体现其存在的价值，采用各种方式和手段，通过多种渠道刺激人们内心的欲求，结果为了追求所谓的享乐，有多少人身处于虚幻的世界中无法自拔，人生的意义被遮蔽。

大学阶段是人生的关键时期，在校大学生除了要接受必要的课堂教育，接受大学校园文化的熏陶也是在其健康成长的道路中必不可少的一环。校园文化营造的是一种积极向上、充满激情的精神风貌，潜移默化地引导大学生树立正确的人生态度和培养健全的人格。在校园文化的熏陶感染下，大学生能够真正明白学习科学文化知识的价值所在，真正体悟到人生的价值，在人生的长河中能够扬起生命的风帆，去追梦和圆梦。

3. 活动方式上的差异

大众文化最显著的特点就是其狂欢性，这主要源于大众文化的自由性和自发性。"狂欢"在大众文化的活动方式中表现得淋漓尽致，是大众无拘束地宣泄郁闷情绪的生动表现。从 20 世纪末以来，狂欢在中国得到了最充分的涌动。我们可以看到大众文化无处不在，文学天地、网络、文娱节目、体育比赛、旅游、购物、KTV……无处不在的狂欢令人眼花缭乱。

校园文化一项必不可少的内容就是丰富多彩的校园活动，如举办学术讲座、知识竞赛、辩论赛、演讲比赛、体育比赛，开展社会实践活动，举办华研之星，开展女生风采月等，同时鼓励学生积极参加一些社团或有意义的组织，丰富自己的课外活动。这些校园文化活动都是有组织、有计划地开展，它们既给学生的课外生活增添了乐趣，同时也可以作为课堂教学的辅助方式，寓教于乐，真正提高大学生的综合素质。校园文化活动可谓是集娱乐性、知识性、实践性于一体并能够显示出当代大学生青春洋溢、充满活力的活动。

二　规范大众文化的健康发展，开发其育人功能

（一）发掘大学生生命价值观教育中大众文化的积极因素

大众文化的娱乐性主要是通过一些喜闻乐见的形式去吸引群众，我们常常听到一个词：寓教于乐。这是一个具有积极意义的词，但是在现实生活中，我们往往只重视"教"而轻视"乐"，有时甚至直接忽视了"乐"的作用。这种教育结果总是不尽如人意。因此，大学生生命价值观教育可以借鉴吸收大众文化娱乐性的特点，将传统的说教式教育转变为灵活多变的教育形式，使得大学生生命价值观教育的内容更加丰富多彩，并将"教"与"乐"有机地统一起来。这不仅避免了大众文化一味追求感官刺激的弊端，同时提升了大学生生命价值观教育的趣味性。

另外，大众文化的兴起已经渗透到了社会生活的方方面面，所谓"随风潜入夜，润物细无声"，"润"字在起着关键性的作用。在现实生活中，人们生产出的许多大众文化产品如电影电视、公益广告、畅销书籍等都确立了积极的主题思想，具有一定的积极意义，对人们产生了一定的教化作用。我们过去往往不重视生命价值观教育的开展，然而近年来，随着大学生自杀事件的增多，大学生生命意识淡漠的问题日益凸显，因此，必须把生命价值观教育作为一项重要任务来开展。但是如果单纯地对大学生进行强制性的灌输，有可能适得其反，相反，如果以"润"的方式进行，将大众文化与生命价值观教育结合起来，效果可能理想得多。因此，必须充分发掘大学生生命价值观教育中大众文化的积极因素，使大众文化成为大学生生命价值观教育丰富的资源库。

（二）规范大学生生命价值观教育中的大众文化建设

第一，加大对文化市场的监管力度。大众文化中内含的生命价值观不仅展现了当代人的生存状态，而且体现了人们对待生命的态度以及是否具备正确的生命价值观导向。要应对大众文化对大学生生命价值观教育的不良影响，文化市场的监管部门必须监督到位，坚决抵制不合格的大众文化产品进入市场。我们不仅要看到不健康的大众文化产品对大学生生理的危害，更要看到它们是如何腐蚀大学生心灵的。要从源头上治理这个问题，只查出劣质产品是远远不够的，必须严厉打击不良产品的制造商和发行商，严格把关，做到既吸收世界的先进文化，又将不利于大学生身心发展的大众文化产品拒之千里。

第二，加强对大众文化生产者的法律监督。大众文化为人类构建了一个繁杂的世界，尤其是在科学技术飞速发展的今天，大众文化出现了以影视文化、网络文化为代表的虚拟文化产品。在虚拟的文化世界中，极易产生不健康的内容，这些内容都会给大学生带来不利影响，特别是对大学生的生命价值观产生不利影响。沉迷于网络游戏可能导致大学生走上一条不归路，这些都是大众文化产品带来的消极后果。毋庸置疑，巨大的经济利益是幕后黑手，人在利益的驱使下，甘心被金钱收买，沦为金钱的奴隶。针对这种情况，有关部门如果对不法分子完全寄希望于道德上的教育，显然是不够的。政府部门必须采取强硬措施，利用法律制度严厉打击不良大众文化产品的生产者和传播者。

第三，提升大众文化工作者的道德责任。大众文化工作者是大众文化的创造者、生产者和经营者，大众文化工作者的道德责任关系到大众文化的发展导向，使命重大，必须加强对大众文化工作者的思想道德教育，不断提高他们的思想道德素养，使他们在工作过程中牢记自己的责任和底线，不能一味地追求经济利益，而要更多地考虑产品的社会效益。

第四，发挥大众传媒的积极作用。在现代社会中，大众传媒为大众文化的发展提供了技术上的支持，为大众文化的传播提供了有力的平台，同时也正是因为大众传媒神奇的力量使得大众文化表现出强烈的诱惑力，不断地冲击着大学生的生命价值观。近年来，互联网的飞速发展使全球文化融为一体，大学生通过网络将学校和社会连接起来，对各种价值观念加以整合，使得大学生对社会有了更加清楚的认识，也使社会对大学生有了更多的了解。所以，要充分发挥大众传媒的积极作用，多方位、多形式开展生命价值观教育，提高教育的有效性。

（三）协调大众文化与其他文化形态的发展

第一，协调大众文化与主流文化的发展。随着市场经济的快速发展，主流文化不断改革创新，表现出对大众文化巨大的包容，大众文化作为一种新兴的文化形态，它的快速发展一定程度上丰富了主流文化的内容。现今，大众文化与主流文化对大学生的生命价值观教育都产生着举足轻重的作用。但是随着大众文化的不断发展，它越来越受到大学生群体的青睐，对大学生的生命价值观教育发挥的作用也越来越大，本应被推崇的主流文化的作用却日渐削弱。

大学生生命价值观教育中主流文化的作用削弱的原因主要有两个：一是主流文化过于书面化和正式化，距离大学生的现实生活比较远，大学生不能切身体会到主流文化的影响；二是主流文化宣传太过频繁，会使大学生产生不真实的感觉。主流文化往往揭示的是生活中比较积极健康的一面，对一些阴暗面揭示较少，而大学生日常感受到的阴暗面却很多，这使得大学生对主流文化能否解决实际问题产生了质疑。这些都说明，要增强大众文化与主流文化的协调发展，要加强主流文化对大学生生命价值观教育的作用就必须采取相应的促进措施：一是用主流文化引导大众文化，促进大众文化的积极健康发展。借用国家或社会主流倡导的文化体制来组织和规范大众文化，使之在主流文化的影响下，把传播热爱生命、尊重生命、保护生命的价值观作为自己的传播导向。二是主流文化应该吸收大众文化中的积极方面，对大学生生命价值观教育应该贴合实际，从现实生活着手，用他们喜闻乐见的语言表达，从而增强主流文化的教育功能。

第二，协调大众文化与传统文化的发展。大众文化虽然是市场经济的产物，但它作为一种文化形态，却始终离不开传统文化，需要不断汲取传统文化的养分。中国传统文化中的"富贵不能淫，贫贱不能移，威武不能屈"、"为天地立心，为生民立命，为往圣继绝学，为万世开太平"、"天下有道，以道殉身；天下无道，以身殉道"、"舍生取义，杀身成仁"等思想就包含积极的人生态度与生命价值观，是我们生命教育的宝贵资源。然而近年来，随着大众文化的异军突起，传统文化的地位受到严重削弱，在这种情况下，处理好大众文化与传统文化之间的关系就显得非常必要。我们既要摒弃传统文化中那些不利于大众文化发展的消极因素，同时也应该发扬传统文化的积极因素为大众文化所利用。只有协调好大众文化与传统文化之间的关系，才能够顺应时代潮流，发挥传统文化在生命价值观教育中所应发挥的作用。

三　营造良好的校园文化环境，发挥主流文化的作用

（一）校园文化是大学生生命价值观教育的重要载体

校园文化是学校发展的灵魂，校园文化环境的好坏是衡量一所学校文明程度高低的一项重要指标。校园文化作为课堂以外的一种文化环境，可以提供给大学生一个自我教育和发展的理想空间，丰富和活跃他们的课外生活，以及满足他们的归属感和与同伴交往的需求。大学生在学校中可以通过参加如学生会、社团等学生组织扩大自己的人际交往圈，可以通过参加各种各样的文艺活动或者室外素质拓展，寻找适合自己的朋友，发展自己的兴趣爱好，发挥自身的潜能，找到人生追求的目标，从而使得自身的思想观念、价值取向以及行为方式等方面在潜移默化中得到很大的提升。校园文化对于大学生明确自己的人生意义和价值、树立积极乐观的生活态度有非常重要的作用，是当代大学生生命价值观教育的重要载体。这种载体功能主要体现在以下几个方面：

第一，目标导向功能。所谓目标导向功能，就是把大学生的业余文化活动引导到正确的方向上来，树立正确的目标。"引导大学生识读生命价值、唤醒生命价值意识，确立生命价值目标，最终形成正确

的生命价值信念、信仰、理想"① 是大学生生命价值观教育的目标，而校园文化的状态、性质与这个目标的实现程度有密切的关系，校园文化越强有力，实现大学生生命价值观教育目标的可能性就越大。在学校这个开放的系统中，校园文化是正面引导还是负面影响，其导向作用是显而易见的。大学生正处在身心发展的关键期，很容易受到环境的影响，在面对纷繁复杂的现象时，由于缺乏基本的辨别能力，有可能误入歧途甚至走向极端。良好的校园文化环境给大学生提供了正确的导向，使大学生能够树立正确的生命价值目标，形成正确的生命价值观念。

第二，心理调适功能。大学生正处于人生的关键期，面对学习的压力、就业形势的严峻，长期处在紧张的生活氛围中，很容易产生焦虑感、挫折感，甚至出现轻生的现象。校园文化通过开展丰富多彩的课外活动，促使大学生积极参与到这种轻松愉悦的状态中，既满足了大学生自我表现的需要，同时也为大学生提供了一个很好的心理宣泄通道，有利于大学生的身心健康发展。

第三，凝聚功能。文化本身就具备很强的凝聚力和向心力，不管是国家还是民族，抑或是学校，一旦人们对某种文化产生认同感，就会变成一种很强大的黏合剂。校园文化在被全校师生共同认可以后就会使他们产生强烈的归属感和责任感，促使大学生为了学校荣誉而不断努力奋斗、积极进取，引导大学生树立正确的世界观、人生观和价值观。

（二）发挥校园文化环境中显性教育资源的作用

显性教育是通过直接的、有计划、有步骤的显性方式来达到教育目的的，在整个教育过程中教育者与受教育者关系明确，有明确的教育目的、教育计划，教育比较规范。在校园文化环境中，对大学生进行生命价值观教育的显性教育形式主要是灌输引导，它追求的是取得一种立竿见影的效果。这些显性教育形式包括课堂教学、主题讲座、报刊板报以及宣传栏等。显性教育的这些形式都能够根据大学生生命

---

① 梅萍等：《当代大学生生命价值观教育研究》，中国社会科学出版社 2009 年版，第26 页。

价值观的实际状况，及时、适时地进行调整，从而加强教育的针对性，给大学以正面的教育和引导。为此，教育者要将生命价值观的内容融入校园文化的显性教育资源中，如开展与生命价值观相关的课程，对大学生进行系统的生命认知教育、死亡教育、生命感恩教育、生命权和义务教育，引导他们追求健康的生活方式和生活情趣，培养其健康的心理和人格；定期举办有关生命尊严教育、生活品质教育以及价值引领教育的讲座，启迪大学生更深刻地领会生命的真谛，明确生命的意义；开展有关消极生命价值观带来的危害和教训的主题板报或宣传栏活动，呼吁广大学生积极参与，认真观看，自我反省，在潜移默化中形成正确的生命意识等。教育者只有正确、恰当地发挥校园文化中的显性资源优势，才能够帮助大学生及时改正错误观念，形成正确观念。

（三）挖掘校园文化环境中的隐性教育资源

与显性教育资源相对，在校园文化中对大学生生命价值观教育还要充分利用其隐性教育资源。校园文化环境中的隐性教育，是指依据一定的教育目标和要求，通过潜在的教育性因素间接地对大学生的思想和个性产生潜移默化作用的手段和方式，它强调的是主体的选择性，使学生在不知不觉中通过内化机制自觉地接受教育，达到预期的效果。隐性教育因其特有的隐蔽性、开放性、自由性及随意性等优势，使其比显性教育更具魅力，更易为广大学生所接受。教育者要善于充分挖掘校园文化环境中隐性教育资源，为大学生营造一个良好的生命成长氛围。

首先，发挥隐性教育主体的示范作用。在隐性教育资源的利用问题上，教师作为教育的主体，毋庸置疑承担着重要的示范作用。"亲其师，信其道"，教师的言行举止对学生发挥着重要的影响，这一点对正处于价值观念定型时期的大学生来说尤为突出。教师对大学生生命价值观的影响主要受到教师自身对生命价值观的认同和践行程度的影响。一位对生命价值观高度认同和自觉在生活中践行的教师，必定会敬畏生命、珍惜生命，拥有积极乐观的生活态度、健康的生活方式、和谐的人际关系以及明确的人生目标。教师自身所拥有的这些，很多时候并不需要去直接传授给学生，而在他们平时的讲课中，在与学生的交流中，在他们的言语中不时地传递出来，这也是我们通常说的"正能量"。在校园文化建设中，要善于发挥和挖掘这些具有正确而又高尚的生命价值观的教师的示范引领作用。

其次，充分利用隐性教育的各种载体。隐性教育的载体主要有课堂教学中的渗透、校园文化中隐性资源的熏陶以及校园网络资源等。课程教学是实现学校育人作用的主要途径。学校要提升大学生的生命价值观教育，就要把生命价值观教育相关理论知识融入大学生的课堂学习活动中，深入挖掘课程资源，在传授专业知识的过程中提升大学生生命价值观。另外，随着科学技术的迅速普及，当前学校的教育也已经进入了新媒体时代，各种各样的网络资源为大学生生命价值观教育带来新的手段。教育者要充分利用网络新手段，通过建立主题教育网站，将丰富多彩的生命文化和常识通过网络呈现出来，既增加了学生的兴趣，也在潜移默化中对大学生的生命价值观教育产生了一定影响。当然，网络是一把"双刃剑"，既有利又有害，这就需要教育者经常浏览网页和关注大学生的动态，及时了解大学生的心理现状，以及发现不良状况及时予以引导和纠正。

最后，发挥隐性教育的环体功能。隐性教育的环体主要是指在校园文化中对大学生生命价值观的形成、发展和完善起影响作用的环境因素。校园作为大学生成人成才的重要场所，其环境好坏尤为重要，积极健康的校园文化环境对大学生生命价值观的塑造起着潜移默化的引导作用。大学生置身在良好的校园文化环境中，耳濡目染，能够逐渐受到启发，得到熏陶。为此，高校应从生命教育的理念出发，本着启心、益智的宗旨，对校园内的校舍、道路、草坪、花卉、教学楼、办公楼、图书馆、体育馆等人工物质环境进行科学设计，使之符合建筑学、美学、心理学和教育学的原理，促使学生生活其中，能够时刻保持愉快、乐观、开朗的心境；完善包括治学理念、校歌、校训、教风、学风等在内的学校精神文化体系，倡导具有自身特色的校园精神，促进学生在耳濡目染中形成积极向上的精神风貌；加强制度文化建设，通过引导、示范、约束三管齐下，使校园制度文化的信念和价值观在学生心灵深处形成一种心理定式，促使他们在一种无形的巨大力量推动下，进行自我调节和自我约束，在复杂的环境中健康成长，日益走向生命的成熟。

四 大众文化与校园文化相互影响，共同发展

（一）大众文化的发展需要校园文化的引导

大众文化是典型的商业性质的文化，它完全遵循市场的规律运作，以营利作为其根本目标，而大学校园文化最基本的功能是教育功能，担当着为大学生提供精神养料的重要角色，它有自己独立的价值理念和校园精神。当大众文化开始充斥着整个校园时，大众文化所带来的世俗的商业模式和极端的功利主义对大学校园文化的独立性产生了巨大的冲击和威胁，校园中纯粹的学术氛围已很难找到，丰富多彩的校园文化活动的背后似乎都隐藏着巨大的经济利益。校园活动也开始沾染上了世俗的商业性质，学术讲座变成了成功学的讲座，校园的宣传栏变成了广告栏，知名教授的讲座远不及明星演唱会对大学生的吸引力，校园文化的价值观逐渐向物质利益倾斜。这就需要校园文化充分发挥主流文化的作用，将校园文化中的各种显性因素和隐性因素结合起来，大力宣扬精神层面的、充满正能量的东西，不断净化大学生的心灵，教育大学生正确对待大众文化对校园文化的影响，积极引导大众文化向健康向上的方向发展。

（二）校园文化的丰富离不开大众文化的传播

大众文化的传播对校园文化的重要作用就是丰富了校园文化活动的形式和内容，促进了校园文化生活的蓬勃开展。大众文化出现以前，大学校园文化活动往往带有强烈的政治色彩和精英活动意识，活动内容主要是纯粹的学术交流以及思想政治教育宣传，活动形式单一，活动内容枯燥乏味。随着大众文化进入高校校园，校园社团活动如雨后春笋般蓬勃兴旺，校园活动形式多样，活动主题也日渐向多样化方向发展。最重要的是更多的校园活动完全凭个人兴趣，不再刻意追求任何活动的意义，大学生完全靠个人喜好表达对事物的爱憎好恶。符合学生需求的各种兴趣活动都可以在大学校园中找到翻版，如校园歌手大赛、女生风采月、大学生电影艺术节等。这些正是通过大众文化的传播让大学生开始发现另外一个丰富多彩的世界，完全摆脱了沉重的道德义务和政治取向，可以尽情展现自我、张扬个性。大众文化代替了传统的价值观念，大学生的自我意识觉醒，他们不再甘心

做被动的接受者，开始以自己独立的身份走上生活的大舞台，描绘自己五彩斑斓的人生。丰富多样的大众文化激活了校园文化，也为各种抽象的死亡教育、心理健康教育或者是生命意义、生命信仰、人生理想教育等提供了具体的方法和途径，所以，校园文化要丰富对大学生生命价值观教育的内容和形式，离不开大众文化的广泛传播。

第二节　网络文化引导与网下
生命教育的同步机制

网络文化在人类社会中的出现如"一夜春风"一样将"千树万树的梨花"唤醒。面对网络文化迅速发展的大潮，是应该欣赏网络文化带给人们的和煦温暖的阳光，还是关注于不知何时就会兴起的沙尘暴；是应该"兵来将挡，水来土掩"地进行封堵，还是打开渠道进行有力的疏导？我们认为，绝不能够在网络文化这股洪流中隐身而退，应该知难而上，迎接网络文化给我们带来的新的挑战，只有将网络文化与网下生命价值观教育相结合，在发挥网下生命价值观教育传统优势的基础上，正确运用网络文化这个新阵地，对大学生进行生命价值观教育，才能适应网络时代的发展，不断地引导大学生树立正确的生命价值观念。

一　发挥网下生命价值观教育的传统优势

（一）发挥网下主导性生命价值观教育的优势

网下生命价值观教育的主导优势在于课堂教学。思想政治理论课是目前进行大学生生命价值观教育的主渠道，应充分发挥这种主渠道作用，以教育改革为契机，在课堂上加强生命价值观的理论引导与人生问题的具体分析。另外，要将生命价值观教育贯穿到相关学科中去，结合学校的实际情况以及不同的学科特点，有针对性地教育和引导大学生树立正确的生命价值观，这不仅拓宽了生命价值观教育的渠道，也增加了教育效果。

第一，课堂教学是生命价值观理论教育的主阵地。大学生在学校的大部分时间都是在课堂上度过的，是在老师的指导和影响下不断学习和进步的，课堂教学是学校教育中的主要内容，也是对大学生进行生命价值观理论教育的主要阵地。通过课堂上的理论教学去实现大学生对生命意义的价值追求是高校常用的教学手段。课堂教学主要有两种教学方式：单一式教学和渗透式教学。单一式教学主要是系统地向大学生传递生命价值观教育的基本内容，如生命价值信念、生命价值信仰以及生命价值理想等，这主要是在思想政治理论课和人文通识课如死亡哲学、中国传统哲学的生存智慧等中进行。渗透式教学主要是将生命价值观教育的相关内容融入与之相关的其他学科，通过多方位、全面的指导，让大学生能够识读生命价值、唤醒生命价值意识、确立生命价值目标，最终形成正确的生命价值观。单一式教学和渗透式教学相结合不仅不会增加大学生的课业负担，相反可以引导大学生掌握生命价值观教育的核心理念。

第二，社会实践是促进生命价值观实际形成的主战场。大学生生命价值观形成是一个知、情、意、信、行逐步发展、循环往复的过程，从认知到认同、从认同到内化、从内化到践行，都离不开身体力行的实践环节。实践教学正是通过设置情境，让大学生通过情境体验、社会活动等教育方式切身在实践中感受、感悟、感化生命的价值和意义，它是大学生健康生命价值观形成的根本途径和主阵地。教育者应鼓励大学生自觉走出书斋，深入社会，到基层去，到社区去，通过科技服务、公益劳动和集体活动，了解社会，认识国情，丰富情感，磨砺意志，真正体悟人生之意义，做自主、自愿、自由生活的强者。

（二）发挥网下系统性生命价值观教育的优势

人的生命价值观不是与生俱来的，也不是自发形成的，是通过系统的学习和实践获得的。与网络碎片化的影响不同，网下系统性生命价值观教育的优势主要体现在：

第一，有完整的教育体系。高校生命价值观教育的目标十分明确，就是对大学生进行系统的生命价值观教育，使大学生能够对生命价值观有更为清楚的认识和理解。高校除了开设相关的生命价值观教育选修课程，还在全校思想政治理论课上融入了生命价值观教育，以便让更多的学生理解生命的价值，确立正确的生命价值观。目前，大部分高校已经形成了一套比较系统的以思想政治理论课为主体的"融入式生命价值观教育"的教育模式，主要表现在以下几个方面：（1）课程设置方面，除思想政治理论课进行生命价值观教育外，还在专业人才培养方案中设置生命课程的选修课，如生命价值概论、生命伦理学、宗教概论、死亡哲学等。（2）教育目标方面，即启发引导大学生尊重生命，自觉提升生命价值，主动创造生命价值，达成奉献社会与完善自我的统一。（3）教育内容方面，以培养大学生的生命价值信念、信仰和理想为切入点，将生命价值观教育融入思想政治理论课、哲学、伦理学等课程中，结合教材的内容和大学生生命价值观的实际，系统进行生命意识教育、生活方式教育、心理健康教育、生命意义教育、生命责任教育、人生理想教育、幸福观教育和死亡教育等。（4）教育方法方面，大学生已经具备了一定的思考能力，对人生观、价值观以及生命观方面具有强烈的求知欲望，故以理论联系实际和自主性学习为特色。另外，生命价值观教育尤其强调"以生命影响生命"的身教方式，要求老师必须以最真实的生命面对大学生，启发大学生能够成就真实的自我生命，使内在生命与外在生命和谐统一。

第二，有专门的师资队伍。教师是课程的建构者、开发者和实施者，优秀的师资是生命价值观教育的灵魂。[①] 近年来，我国开始将生命价值观教育列入重点教育内容，不仅具备系统的生命价值观教育模式，而且还配备专门的师资队伍，主要由思想政治理论课教师、高校政工干部、心理咨询师等组成。思想政治理论课教师主要通过课堂教学和课外辅导进行系统的生命价值观教育，其目标是指导个体的生命获得意义；高校政工干部主要通过心理健康教育、职业生涯规划和日常的思想政治工作施以人文关怀和思想教育，帮助学生明确人生方向，正确对待人生逆境，预防伤害生命的行为发生；心理咨询师更多是通过门诊咨询、线上咨询、电话咨询等方式对大学生进行心理辅导和危机干预，修复学生心理创伤，化解学生心理困扰。三支队伍相互配合，共同铸就保护学生生命、提升学生生命质量的教育之网。

---

① 何仁富等：《大学生命教育的理论与实践》，中国广播电视出版社 2012 年版，第 336 页。

完整的教育体系和专门的师资队伍可以保证生命价值观教育有组织、有目的、有计划地开展和实施，而且对学生的影响是整体的不是零散的，是深刻的不是肤浅的，是持久的不是转瞬即逝的，教育者必须充分发挥网下系统性生命价值观教育的优势，把它做实、做好，以真正取得教育实效。

（三）发挥网下教师面对面情感引导的优势

首先，生命价值观教育是一种全方位培养学生的生命认知、生命情感、生命意志、生命信念和生命行为的教育活动，其中生命情感培养是生命价值观教育的重要一环。生命情感是个体对自我生命的确认、接纳和喜爱，是对生命意义的肯定、欣赏和沉浸，以及对他人生命乃至整个生命世界的同情、关怀与珍惜。热情洋溢的生命情感引人振奋、催人上进，是幸福人生的动力和源泉。缺乏生命情感则意味着对生活的麻木，对生命意义的无望，对他人生命的漠视，以及由此而生的生命状态的贫乏或沉沦。生命情感是沟通认知与行为、提升生活品位、建构丰富人生的基础与桥梁。生命价值观教育应重视学生生命情感的培养，以情感打动情感，以真情唤醒真情。网上生命价值观教育主要通过人机对话进行教育，无法实施面对面的情感沟通，遮蔽了鲜活的生命的存在；而网下生命价值观教育是通过教师和学生面对面的交往、互动，通过两者的真诚对话唤醒大学生的生命价值意识，激励大学生的生命潜能。"一个真正意义上的人，必须是一个有情感的人。"① 教师与学生都是有血有肉有情感的生命个体，面对面的交流、平等的对话可以使双方不仅通过口头语言，还可以通过肢体语言充分释放自己的情绪情感，主动融入对方的世界，以心换心，感同身受。其次，在网下生命价值观教育中，教师通过面对面的沟通与交流，还可以及时发现学生可能发生的思想问题，及时进行超前性教育和预防，以免造成不必要的伤害。最后，网下生命价值观教育还可以利用各种活动方式对大学生的情感、意志和人格进行全方位的陶冶，开启他们的心灵智慧，让他们感悟到生命的价值和意义。所以，不管网络

① ［美］诺尔曼·丹森：《情感论》，魏中军、孙安迹译，辽宁人民出版社1989年版，第5页。

如何发达，网络交往如何成为人们新型的生活方式，面对面的情感交流依然具有其价值与优势，生命价值观教育依然离不开网下面对面教育。

二 开拓网络文化引导的新阵地

（一）开启生命价值观教育的新平台

网络文化作为一种新的大众文化形式，打破了传统文化的框架。网络文化属于全人类，网络文化及网络传播技术的出现提供了一个信息互动的平台，使得地球成为了一个小小的村落，只要具备上网条件，任何人都可以随意进入网络的世界，网民不分年龄、种族以及文化程度等的限制，每个人都可以平等地享受网络文化展示给人们的丰富信息，通过网络这个平台真正实现"资源共享"。"目前，全国高校的门户网站、主题网站、学术网站、互动社区、'两微一端'（微博、微信、移动客户端）等校园网络平台逐步发展完善；教育部实施的'易班'推广行动计划和中国大学生在线引领工程，正成为覆盖面越来越大的学生网络互动社区和主题教育网站。数字图书馆、虚拟仿真实验室、网络思想政治理论课、大学生网络文化工作室等丰富了学生能够获得的教育资源，校园网日渐成为青年学生的网上精神家园"①，也成为大学生生命价值观教育的最新颖、最重要的平台。

（二）增加生命价值观教育的生动性

网上信息资源庞杂、运用方便快捷，可以借助网络这个平台，将枯燥无味的专业理论知识融入图文并茂、声色俱全的网络环境中，通过可视化、图解、动漫动画等信息传播方式，促使大学生多种感官同时感知，无形中增强了大学生生命价值观教育的吸引力。另外，我们也可以建立专门的高校网络生命价值观教育专题网站、生命价值观教育论坛、辅导员博客、思想政治理论课教师博客、校园微信公共账号等，促使大学生在开放积极、轻松舒适的网络环境中学习、交流，分享彼此的感受和相关思想观点，并通过可视化学习、趣味化和精准化阅读明确活着的目的，思考生命的意义。这不仅增加了生命价值观教

---

① 冯刚：《新形势下推动高校网络文化建设的思考与实践》，《思想教育研究》2015 年第 8 期。

育的生动性，同时也在无形中提升了大学生的生命价值观意识。

（三）提升生命价值观教育的时效性

现代科学技术的迅速发展给人们提供了赖以生存的社会生活网络。在这个网络时代里，师生之间可以借助网络虚拟的生活空间进行平等的交往。由于网络不受时间、地点和空间的限制，只要能够上网，就可以随时与他人沟通和交流，这极大地方便了教师随时了解大学生的思想动态，及时、快捷地给予学生正确的引导和帮助，提高了生命价值观教育的效率和质量。同样，现代网络也提供了很多及时交流的工具，教育工作者可以通过 QQ 邮件、微信、微博、MSN 等方式成为与学生共同接受教育的伙伴。所以，高科技的迅猛发展给高校师生之间的交流和沟通提供了更加方便快捷的形式，促使师生之间联系更加密切，提升了生命价值观教育的时效性。

（四）加强生命价值观教育的联动性

当前，以"两微一端"（微博、微信、移动客户端）为代表的网络传播新渠道传播快、覆盖广、影响大，具有很强的社会动员能力。再加上网络的使用不受时间、地点和空间的限制，不同主体可以用不同的方式在同一时间内开展生命价值观教育，扩大网络文化的育人覆盖面和社会服务面，增强生命价值观教育的联动性。如针对网上舆论中的价值观"热点"问题，校学工部、宣传部可通过中国大学生在线或学校主题网站组织虚拟辩论赛、征文比赛等，澄清是非，形成正面舆论场；专家学者可通过网上开设专栏，在社交媒体上开通账号，深入浅出地进行热点剖析；思想政治理论课老师可利用网络教学论坛设置教育议题，组织学生讨论，有效发声；辅导员可通过辅导员博客、校务微博、班级微博等了解学生思想动态，及时引导；那些有公信力的高校"意见领袖"，更是可以通过自己的博客、微博，放大主流声音，反击错误思想和言论；而家长也可以通过微信、QQ 聊天室与孩子进行点对点、一对一的沟通交流。总之，新媒体的出现能够使不同的教育者在生命价值观教育引导上同频共振，形成互补互动、一呼百应的生动局面。

三　网络文化引导与网下生命教育同步发展

网上、网下都是大学生生命价值观教育的重要阵地，主体在网下，难点在网上，相互交错却各具特色。因此，要特别注重加强网上网下的教育统筹，实现目标导向相一致、标准要求无例外。必须依照同样的标准尺度开展教育、引导舆论，促进网上网下生命价值观教育相互配合、同步发展。

（一）网下生命教育注重对网络新媒体的合理运用

互联网是承接报纸、广播、电视这三种主流媒体之后的又一种新兴的传播媒体，它的传播速度极快、信息庞杂、形式丰富多样，吸引了无数人的注意力，尤其是对大学生的影响越来越大，已成为影响大学生生命价值观的"最大变量"。"文化的影响不仅取决于内容是否具有独特魅力，而且取决于是否具有先进的传播手段和强大的传播能力。当今信息社会，谁的传播能力强大，谁的文化理念和价值观念就能广为流传。"① 毋庸置疑，网络新媒体强大的传播手段和传播能力不容小觑，即使微媒介中的一个"微表情"、一句"微流行语"、一则"微笑话"、一幅"微图片"、一段"微视频"都可以生动地传达"现实的人"的内心想法和一定的价值观念。所以，对大学生进行生命价值观教育时要合理地运用网络新媒体，充分发挥互联网的正面辐射作用，避免它的消极影响。

首先，灵活运用网络新媒体技术增强生命价值观教育的生动性。新媒体技术为高校教师改变传统的生命价值观教育单调的理论讲解提供了工具上的便利。在教育过程中，教师可以充分利用新媒体技术全面、精心地选取教育信息，精心制作教学课件，将声音、文字、动画、图像等集为一体，实现理论教学与图文结合，使其声情并茂，更富有艺术性和感染力。这不仅解决了生命价值观教育理论教学的空洞乏味问题，而且增强了大学生对生命价值观教育的接受度。

其次，生命价值观教育的内容不仅要"走进课堂、走进教材"，更要跨入"网络新媒体"。即利用新媒体技术，凭借"资源共享"的方式，把生命价值观教育的内容延伸到网络空间，把生命价值观教育要求融入网络空间，把生命价值观教育阵地构筑到网络空间，以实现

---

① 刘云山：《更加自觉、主动地推动文化大发展大繁荣》，《人民日报》2007年10月29日。

生命价值观教育的全覆盖。具体来说，举旗铸魂的理论宣传，应有针对大学生的"网络版本"；化疑解难的热点解析，应有贴近大学生的"网言网语"；推心置腹的师生对话，应有深受大学生欢迎的"网络平台"；引领价值共识的"意见广场"，应有大学生推崇的红色"网络大 V"。更重要的，教师可以把互联网、新媒体变成自己的教育"大课堂"，通过开设专题性的生命价值观教育网站，通过利用具有知识性、趣味性和服务型的社交网站，通过 MOOC 教学平台，通过微博、微信、MSN，引导大学生的生命价值取向，提升大学生的生命价值意识。

（二）网下生命教育注重对网上生命价值观的分析引导

马克思曾指出："在我们这个时代，每一种事物好像都包含有自己的反面。"[①]"我们的一切发现和进步，似乎结果是使物质力量成为有智慧的生命，而人的生命则化为愚钝的物质力量。"[②] 网络新媒体的出现，使得大学生生命价值观教育获得了丰富的教育资源并且得到有效的利用，但是，也给大学生生命价值观带来诸多冲击与挑战。由于网络新媒体具有开放性，网上生命价值观是参差不齐的，有积极乐观的生命价值观，同时也出现了一些消极悲观的生命价值观。针对这样一种情况就需要充分发挥网下生命价值观教育的优势，对网上生命价值观进行正确的分析和引导。网下生命价值观教育主要是通过教师在课堂上引导大学生树立正确的生命价值意识来开展的，面对网上积极的生命价值观与消极的生命价值观并存的现象，教师一定要充分利用课堂教学这个主阵地，利用师生面对面交流碰撞的机会，利用自己牢牢掌握的主流价值观话语权，利用自己深厚的理论功底和通透的人生智慧，利用大学生对教师的尊重与信任去引导大学生正确对待网上的生命价值观，弘扬和传播积极健康的生命价值观，批判和规避消极悲观的生命价值观。

（三）网络文化注重弘扬和传播积极健康的生命价值观

任何一种文化形态都有其价值取向，网络文化作为一种新兴的文

---

① 《马克思恩格斯选集》第一卷，人民出版社 1995 年版，第 775 页。

② 同上。

化形态，有其开放性的一面，也受到主流文化的主导和影响。我们的网络文化是体现当今时代文化发展的重要组成部分，理应弘扬和传播积极健康的文化价值理念。如果放弃了这个方向，任由错误的思想、腐朽的文化价值观念在网上肆无忌惮地横行，就会出现网络文化的价值理念与社会主义主流价值理念相背离的局面，这就会导致一系列的问题出现。网络世界并不虚拟，如果积极健康的价值观念不去占领，消极悲观的价值观念就会去占领，因此正面舆论引导变得特别重要。胡锦涛在2007年1月24日中共中央政治局第三十八次集体学习时曾指出："要加强网上思想舆论阵地建设，掌握网上舆论主导权，提高网上引导水平，讲求引导艺术，积极运用新技术，加大正面宣传力度，形成积极向上的主流舆论。"① 因此，我们要遵循网络传播的特点和规律，提高议题设置和有效发声的能力，准确把握网上价值观导向，创新生命价值观引导方式，突出生命价值观引导重点，以大学生网民喜闻乐见的方式做好正确生命价值观的网上传播。

（四）网络文化注重规避消极生命价值观的滋生与蔓延

网络媒体环境是开放的，网络传播的内容对大学生产生直接的影响和渗透，在网上无论是传播积极健康的生命价值观，还是消极悲观的生命价值观，对大学生的影响都是广泛的、快速的。如果不构筑一条健康生命价值观的防线，各种消极的生命价值观就会扑面而来。所以，为了更好地促使大学生正确生命价值观的形成以及大学生的健康成长，网络文化一定要注重规避消极生命价值观的滋生和蔓延。

首先，高校应该不断加强对校园网络的依法管理。尼尔·巴雷特曾说过："计算机王国不是也从来没有成为完全独立的社会，一个不用现实中的法律、条例、警察和军队约束的独立王国。"② 网络虽虚拟，但从来都影响着现实，网络中那些无良言论和违规话语，如果不加以治理，势必会扰乱人们的是非观、冲击人们的价值观，从而恒定

---

① 胡锦涛：《胡锦涛在中共中央政治局第三十八次集体学习时强调：以创新的精神加强网络文化建设和管理 满足人民群众日益增长的精神文化需要》，《人民日报》2007年1月25日。

② ［英］尼尔·巴雷特：《数字化犯罪》，郝海洋译，辽宁教育出版社1998年版，第199页。

的价值准则就会遭到质疑，统一的社会价值观和共同的精神信仰就有可能被淡化或边缘化。所以，仅仅靠人们的自觉性难以避免消极生命价值观的滋生和蔓延，学校应通过必要的技术、行政、法律等手段，阻止各类不良信息进入网络，真正建立起维护网络安全的"防护墙"。其次，严格监控网络信息，净化网络环境。习近平指出："做好网上舆论工作是一项长期任务……把握好网上舆论引导的时、度、效，使网络空间清朗起来。"① 即扩大网络红色空间，清除网络黑色地带，引导网络灰色地段，营造清朗的校园网络空间。对此，对要上传的网络信息必须经过严密的监控和信息的检测，尤其是对准备上传到互联网上的有关生命价值观的内容一定要进行严格的筛选，对于那些消极悲观的生命价值观要坚决摒弃，做到预防在先。最后，大学生要加强自律能力。在网络这个虚拟的环境中，大学生一定要学会对网络文化中的不健康信息进行甄别，提高抵制不良信息的能力，加强对网络传播的消极生命价值观的防范与避免。

第三节　心理健康教育、审美教育与价值观引导的并行机制

调查发现，在分析"大学生放弃生命的主要因素"时，经过加权处理，列在第一位的是"个人心理承受力弱，无法处理生活冲突"（38.1%），也就是说，大学生的心理健康水平与大学生的人生观、价值观是紧密联系在一起的，不仅错误的价值观会影响大学生的心理健康，而且大学生不健康的心理也反过来影响大学生树立正确的生命价值观。另外，审美活动与人的生命活动也有着内在的联系，作为审美主体的人具有感知对象、传递感情、进行想象与理解活动的生理、心理机制，这种机制正是人类生命活动的重要组成部分，能够培养、塑造人的生命意识，引导受教育者用审美态度对待生活。因此，高校在

---

① 习近平：《把我国从网络大国建设成为网络强国》，（http：//news.xinhuanet.com/politics/2014-02/27/c_119538788.htm），2014 年 2 月 27 日。

对大学生进行生命价值观教育时必须将心理健康教育、审美教育以及价值观教育结合起来，共同促使大学生体验生存的真实感受，激发生命的情感，坚定生命的信念。

一　以心理健康教育为依托，建立生命价值观教育常态机制

（一）身心和谐是健康生命价值观确立的前提

一个健康的人，不仅要有健康的生理，还要有良好的心理，即所谓"身心健康"。协调身心关系以及身心与外部环境的关系以保证人自身系统的健康和活力，是保持身心健康的关键环节。一个人自觉地调适心理，保持心理健康，能够为生命价值的实现创造良好的自我环境。

大学生处于特定的心理成长期。从生理上看，大学生已经成为年满十八周岁的成年人，在生理状态上正接近人生的顶峰时期。但从心理上看，大学生正处于迅速走向成熟而又未真正成熟的过渡阶段，在心理发展上表现出许多过渡阶段的矛盾性，如抽象逻辑思维发展达到高峰，但易主观片面、固执己见；情绪情感日益丰富，理智感、道德感、美感升华，但情绪波动性较大；自我意识增强但发展还不成熟，容易陷入自卑或自负等。心理的矛盾性容易导致大学生在生活过程中出现这样那样的心理问题。尤其是作为"90后"的大学生，大都是独生子女，他们从小就被父母呵护得像温室里的花朵一样，不曾受到一丝的风吹雨打，这种一帆风顺的成长经历和相对优越的成长环境容易使他们形成"蛋壳"心理，即外表看起来很坚强，但实际承受挫折与危机的能力较弱，难以形成健全的人格和合理的生命意识。已有研究证明，孤僻、怪异、人际关系较差、对他人有敌意、攻击性强、难以适应环境的人，对生活有着消极体验，否定生命价值，持有悲观论调，具有消极生命价值观。[①] 心理咨询实践也表明，自杀的大学生中或多或少都有心理问题，有的长期受抑郁症的困扰。因此，大学生身心和谐对大学生健康生命价值观的确立具有非常重要的意义。

---

① 李艳兰等：《大学生生命价值观与人格特征的相关研究》，《现代预防医学》2010 年第 6 期。

（二）心理健康教育是生命价值观教育的依托

学校心理健康教育，是以心理学的理论和技术为主要依托，并结合学校日常教育、教学工作，根据学生生理、心理发展特点，有目的、有计划地培养（包括自我培养）学生良好的心理素质，开发心理潜能，进而促进学生身心和谐发展和素质全面提高的教育活动。[①]近年来，高校发生的大学生自杀、杀人等事件时有耳闻，引起了大众媒体和社会舆论的广泛关注。这种现象既折射出部分大学生生命价值观存在严重的错位，也折射出大学生自身存在严重的心理问题，而造成这种现象不可忽视的原因就是高校对大学生生命价值观没有正确的引导，心理健康教育存在严重缺位。因为诸多的因素带来的刺激作用，使得一些大学生在不经意间产生了各种各样的心理问题，大学生心理上存在障碍无法自己解决，内心封闭不敢告诉他人或不知告诉何人，久而久之，一旦触及大学生心理上的弱点，很容易促使大学生做出一些不珍惜生命的错误举动。生命价值观问题和心理健康问题看似是两个问题，但是却像一对孪生兄弟，相互依赖，一些大学生生命价值观的偏离与大学生本人的心理不健康有着非常密切的关系，而心理健康教育对于培养大学生社会适应能力和情绪调控能力、培养大学生健全的人格和良好的个性心理品质有着不可忽视的基础性作用。在生命价值观教育中进行心理健康教育，一是有助于学生掌握心理调适的技巧，学会正视自我，悦纳自我，从而实现自我认同；二是有助于学生正确认识心理发展规律，及时运用心理学知识解决学习、成才、择业、交友、恋爱、社会适应等方面的问题，保持心理平衡，从而在心理的协调发展中促进生命价值观的发展；三是有助于增强学生的心理承受能力，使学生能够以积极乐观的态度面对人生中的挫折与困难，激发实现生命价值理想的信念和信心，实现人生的升华和完善。总之，心理健康教育是现代教育发展的必然趋势，高校应该以心理健康教育为依托，来扎实推进大学生的生命价值观教育。

（三）加强心理辅导和咨询，建立生命价值观教育常态机制

近年来，我国高校设立的心理辅导机构如雨后春笋般迅速增多，

---

① 陈家麟：《学校心理健康教育》，教育科学出版社2002年版，第28—29页。

一般命名为心理咨询中心，主要负责新生入校时的心理普查、对访客进行心理咨询等。心理咨询法是由专业人员（即心理咨询师）用心理学以及相关知识，遵循心理学原则，通过各种技术和方法，帮助求助者解决心理问题、维护和增进身心健康、促进个性发展和潜能开发的方法。① 心理咨询为人们提供全新的环境，可以帮助人们更好地认识自己与社会、与他人之间的关系，学会更好地适应社会的方法，从而提高生活质量，更好地发挥人的潜力，实现人生的价值。面对当前大学生因人生问题带来的诸多心理困扰，高校心理咨询中心应该为大学生提供全方位、多层次、常态化的心理咨询服务，根据不同阶段大学生不同的心理需求以及同一阶段大学生不同的心理问题开展不同方式的心理辅导和咨询。

首先，以大学生生命价值观教育为立足点，心理咨询与生命辅导同步进行。2005 年华中师范大学心理学院刘华山、汪海燕教授通过对全国 4 个省市 16 所大学以及地方教育主管部门有关人员进行访谈调查，并对 100 多个大学生自杀案例的基本情况进行分析，撰写了《高校学生自杀状况及干预对策的研究》一文，论文分析了高校学生自杀的原因后，提出了一个非常重要的建议："心理健康教育与危机干预工作应从培养学生积极、开放、现实的，辩证、通达的人生态度这一基本工作做起。"此调研成果表明，积极健康的世界观、人生观和价值观对大学生心理健康发展至关重要。其他学者研究也发现，大学生的生命价值观与心理健康密切相关，积极的生命价值观（如拼搏进取、珍爱生命、积极乐观）与各种心理问题显著负相关，消极的生命价值观（如悲观困惑、消极宿命、狭隘）与各种心理问题存在显著正相关。② 因为，价值观是人的心理的内在的、深层次结构，深刻地影响人的心理和行为。弗洛姆提出："我们是根据价值判断来确定我们的行为的，而且，我们的精神健康和幸福也有赖于价值判断的这种正

---

① 包卫：《现代道德人格教育论》，上海交通大学出版社 2011 年版，第 153 页。
② 王小桃：《转型期大学生生命价值观与心理健康相互影响机制的研究》，《宜春学院学报》2010 年第 8 期。

确性。"① 持有积极生命价值观的个体因心态积极、热爱生活，更容易保持心理的健康，即使遇到困境，也能够想办法有效解决；而持有消极生命价值观的个体常以一种不自信的态度对待生活，常消极退缩，久而久之自然形成心理障碍。理性情绪心理学派就认为，人的价值观体系中的那些非理性认识导致了人对自我价值的自我贬低和自我毁灭，造成了人与环境的适应不良和消极情绪的产生。② 所以说，心理健康不仅仅是一种心理状态，更蕴含一种积极乐观的人生态度，心理辅导不仅仅是针对"心理"的辅导，它还内含一种生命价值观教育，心理咨询与生命辅导应同步进行。

其次，以发展性心理咨询为核心内容，保持大学生生命活力。发展性心理咨询是指依据大学生个体的身心发展特点和规律，帮助大学生妥善地解决心理问题和矛盾，更好地认识自己和社会，开发自己的潜能，推动个性健康发展和人格完善的咨询活动。相比障碍性咨询，发展性咨询与大学生生命价值观教育目标更具有一致性。大学四年，每个人在学习生活中都可能或多或少、或早或晚遇到"我为什么活得如此艰难？"、"我的理想为什么如此难以实现？"、"我该如何面对生活中的种种挑战？"、"我为什么不如你？"、"我是谁？我为什么活着？我将走向何方？"等诸多人生困惑，这些困惑归纳起来，即是生命的自然进程中所带来的体验性挑战与困惑、生命的自我规范性过程所带来的理想性冲突与困惑、生命的自主创造过程中所带来的挑战性冲突与困惑、生命的社会化进程中所带来的比较性冲突与困惑、生命作为自我反思过程所带来的认同性挑战与困惑这五大生命困惑。这些困惑平时不易为自己所察觉，但可能会在学习成绩上不去、交往遇到阻碍、找工作碰到挫折、恋爱不成功、亲人遭变故等负性刺激下冒出来，也不可能自己一下子豁然开朗。高校就要针对人们在生存、生活、生命发展的各个阶段和各种情景中可能出现的困难与问题，通过定期开展相应的团体辅导或个别咨询的方式，具体地释疑解惑，帮助

---

① ［美］弗洛姆：《为自己的人》，孙依依译，生活·读书·新知三联书店 1988 年版，第 20 页。

② 蔺桂瑞：《学校心理咨询中的价值观教育》，《教育研究》2001 年第 12 期。

他们寻找困境中的积极突围之路，让生命始终充满热情与活力，始终趋向健康正确的方向。

最后，开展朋辈之间的心理辅导，强化教育效果。朋辈之间的心理辅导改变了传统的只有专业心理咨询师才能开展心理辅导活动的状况，这项工作的展开主要取决于朋辈之间的信任度。相比较而言，大学生更愿意接受朋辈辅导员的心理帮助。根据专家研究，大学生出现心理压力、需要得到心理帮助时，59.4%的大学生会选择向朋友和同学倾诉，17.7%的大学生会选择沉默，8.6%的大学生会选择向可以信赖的老师和长辈倾诉，5.8%的大学生会选择求助于专业心理咨询机构，2.7%的大学生会选择告诉家长。① 朋辈之间心理辅导的优势主要有：第一，可以及时发现问题。心理问题的产生不是一蹴而就的，它是一个长期积累的过程，专业的心理咨询师不可能顾及学生生活的方方面面，很难发现学生心理问题存在的根本原因，而朋辈之间由于相处时间较长，能够及时发现身边同学的问题，从而得到更好的解决。第二，易于建立良好的咨访关系。朋辈之间因为没有代沟，又有着共同的生活经历和情感体验，这就很容易产生共鸣，方便交流和沟通，这些都是任何专业心理辅导所无可比拟的优势。在辅导过程中，来访者与咨询员之间存在友谊与信赖关系，自然性的鸿沟小、防御性低、共通性大、互动性高，有助于收到事半功倍的效果。

学校心理健康教育是大学生生命价值观教育的重要内容，而心理辅导和咨询是开展大学生心理健康教育的重要途径，因此，不断完善和改进心理辅导和咨询工作是更好地提高大学生的心理健康水平、优化大学生的心理素质、帮助大学生树立正确的生命价值观的重要举措。

二　以审美教育为切入点，创新大学生生命价值观教育

（一）审美能力的培养可以提升大学生的生命情感

审美作为一种价值追求，充分体现了人的主体性。马克思指出："动物只是按照它所属的那个种的尺度和需要来建造，而人却懂得按

---

① 王冰蔚、杨宾峰、王永铎主编：《大学生朋辈心理辅导》，清华大学出版社2011年版，第59页。

照任何一个种的尺度来进行生产，并且懂得怎样处处都把内在的尺度运用到对象上去；因此，人也按照美的规律来建造。"① 在某种意义上，可以说"美是人的本质力量的对象化"②，美能够使主体产生"直观自身"的愉悦，一个具有审美能力的人，往往不需要通过意志努力去观照眼前令人沉醉、令人神往的美。一位具有美学修养的人，往往会对生活中的困扰、心理压力，以超乎他人的幽默方式予以透析和处理，会使人在困境中有"茅塞顿开"之感，于是便能把人生的"酸楚"一扫无余，而开辟出一个新的、和谐的心灵天地和幸福生活新境遇。

蜜蜂对花的感觉是一种天然的冲动，人对美也是一样的，这种冲动往往使得大学生在审美的同时产生爱屋及乌的效应，接受了与审美相关的其他信息。原本严肃的大学生生命价值观教育经过审美媒介的熏陶变成了带有审美价值的艺术形式和令人兴趣盎然的实践活动，这就可能产生"寓教于乐"的审美效应。瓦·阿·苏霍姆林斯基说过，"美是一种心灵的体操"③，经常保持审美心态的人，他的身心是健康和谐的，是有能力调节自己内心的矛盾冲突的。一个人只有把自己的信念、信仰当作一种美去追寻并赋予它深厚的情感，他的生命价值观才是积极向上的、符合社会发展要求的。所以，培养大学生的审美能力有利于提升大学生的生命情感。

（二）审美教育是大学生生命价值观教育的重要内容

审美教育即美育，也就是美感教育。审美教育以美学的理论去教育人，从而完成对个性化的人格的塑造，既是培养人感知、感受和创造美的教育，也是培养人的审美能力、审美情操的教育。④ 审美教育着眼于人的心灵的净化，追求高尚的道德情操，是一种重要的情感教育，与大学生生命价值观教育目标具有一致性，是大学生生命价值观教育的重要内容。

---

① 《马克思恩格斯全集》第 42 卷，人民出版社 1979 年版，第 97 页。

② 蒋孔阳：《蒋孔阳全集》第 5 卷，安徽教育出版社 2005 年版，第 656 页。

③ ［苏联］瓦·阿·苏霍姆林斯基：《给教师的建议》（上），杜殿坤编译，教育科学出版社 1980 年版，第 166 页。

④ 王希军、葛星主编：《审美教育》，中国石油大学出版社 2007 年版，第 3 页。

首先，大学生生命价值观教育的完整性包含审美教育。大学生生命价值观教育的对象是大学生，大学生价值观的形成与发展是感性因素和理性因素共同起作用的结果。缺乏理智约束的感性会使人觉得狂野、粗暴；而只有理性没有感性的生命太过于疲软。席勒说：我们的时代应该通过美从这种双重的混乱中恢复原状。美的修养能够同时解决这两个相反的缺点，从而使得感性与理性在人的身上得到统一。所以，"审美教育是促进大学生全面发展的重要途径，是德育的重要补充，它引导大学生追求真、善、美，也能教育大学生树立正确的功利观、价值观"①，大学生生命价值观教育的完整性应包含审美教育。

其次，大学生生命价值观教育的多维性需要审美教育。从多个维度来审视和反思大学生生命价值观教育，对其发展有很大好处。从人性来看，大学生生命价值观教育探求的是人的精神属性，是激发生命价值创造的重要方式。从审美角度看，生命价值观教育是发现和创造生命之美、提升生命价值的重要保障。从人的全面发展角度来看，生命价值观教育是促使人的全面自由发展的重要环节。而审美教育的根本目标也是通过提高人的审美能力，升华人的审美境界，最终实现人的自由全面发展，两者的根本目标是一致的。因此，大学生生命价值观教育的多维性需要审美教育。

再次，大学生生命价值观教育有效性的实现需要审美教育。审美教育就是使人"乐"的教育。孔子说："知之者不如好之者，好之者不如乐之者。"当人们"乐在其中"的时候，他陶陶然，融融然。美育与德、智、体三育的功利性有明显的不同，它并不以学生的直接收获为唯一目的，使人情感愉悦、身心解放是它最直接的目的。美的鉴赏在给人带来愉悦享受的同时，还以潜移默化的方式使人在审美过程中受到启迪、汲取力量，使人精神受到鼓舞，心灵得以升华，达到自我超越。所以在生命价值观教育中注入审美教育，可以将枯燥乏味的理论知识转化成为具体生动、真实可感的东西，可以让学生在感受影视中的人性美、领略自然界的山水美、观赏到动态的艺术美中更好地

---

① 丁纯：《审美教育与大学生生命教育刍论》，《华南师范大学学报》（社会科学版）2007年第5期。

感悟生命的美好，更好地实现生命价值观教育的目的。

最后，大学生生命价值观教育的创新需要审美教育。创新是人类独有的认识和实践能力，是人充分发挥主观能动性的高级表现形式，也是推动大学生生命价值观教育不断发展的动力。审美教育融入生命价值观教育的过程中，以一种审美的思维对生命价值观教育做全新的思考，找到关键点和突破口。以让人耳目一新的感觉适应人的求新意识，增强生命价值观教育的创新性，从而巩固和深化生命价值观教育的效果。

（三）加强审美教育，增强生命价值观教育的新颖性

"爱美之心，人皆有之。"人与动物最重要的区别就是人能够认识美、欣赏美。当今大学生却处于一个被电子信息包围、被虚假消费刺激、被多样价值观引导的氛围中，容易使自己更依赖于电子科技产品和室内活动，更关注于外在的浮夸世界和虚假外表，缺少对生活中美的东西的体验和享受，缺少对于生命价值和人生意义的反思，找不到幸福感，所以迫切需要加强审美教育，提高他们的精神境界和幸福感悟能力。

第一，亲近自然，提升大学生生命美的体验和感悟。对大学生进行自然审美教育，让大学生在对自然的审美中认知自然、欣赏自然和迷恋自然是进行审美教育的有效手段。自然能够充分调动起人的听觉、嗅觉、视觉、触觉，带给人以美的享受，"留连戏蝶时时舞，自在娇莺恰恰啼"——自然的声音使人如痴如醉；"迟日江山丽，春风花草香"——自然的味道让人心旷神怡；"接天莲叶无穷碧，映日荷花别样红"——自然的颜色让人流连忘返；"最爱东山晴后雪，软红光里涌银山"——自然的质地让人喜爱至极。恩格斯在《风景》中也曾这样论述："阳光从无数闪烁的镜子中反射到你的眼里，碧绿的海水同蔚蓝的镜子般的天空和金色的太阳融化成美妙的色彩，——于是你的一切忧思，一切关于人世间的敌人及其阴谋诡计的回忆，就会烟消云散，你就会融化在自由的无限的精神的骄傲意识中。"① 人在自然审美中可以实现精神的自由和解放，缓解世俗的纷扰和困惑。由于人

① 《马克思恩格斯论艺术》第四卷，人民文学出版社 1966 年版，第 393 页。

的审美能力的不断提升，其他低级的需要就会逐渐隐化，并最终使人们的精神从被物所役的异化状态中摆脱出来，学会在整体和谐的艺术审美中获得人格境界的提升。

对大学生进行自然审美教育，不是让大学生单单欣赏自然的艺术作品，更重要的是让大学生在与自然亲密接触中，感受"人化自然"和"自然化人"的双向对象化过程，激发大学生的审美感受力、审美想象力和审美创造力，促使大学生将审美意志逐渐转化为内心的幸福感受，最终在观念层面形成整体和谐的自然生命审美观。

第二，增加艺术教育，提升大学生生命美的意蕴和境界。艺术欣赏方面，高校应该增加一些关于艺术类的专题讲座，邀请国内外知名的艺术家介绍人类不同民族、不同文化的审美文化，让大学生能够了解历史上不同类型的各种美的形式；也可以充分利用博物馆、美术馆、展览馆等，对大学生进行艺术赏析教育，让大学生体验高雅艺术的魅力。艺术创造方面，高校应鼓励大学生积极举办各种画展比赛、校园歌手大赛等活动，也可以成立一些关于摄影、书法、舞蹈等兴趣爱好方面的艺术社团，营造浓厚的校园艺术氛围，促使大学生的审美素养能够在实践中不断提高。最关键的是要立足生活，接受美的洗礼。人在不断地改造自然、改造社会的过程中创造出各种各样的美好事物，高校应该充分挖掘社会生活中的美教育大学生，使他们能够在享受社会生活的美中得到美的洗礼。如在一些为国捐躯的英雄人物身上，可以让大学生感受到他们的爱国情怀以及创造丰功伟绩的人格魅力；在汶川地震中，可以感受到"一方有难、八方支援"的世间真情；在感动中国人物和全国道德模范身上，可以感受到人性的光辉；在探险、攀岩、滑板以及各种"极限运动"的挑战中，可以展示创意自由、追寻高峰体验的"充实"和"至乐"境界，等等。总之，只有用审美的态度对待生活，用美的思想来激励人生，才能不断地发现和创造生命之美，提升生命价值。

三 以主流价值观为导向，正确引导大学生的生命价值观

（一）大学生生命价值观具有多样性

目前我国社会正处于转型时期，机制转轨、利益调整以及观念转变给大学生带来了广阔的视角，同时也使得大学生的生命价值观出现

多样化。当代大学生的主体意识不断增强，传统的价值观念已经不能满足他们内心的张扬，他们开始反思自我价值的实现，尤其是西方个人主义、实用主义等社会思潮的传播，促使大学生对待生命价值有了全新的认识。他们由于生长在不同的家庭环境下，从小接受的生命价值观教育不同，再加上应试教育背景下学校、社会对生命价值观教育的忽视，大学生没有得到系统的生命价值观教育，致使他们对待生命的态度完全不一样。有学者通过调查，得出当代大学生的生命价值观在总体向上的背景中表现出一种多元化趋向，同时也存在部分令人担忧的消极生命价值观的结论，并归纳了六种较为典型的生命价值观：珍爱生命的生命价值观、积极进取的生命价值观、悲观与困惑的生命价值观、冒险的生命价值观、狭隘的生命价值观和矛盾的生命价值观。[1] 可见，大学生生命价值观已呈现出多元化的发展趋势，多数大学生生命价值观是积极乐观、充满活力的，少数大学生存在消极悲观、狭隘功利的生命价值观。

（二）社会主义主流价值观具有导向性

跨入 21 世纪，我国利益格局不断调整，各方面的改革不断深入，社会生活日趋多样化，社会发展呈现出许多新的阶段性特征，这一方面给社会的发展与进步注入了新的活力，另一方面也带来了人们思想观念的多样化。马克思主义认为，人类社会思想文化领域的多样化是一种正常状态。社会思想的多种多样，有利于促进思想解放，激发社会活力，推动人类社会进步。但是，社会思想的多样化，必须以有序化为前提。杂乱无序的多样化是不利于社会稳定和发展的。如果一个社会缺乏统一的价值导向，或者这种导向很苍白乏力，社会运转就会陷入混乱或者停滞，社会发展就会受到影响。所以，对于一个正常的社会来讲，既要允许个人价值追求的多样化，也要坚持社会价值导向的一元性。而社会主义主流价值观主要从理论和思想上去指导社会主义内容、方向以及观念的发展，形成了一定的标准，这种标准为人民树立健康向上的价值观念提供了导向作用。它是大学生树立生命信仰

---

① 李若衡、杨静：《大学生生命价值观的投射测验与内容分析》，《重庆邮电学院学报》（社会科学版）2006 年第 2 期。

的价值支撑，是大学生实现人生理想的精神动力，也是引导大学生进德修业、成长成才的根本指针。

（三）坚持一元主导与包容多样的原则，正确引导大学生生命价值观

一元主导就是要坚持用社会主义主流价值观引领当代大学生生命价值观教育，牢牢把握社会主义主流价值观的指导权、主动权以及话语权，绝不允许反对主流价值观的思潮在校园中滋生蔓延，也绝不能动摇社会主义主流价值观的引导地位。包容多样就是要正视高校大学生生命价值观多样性的事实，在承认差异性、尊重差异性中求和谐，在包容多样性的基础上求共识与发展，增强生命价值观教育的吸引力和感染力。

第一，以社会主义主流价值观引领大学生的生命价值观。当前由于复杂多变的社会环境造成的影响，大学生的生命价值观呈现多样化的趋势，积极健康的生命价值观与消极有害的生命价值观并存。面对这样一种趋势，必须用社会主义主流价值观引领当代大学生的生命价值观，发挥社会主义主流价值观的导向作用，引领大学生树立崇高的理想和坚定的信念，赋予生命以目的与意义；引领大学生以胸怀祖国、服务人民作为自己的人生信条和不懈追求，在奉献社会中成就自我；引领大学生坦然面对生活的挫折和磨难，树立积极进取的人生态度；引领大学生认清理想与现实的差距，仰望星空，脚踏实地，从自身做起，从点滴小事做起，在为社会承担责任中找到自己安身立命之所。

第二，以包容开放的心态正视多样化的生命价值观。生命价值观的多样化是客观存在的事实，在短时期内很难改变，我们承认价值取向多样化的历史必然性和合理性，尊重每个大学生的个性差异和独特的价值选择，但也要看到它们所具有的自发性、经验性、不成熟性和不完善性的特点，加强主导价值观对它们的辩证整合。既要在多元价值取向之间保持合理的张力，又要以社会主义核心价值观来感召和引导非主流的生命价值观，批判和反对错误的生命价值观，转化和提升消极的生命价值观，弘扬和树立正确的生命价值观，实现生命价值观的现实性和超越性的辩证统一，避免在对大学生生命价值观进行引导和调节时采取"一刀切"的形而上学方式而引发反感和排斥心理。总

之，是以包容的心态、积极的手段引导大学生的生命价值观向积极健康的方向发展。

四　形成合力，共同推动大学生生命价值观教育的开展

人的生命是一个身、心、灵有机统一的整体。身心不是二元分离的，它们在灵性（精神）的引领下相互协调，构成与环境互动的有机生命体。所以心理不只是一个孤零零的单独存在，而是富有灵性的人的完整生命中的一个部分。相应地，心理问题其实也不单纯是"心理"问题，它可能是身、心、灵失调共同造成的整体的生命困顿。所以，要走出生命困顿，恢复身、心、灵的和谐统一，就必须走心理健康教育、价值观教育与审美教育相结合的路子，共同推动大学生生命价值观教育有效开展。

（一）价值观教育需要以心理健康教育为依托

对大学生进行价值观教育需要大学生具备正确的自我意识，而自我意识包括对自己的生理状况和心理状况的认识。大学生具备了正确的自我意识、对自己有整体的认识、可以看清楚自己的优点和缺点，外界引起的心理压力就会逐渐减少并得到预防。但如果大学生看不到自己身上的优点，自我意识比较消极，或不愿意承认自身存在的缺点、盲目自大，一旦受挫，就很容易产生自我否定、郁闷、孤独、焦虑、绝望等不健康心理，这会严重影响到大学生正确生命价值观的培养。研究发现，心理障碍者更多地持有消极生命价值观，正常人群更多地持有积极的生命价值观。① 因此，价值观教育需要以正确的自我意识、健康的心理作为根基，只有具备健康的身心条件才可能形成正确的生命价值观。

（二）心理健康教育需要配合价值观教育同步进行

长期以来，心理咨询过程坚持"价值中立"原则，心理健康教育不追求崇高，也不追求所谓的终极人生意义。问题在于，一方面，很多心理问题的根源并不是单纯的"心理"问题，而是自己所持守的人生观、价值观所导致的观念冲突或者意义冲突，实际上是生命困顿。

---

① 王小桃：《转型期大学生生命价值观与心理健康相互影响机制的研究》，《宜春学院学报》2010 年第 8 期。

因此，单纯的"同理"化的心理咨询和心理健康教育，实际上并不能找到这些生命困顿的解决出路。另一方面，秉持"价值中立"原则的心理咨询和心理健康教育，由于不能给予来访者或者受教育者价值引导，往往导致心理咨询和心理健康教育只能解决当下问题而不能"综合治理"，只能治标不能治本。① 而生命价值观教育则不同，它坚持从生命的存在属性和价值属性两个层面关注生命本身。它不仅强调生命的和谐平衡，而且更加强调生命的意义赋予；不仅强调生命的尊重与维护，而且更加强调生命的责任与信仰；不仅强调知性生命和感性生命，而且更加强调德性生命和灵性生命，强调在文化中、在社会中安顿生命，实现生命的价值。因此，生命价值观教育的理念可以弥补心理咨询及心理健康教育所持守的"价值中立"立场的不足，心理咨询及心理健康教育需要配合价值观教育同时进行，才能到达治标又治本的目的。

（三）审美教育是对心理健康教育和价值观教育的升华

审美教育把人的全面发展和人格的完整性作为理论和实践的出发点和归属，以关心人的生存和发展、促进个体的情感解放和精神自由作为最根本的价值尺度，这就决定了审美教育和心理健康教育、生命价值观教育有着密不可分的关系。审美教育不仅能够塑造大学生的健康人格，同时还促进了完美人格的形成；不仅能够培养大学生爱的态度以及积极向上的价值观，还能促进感性情感和理性情感的协调、平衡发展，是对心理健康教育和价值观教育的升华。大学阶段，大学生正处于人生观、价值观形成的关键时期，社会的激烈竞争使他们背上了沉重的负担，使他们丧失了审美的情趣、欣赏美的能力，感受不到生活中的美好，享受不到心灵淡然恬静的快乐。因此，必须充分发挥审美教育的作用，以此来培养大学生健康的心理素质和正确的人生价值观。

---

① 柴志明、何仁富：《大学生命教育论》，中国广播电视出版社 2010 年版，第 275 页。

第四节　自我生命认知、家庭生命启蒙与学校、社会生命教育的联动机制

对大学生进行生命价值观教育，不仅学校要发挥主导作用，还要积极开发和利用家庭、社会的教育资源，并提高学生的自我认知能力。家庭、学校、社会、个人在生命价值观教育方面各有侧重、各有特点，是相互衔接、密不可分的统一整体。搞好生命价值观教育，必须把四者有机结合起来，形成联动机制，保证教育的一致性、互补性和有效性。

一　自我生命认知：大学生生命价值观教育的内因

很久以前，古希腊哲学家就提出了"认识你自己"的哲学命题。作为每一个个体的生命在我们成长的道路中都会发出"我是谁?"、"我从哪里来?"、"我要到哪里去?"的慨叹，这往往是我们很难回答的问题。其实，在我们成长的过程中遇到的最大障碍不是别人，而是我们自己。人应该如何看待自己的生命，如何树立正确的生命价值观，仅仅依靠学校、家庭、社会这些外在的客观因素是远远不够的，真正提升大学生生命价值观教育水平的内在因素是对自我生命的认知。

（一）大学生对生命的正确认知是生命价值观教育的起点

对生命的认知是生命价值观确立的起点，只有正确地认识生命存在的价值，才能够接受生命本体，热爱生命，树立正确的人生态度。每个大学生都出生在不同的家庭环境中，有着不同的成长背景和心理承受能力，他们对生命的认识和感受的不同极大地影响着他们对待生命的方式和对生活目标的追求不同。课题组调查分析发现，"90后"大学生生命意识很强，非常珍惜生命的来之不易，关注生命的价值和意义。如88.5%的大学生认为"我的生命并不完全属于自己，还属于家人、朋友、社会"；87.2%的大学生认为"伤害自己和他人都是对生命价值的否定"，85.2%的人认为"活着比任何事情都重要，无论什么时候都不能放弃生命"。在问及"当遇到某种强大压力或挫折

时，您是否有过自杀的念头"时，有61.2%的大学生没有过自杀的念头；有67.9%的大学生认为大学生自杀行为是对生命的轻视。在问及"您是否对人的生命及生命价值进行过思考"时，有39.0%的大学生表示会经常思考；有57.5%的大学生表示会偶尔思考；两者相加达96.5%。但值得注意的是，不是所有的大学生都能够正确看待生命与死亡，有部分人不观照生命，缺乏生存常识和求生技能，还有少部分人把死亡当作逃避痛苦的一种选择方式。调查中，有38.8%的大学生有过自杀的念头，其中2.3%的大学生表示自己经常有自杀的念头。16.5%的大学生认为自杀是一种摆脱痛苦的方式；有4.6%的大学生认为自杀是一种勇敢的行为；有5.4%的大学生认为自杀不关我的事，我不关心。当然，大学生受自身年龄、阅历、生活范围、交流对象等方面的局限，单靠自己有限的经验和理解能力很难探索到生命的真谛；他们对生命的认知往往以自我需要和自我经验为中心，很难把生命的视角投向人类、指向未来、转向生命的终极关怀。这就要求大学生生命价值观教育以帮助大学生识读生命为起点，引导大学生正确认知生命，把握生命的独特性、完整性、唯一性和超越性，为形成积极的生命价值观打下理性基础。

（二）鼓励大学生接纳自我，尊重自我生命的独特

生命的独特性使得人们体会到生命的美好，彰显了生命的无限价值和意义。"每个人之间有所不同，即都有其自我独特性，具有不可重复和不可取代的唯一性，这种自我独特性或唯一性是每个人得以存在的根据和理由，因而也是每个人有其个人价值的理由和根据。"① 独特的生命在社会实践中不断地走向成长、发展和完善，实现和发挥自己生命的独特价值，确立自身独特的人生意义。大学阶段是大学生充满激情的人生阶段，作为新世纪的大学生，应该以积极乐观的态度去看待生命中的一切，看到自己身上的闪光点，学会接受自己，不能因为生命中小小的挫折就否定了整个生命，不能因为暂时的痛苦就放弃了整个人生，这些道理人人皆知，但是真正做起来却要付出加倍的努

---

① 韩庆祥、邹诗鹏：《人学——人的问题的当代阐释》，云南人民出版社2001年版，第290页。

力。反思高校大学生自杀个案，他们之所以轻视自己的生命，主要是他们无法正确地认识自我，不能够接受自己身上的缺点，又看不到自己身上的亮点，不断地自暴自弃，最终造成了不可挽回的错误。因此，大学生生命价值观教育应当引导大学生走出自我封闭的圈子，将自我融入整个的生命价值体系中去。每个个体都有自己独特的生命价值，世界上没有十全十美的人，我们只要敢于面对自己，学会接受自己，能够发现自己身上的闪光点，将其转化为前进的动力，我们就能创造出幸福快乐的生活。

当然，我们不能对自己的一切全盘皆收，持完全纵容的态度，我们一定要取人之长、补己之短，正确接纳自己的优点，同时对于自己的缺点要虚心改进，不断完善自我。我们在自我完善的过程中一定要学会自我控制。人生漫长，总会遇到这样或那样的问题让我们去解决，如果我们一味地逃避，一味地远离困难和挫折，我们永远不会长大，永远体会不到生命的真义。尤其是当代大学生正是处于社会发展的高速期，他们从小接受的是给予，不懂得付出，但是没有自我的努力和付出，他们不会看到生命的美好。生命价值的实现需要我们自己去努力、去付出，而不是守株待兔、坐享其成。因此，生命价值观教育要大学生正确认识自己，敢于接纳自己，努力地完善自己，只有这样才能让大学生受益终生。

（三）引导大学生包容他人，敬畏不同的生命存在

当大学生作为一个生命个体走出家庭、迈入社会时，可能会遇到各种各样的人，每一个生命个体都有自己独特的个性，正如世界上没有两片完全相同的树叶一样，世界上也不可能存在两个性格完全相同的人。每个人的家庭背景、交友范围不一样，就会形成不同的性格及爱好，对于两个完全不同的生命个体之间如何做到理解与包容，如何做到求同存异、和谐相处，这是一件非常困难的事情。尤其是作为独生子女成长起来的"90后"大学生，他们的自我意识和竞争观念下的利益取向得到了前所未有的彰显，个性张扬，注重自我，个人主义，这些特征在他们身上表现得淋漓尽致，这就需要正确引导大学生学会包容他人，学会尊重不同个体的生命存在。

孔子曰，"己欲立而立人，己欲达而达人"，"己所不欲，勿施于

人"。正因为每个人的生命都是独特的，因而都是平等的价值存在，人既要珍惜自己的生命，也要尊重他人的生命。引导大学生学会包容他人既是一种生命智慧，也是大学生的必修课。一是要引导大学生学会尊重和爱护他人。个人是生活在社会中的，个体的生命与他人的生命是息息相关的，人的生存不是大海里的一叶孤舟，而是依靠其他生命个体的存在而存在的。社会是一张大网，人不可能单独在大网中生活，而是通过人与人的关系存在的，通过在与其他生命个体的和谐发展中实现自己生命的价值。因此要引导大学生培养关心意识，尊重其他个体生命的发展。二是要引导大学生学会理解和包容他人。孔子曰"君子和而不同，小人同而不和"，启迪我们要保持与周围的人和谐融洽的关系，不一定非要人云亦云、盲目附和，而是要求同存异，既保持自己的独立个性，也要学会尊重理解别人。要学会通过沟通和对话来克服自身狭隘的文化价值观念，在考虑问题时要学会设身处地为别人着想、将心比心，做到对他人生命的尊重与理解；要掌握正确的与人相处的方式，以宽广的胸怀、豁达的气度看待人与人之间的矛盾与冲突，得饶人处且饶人，同时也要学会自我保护。

二　家庭生命启蒙：大学生生命价值观教育的摇篮

（一）大学生的生命启蒙来自家庭对生命的尊重

人一生下来最先接触的就是家庭。家庭是社会的细胞，是人类社会生活中的基础组织形式。苏联教育家瓦·阿·苏霍姆林斯基曾说："家庭是滔滔大海上神奇的浪花，从这一朵朵浪花上能够飞溅出美好。如果家庭没有孕育人世间美好事物的神奇力量，学校所能做的，就永远只能是再教育了。"① 家庭是一个人成长的摇篮，是塑造人的品格的第一所学校，每个孩子的生命价值观首先来自家庭的教育。许慎在《说文解字》中说："父，家长率教也。"作为家长的"父"，承担教育子女的责任是义不容辞的，关键是教什么、怎么教。"总体而言，家庭生命价值观教育与大学生生命价值观存在显著相关。家庭正向而积极的生命价值观教育和子女正向而积极的生命价值观的形成存在显

---

① ［苏联］瓦·阿·苏霍姆林斯基：《睿智的父母之爱》，罗亦超译，河北人民出版社2001年版，第2页。

著相关。家庭若给予子女积极和珍爱生命型的生命价值观教育，那么子女的生命价值观就表现出积极、珍惜生命的特点；家庭若给予子女消极的生命价值观教育，子女的生命价值观则呈现消极和狭隘的特点；家庭若给予子女自我控制的生命价值观教育，则子女会更加珍惜自己的生命。"[1] 另外，家庭氛围、父母与子女的关系对大学生的生命价值观影响也很大。本课题组研究发现，在生命意识、人生追求、生活态度、价值取向方面，与家人的亲疏关系和大学生的生命价值观呈明显的正相关。即亲子关系越亲密，大学生的生命意识和生命共同体意识就越强，人生态度越积极向上，越强调自我价值与社会价值的统一；反之，亲子关系越疏远，对自杀的行为越表示出肯定或者冷漠的态度，而且人生态度相对消极，抗挫能力相对较差。也就是说，家庭亲疏关系、父母对子女的精神支持与大学生的生命意识、生命价值观和人生态度密切相关。大学生虽已远离父母，在外独自求学，但个体在家庭中得到越多的积极关注、认同和支持，或父母的情感和温暖，大学生的自我和谐度就越高。[2] 因此，大学生的生命启蒙来自家庭对生命的尊重，特别是对孩子独有的精神世界的尊重，作为父母，一定要以平等倾听的态度去尊重生命，以理智化的爱包容生命，以充实健康的精神生活涵养生命，努力为孩子营造一个宽松和谐的成长氛围，积极引导孩子身心健康发展。

（二）转变家长教育观念，纠正家庭教育的功利化色彩

教育功利化的浪潮不仅影响到学校，也波及家庭。当下，许多家长都意识到未来社会人才竞争的激烈和严峻，为了使孩子能够在竞争中脱颖而出、很快地适应社会，家长们普遍重视孩子们的科学文化知识的学习和孩子智力的开发，在此方面不惜花费大量时间、精力以及金钱，而对其他不关乎学习的事情都予以忽视。调查发现，在回答"在聊天和谈话中，父母对您经常关注的是什么"问题时，排在前三位的是身体健康状况（32.2%）、学习成绩（31.9%）和未来的择业

---

① 孙莹：《家庭生命价值观教育与大学生生命价值观的相关研究》，硕士学位论文，西南大学，2007年，第46页。

② 陶甜美、刘新民、金明琦：《亲子关系与大学生自我和谐的相关研究》，《皖南医学院学报》2012年第6期。

就业（21.8%）。① 在很多家长的眼里，人生意义的诠释就是：好分数＝好大学＝好工作＝充裕的物质生活＝实现自己的人生价值。而对于正在成长的青少年，无数次经验告诉他，能让父母、老师看重他、喜爱他的理由只是拿到优秀的成绩单；无数次社会现实告诉他，功成名就、有权有钱的人生才是成功的人生。那么，他们即使懂得了"人"的生命价值，也仍然找不到"自己"的生命价值；即使懂得了"生活的意义"，也仍然不知道"我活着是为了什么"。有的大学生在访谈中就明确提出"名利双收的生活是最有价值的生活"，如何获得这种生活成为他们思考、学习的主题。人生价值观的功利化、短期化必然会带来大学生生命奋斗的无根感和疏离感，也影响其生命质量和生活幸福感。所以，家庭应该转变教育观念，走出功利化的误区，不仅关注孩子"如何而生"，更要启发引导孩子"为何而生"，让孩子想得清楚、活得明白、行得稳重。

（三）改善家庭教育方式，提升生命价值观教育的效果

在家庭教育方面，众多的家庭采取简单粗暴的方式，以长辈的权威要求子女根据自己的思维模式去发展，不能与子女进行面对面平等自由的交流沟通；对于子女所犯的错误，总是一味地打骂，缺少必要的鼓励和宽容。通过这样的教育方式，孩子逐渐形成了封闭、孤立、叛逆的个性，往往以另类的方式向人们证明自己的存在，不善于听取别人的意见，遇到问题总是凭感觉行事，一旦受到外界不良影响很容易走上歧途。家庭教育对孩子正确生命价值观的形成有着不可忽视的重要作用。在家庭教育方面，一定要对现有的教育方式加以改善，增强大学生生命价值观教育的实效性。首先，家长要学会由收到放。大学生已经成人，就像是羽翼丰满的小鸟急切想要拥抱天空，他们不能每天待在父母的"鸟巢"里过着衣食无忧的生活，而是需要自己去迎接未来的暴风雨，找寻属于自己的天地，家长应该放手让孩子去探索。其次，家长要学会由说到听。大学生的独立意识虽然很强，但是在生活和学习中难免会遇到各种各样的困难和挫折，他们第一时间能

① 梅萍等：《当代大学生生命价值观教育研究》，中国社会科学出版社2009年版，第300页。

够想到的还是自己的父母，他们认为父母是他们最值得信任的人。此时，父母就不能遵循自己的想法和思维模式去教子女怎么做，甚至越俎代庖；而是要通过认真倾听子女的真实想法，给他们一些切实可行的建议，引导子女自己走出生活和学习的困境，从而提高他们应对挫折和困难的能力。

三　学校生命教育：大学生生命价值观教育的主阵地

（一）学校教育是大学生生命价值观教育的主阵地

学校教育是生命价值观教育的主导。学校环境是生命价值观教育活动的直接依托，相对于社会环境而言是微观环境；相对于家庭而言，却是一个宏观环境。一个人达到学龄以后，一直要在学校生活、学习十年以上，而这个时期正是一个生理、心理逐步成熟的关键时期，学校期间形成的生命意识和价值观念对以后一生的生活都有重要影响。因此，学校环境在整个生命价值观教育环境系统中居于主导地位。

大学阶段是大学生生命成长的特殊阶段，在这个阶段，大学生的身心得到发展，思想开始成熟，其个体生命将获得完全的独立，世界观、人生观、价值观等价值观念逐步确立，大学生开始寻找自己生命的意义与价值。然而正是在这一阶段，大学生的学业压力、就业压力以及人际交往和情感方面的问题日益突出，大学生面临的生命困顿不断增加，这就使得大学生们迫切需要学校根据他们身心发展的特点以及生命成长的需要，及时为他们提供有关生命价值观教育的营养剂。

意大利教育家蒙台梭利曾经指出："教育的目的在于帮助生命力的正常发展，教育就是帮助生命力发展的一切作为。"[1] 在一个以人为本的时代，生命才是教育的根本，教育是生命与生命的交流，教育只有回归生命，才能展示教育应有的魅力。[2] 遗憾的是，现代教育由于受功利主义和理性教育价值取向的影响成为凌驾于生命之上的只见人不见生命的教育。高等教育因受到现代理性霸权的影响，沦为功利性

---

[1]　Montessori, M., *Educational Anthropology*, The Noonday Press, 1908, p. 57.

[2]　刘恩允：《生命教育：高校德育的缺失与补救》，《山东师范大学学报》（人文社会科学版）2011年第3期。

的教育工具。理性教育的盛行和人文教育的没落使得高校丧失了对个体生命价值的关怀。大学生对生命的漠视、生命价值观的扭曲等现象表现出高校生命价值观教育的缺失，对此，我们必须将生命价值观教育的理念、价值、内容和方法等融入高等教育中，通过高校这个有利平台实现生命价值观教育的价值诉求，从而体现高校教育以人为本的教育理念和对人的终极关怀，对生命个体价值的珍惜与尊重。

（二）完善教育理念，提升教育者生命价值观教育意识

高校教师是对大学生进行生命价值观教育的主要实施者，学校生命价值观教育效果的好坏很大程度上受制于教师的生命意识和教育理念。目前大学校园中功利的价值导向、异化的师生关系导致师生的生命意识均受到压抑，在一定程度上影响了大学生生命价值观的形成。因此，必须提升教师的生命价值观教育意识，发挥教师在大学生生命价值观教育中的主导作用。首先，教师应该树立尊重学生的主体性、尊重学生个体生命独特发展的意识。"真正的主体只有在主体间的交往关系中，即在主体与主体相互承认和尊重对方的主体身份时才可能存在。"① 作为一名生命价值观教育者，教师应该以博大的胸怀包容每一个个体生命，尊重学生的主体身份和主体地位，让学生感受到自身生命存在的不可替代性。其次，教师应该树立师生平等的意识，构建和谐的师生关系。在完满的师生关系中，教师和学生都是平等的生命个体，通过交往，各自都接纳了对方，构成了双方之间的精神交流，双方都在精神的理解和沟通中获得了新的经验，获得了精神的扩展；和谐的师生关系也更容易促使教师及时把握大学生生命价值观的发展动态，以便及时采取措施进行正确引导。最后，教师应该树立生命共同体意识，促进师生生命共同发展。任何一个人的生命都不是独属于自己，与他人有着千丝万缕的联系。"生命共同体意识"就是指学校、教师、学生等是命运的共同体、利益的共同体、学习的共同体、价值的共同体和幸福的共同体。在生命共同体中，各生命体之间都是命运相息、利益相系、学习相长、价值相融和幸福相生的。"生命共同体意识"的认识主体和建设主体都是教师，因此，教师树立这一意识，

---

① 郭湛：《主体性哲学》，云南人民出版社 2002 年版，第 253 页。

需要密切关注自己与其他相关人群尤其是学生的需要，满足正当的需要，引导和矫正不合理的需要，促进双方生命共同发展。

（三）加强科学规划，建构生命价值观教育的课程体系

生命价值观教育在我国起步较晚，目前高校还没有开设专门的生命价值观教育课程，其教育内容大都渗透在"思想政治理论课"和其他相关人文课程的教育之中，整体上看比较零散，不能形成系统性的课程体系。学校教育又是大学生生命价值观教育的主阵地，要提升大学生生命价值观教育的实效，实现其教育目标，如何构建科学的生命价值观教育课程体系就显得尤为重要。

首先，要明确生命价值观教育的课程目标。从宏观方面来说，生命价值观教育的课程目标可以分为直接目标和间接目标。直接目标就是通过课堂上的学习能够唤醒大学生的生命意识，使大学生认识生命并且珍惜和尊重生命；间接目标就是通过生命价值观教育能够使大学生体悟生命的美好，以正确的生命价值观构建生命的真谛，实现生命的意义。从微观方面来说，生命价值观教育的课程目标可以分为三个方面：即"认知"目标、"情感"目标和"行为"目标。"认知"目标就是通过生命价值观教育让学生了解、体会生命的真谛，以及明白生命的价值和意义；"情感"目标就是通过生命价值观教育涵养大学生的生命情感，使大学生能够在日常生活中感知生命之贵、欣赏生命之美、体会生命之真；"行为"目标就是通过生命价值观教育使得大学生能够将理论与实践相结合，正确对待生活中的挫折与不幸。总之，大学生生命价值观教育课程目标的设置应以"引导大学生识读生命价值、唤醒生命价值意识，确立生命价值目标，最终形成正确的生命价值信念、信仰、理想"[①] 为宗旨来开展。

其次，要创新生命价值观教育的课程内容。生命价值观教育是以"生命"为核心的教育。虽然从小学到高中课程中都渗透着生命的意义和价值，但是以往的教育教学中并没有明确探讨何谓生命的意义和价值，如何实现生命的价值和意义。所以，在课堂教学中要以生命为

---

① 梅萍等：《当代大学生生命价值观教育研究》，中国社会科学出版社 2009 年版，第 26 页。

起点，以尊重和创造生命为主线，创新生命价值观教育的内容，主要进行：第一，生命尊严教育，重在通过生命认知教育、死亡教育、生命感恩教育以及生命权教育，使大学生明白生命的珍贵、生命的有限，引导大学生敬畏生命、珍惜生命，时刻维护生命的尊严；第二，生活品质教育，重在通过健康生活方式教育、生活情趣教育、心理健康教育以及人际关系教育，提高大学生的生活品质和生命质量；第三，价值引领教育，重在通过生命意义教育、人生目标教育、生命责任教育以及幸福观教育，启发大学生体悟生命的真谛，明确人生的方向，担当生命的责任，创造有价值的人生。

再次，要确定生命价值观教育的主要教学方法。任何人的价值观念的形成和发展都不是生来就有的，都是在不断的学习过程中获得的。在信息技术迅速发展的今天，传统的以教师为主导、以学生为教育对象进行直接授课的讲授式教育已经很难满足当代大学生的需求。这就需要我们采用较为科学合理的生命价值观教育方法，如价值澄清引导法、对话交流法、情感体验法、团体学习法、咨询辅导法、艺术陶冶法以及情境教育法等，这些方法将老师和学生放在同一个平台上进行交流和沟通，充分尊重大学生的主体性，能够更加有效地启发大学生对生命价值观的认识。

最后，要强化生命价值观教育在相关专业课程中的渗透作用。开设专门的生命价值观教育课程已是大势所趋，但是由于我国应试教育体制的存在使得生命价值观教育不可能占用太多的课程时间，再加上生命价值观教育内容广博，只靠课堂上的教育教学活动很难完成教学任务。因此，高校应将生命价值观教育渗透到其他相关专业课程中，使生命价值观教育无处不在。更重要的是，要将生命价值观教育放在思想政治理论课和通识教育课程中，增强生命价值观教育在高校教育中的比重，强化大学生的生命意识，引导大学生形成积极健康的生命价值观。

四 社会生命关怀：大学生生命价值观教育的保障

（一）社会生命关怀是大学生生命价值观教育的有力支撑

当下，由于受社会转型时期的"功利化"影响，社会价值取向开始偏离，社会影响往往失范于大学生生命价值观教育。首先表现在社会注重生命价值的工具性。尼采曾说："由于这种'非人格化'的机械和机械主义，由于工人的'非人格化'，由于错误的'分工'经济，生命便成病态的了。"① 随着科技革命的发展，现代社会对人才的专业性要求越来越高，人的生命彰显出强烈的工具性。社会对大学生生命价值观的引导已不是提高大学生生命个体的主体性和完整性，而是引导大学生生命向适应社会需求的工具理性发展，"如何而生"逐渐取代了"为何而生"。其次，社会文化由于被大众文化恶化而充斥着对生命的漠视和践踏。大众文化中低俗的内容使得大学生产生了对生命价值的贬低和对生命的审美疲劳，生命的意义和价值开始迷失。再次，社会中产生的各种对待生命的不平等现象对大学生的生命价值观产生了很大的影响。在一个"拼爹"的时代，大学生开始怀疑"知识能改变命运"，找不到"我的价值究竟在哪里"，对自己的生命存在感到孤单，对未来的人生感到茫然，最终使自己生活在"生命不能承受之重"的焦虑与痛苦之中。人是社会关系的产物，大学生是社会不可或缺的一个重要组成部分，大学生正确的生命价值观必须在社会这个大熔炉中不断磨炼才能得以形成，社会对每个个体生命的关怀、尊重与同等保护对大学生生命价值观教育会产生有力的支撑。"以人为本"是生命教育的灵魂，只有全社会都树立以人为本的人文关怀意识，建立健全的人性化法律法规，体现对生命的基本尊重与敬畏，净化社会风气，才能培养大学生良好的生命价值观。

（二）加强法律保障，推进尊重生命的法律法规建设

第一，在立法层面上，努力将生命权写入宪法。生命权，从法律意义上是指"受法律保护不得随意被侵犯的人的生命权利"。在人的一生中，生命只有一次，它是世界上最宝贵的东西，是人类从事社会实践活动的重要前提。失去了生命，也就失去了一切。法律上讲，生命权是人享受各种基本法律权益的前提条件，是人实现自我发展的重要基础。生命权需要得到法律的保护，更需要得到宪法的认可。从理论上讲，生命权是宪法价值的基础和核心，集中体现了人的价值和尊严。但是从我国当前的立法现状来看，我国宪法并没有将生命权列为

---

① 参见冯建军《当代主体教育论》，江苏教育出版社 2001 年版，第 31 页。

一项明确的基本权利。宪法作为国家根本大法，对生命权的忽视在某种程度上加剧了社会对于生命权的漠视，大学生对生命价值的轻视与国家立法的不完善存在很大的关系。因此，必须加大生命权的保护力度，明确生命权在宪法中的地位和作用。只有当人们在宪法和法治运行过程中真正感受到生命权的价值、确立维护生命权价值的共同意志时，才有可能培养人们敬畏生命的意识，从而有力地推动大学生的生命价值观教育。

第二，完善现有的法律法规，切实保障生命权不受侵犯。保证公民的生命权不受任何侵犯是全社会的责任，仅仅把生命权纳入宪法却不能实际发挥保障作用，是没有任何作用的。因为它只是从书面上承认了生命权需要得到保护，但是缺乏实际操作的指导。因此，必须要在具体的法律中体现生命权的保障，要以宪法为出发点，不断完善现有的法律法规，加快法律制度的建设，形成一整套系统完善的保障生命权的法律体系。

（三）联系社会组织，打造生命价值观教育的立体化平台

社会组织主要是指为了特定目标而集合在一起的社会群体，如企业、政府、社会团体等。为了更好地对大学生进行生命价值观教育，我们必须充分利用社会组织，搭建一个良好的生命价值观教育的立体化平台，发挥社会教育的正能量作用，对大学生生命价值观教育施以积极的影响。

首先，发挥社会群团组织的育人引导作用。我们把共青团委员会、妇联、工会、青年志愿者协会等这样的组织称之为社会群团组织。高校社会群团组织可以通过群团组织生活、学生会、社团活动、社会实践、第二课堂和校园文化活动开展生命价值观教育活动。近年来，在加强大学生生命价值观教育方面，社会群团组织发挥了积极的作用，尤其是共青团委员会和青年志愿者协会发挥了先锋作用。共青团委员会和青年志愿者协会的主要功能就是教育和引导大学生积极参与社会实践活动，通过社会实践活动培养大学生的生命意识和人生信仰，增强大学生的社会归属感，提升大学生的社会责任感。除此之外，学生会、兴趣小组、社团组织、工会、妇联也都具有相应的育人功能、引导功能、凝聚功能和协调功能，我们应当进一步发挥社会群

团组织的作用，积极开展与生命价值观相关的系列活动如专题讲座、风采展示、社团沙龙、第二课堂、志愿服务等，使大学生在活动中真正领悟生命的意义和价值，树立正确的生命价值观。

其次，发挥社区的基础平台作用。大学生每年差不多一半时间都是在社区中度过的，他们的知识更新、娱乐休闲、社交学习、健康锻炼等活动很大一部分是在社区中完成的。因此，对大学生进行生命价值观教育就要充分发挥社区的基础平台作用，依托各级社区党团组织，整合教学、科研、后勤、服务、管理部门资源，构建大学生生命价值观教育的工作网络。团委应主动牵头，规范与生命价值观教育相关的工作运行机制，同时在社区中成立专门的生命价值观教育队伍，充分利用各级各类社会资源，广泛联系各类社会组织参与到大学生生命价值观教育的社会实践活动中。

最后，发挥新媒体的正面渗透作用。新媒体的出现满足了大学生成长的需求，为大学生提供了展示自我的舞台，已成为大学生生命中不可缺少的一部分。因此，我们必须合理利用新媒体为大学生的生命价值观教育服务。新媒体海量的信息为丰富大学生生命价值观教育的内容提供了可能；新媒体形式的灵活和便捷突破了传统大学生生命价值观教育的刻板性和表面化；新媒体的开放性和个性化拓展了大学生生命价值观教育的阵地。当然，新媒体是一把"双刃剑"，对大学生生命价值观的消极影响也是巨大的，因此，我们要合理利用新媒体，充分发挥其强大的正面渗透影响力，进行网上生命价值观教育。

五　构建自我、家庭、学校、社会四位一体的教育体系

（一）协调四者的功能，保证生命价值观教育在时空上的统一性

家庭教育、学校教育与社会教育，一方面呈现出相对的独立性，各具特色，各显各的功能；另一方面从大学生接受学校教育开始，三者又相互贯通，相互联系。家庭教育为学校教育奠定了感情基础，社会教育又使学校教育获得实践和深化的机会。无论人们在学校生活学习的时间有多久，都无法割断与家庭和社会的联系，如果三者任何一方出现失误，都会导致人的生命价值观方面的偏差。所以，家庭、学校和社会应该组成一个系统的生命价值观教育综合体，协调学校教育与社会教育以及其他教育形式之间的关系，共同承担教育大学生形成

正确生命价值观的责任。另外，外因仅是事物变化的条件，内因才是
事物变化的根据，外因最终要通过内因才能发挥作用。因此，大学生
自身也要配合家庭、学校和社会的教育，在正规的和非正规的、偶然
的和有意识的教育形式之间保持适当的平衡。四者只有在时间和空间
上保持一致和统一，才能为大学生的健康成长创造一个全方位的良性
教育环境，更好地提升大学生的生命价值观。

（二）整合四者的内容，保证生命价值观教育在方向上的一致性

生命是一个完整的整体，生命价值观教育的实施不仅要依靠学
校，还需要家庭、社会以及大学生自身的配合与支持，这种配合不仅
表现为四者在教育时空上的统一性，还表现为教育内容在方向上的一
致。首先，高校应该开设专门的生命价值观教育课程，有明确的生命
价值观教育内容和要求，给大学生提供系统的理论指导和行为规范。
其次，社会应该为开展大学生生命价值观教育创造健康的条件，可以
把生命价值观教育与网络治理、舆论引导、媒体宣传融为一体，利用
各种媒介开展各种各样的宣传教育活动，让大学生感受到清朗的社会
风气、和谐的人际关系，切实体会到"以人为本"的真正意义。再
次，家庭中的日常生活到处都蕴藏着生命价值观教育的因素。父母为
孩子营造一个温馨快乐的家庭氛围，父母对孩子的关爱与尊重、父母
的率先垂范、父母与子女之间的情感交流等都会对大学生形成积极的
生命价值观产生潜移默化的影响。最后，作为大学生自身来说，真正
的教育必须内化到大学生心里才能产生实际的效果，因此，大学生必
须主动地学习生命价值观相关知识，在实际生活中努力体验生命的意
义和价值。学校、家庭、社会以及大学生自身都只有正确把握住生命
价值观教育的方向，有机结合，才能实现生命价值观教育的效果。

（三）发挥各自的优势，实现生命价值观教育整体操作中的互补性

大学生从家庭和社会走向学校，又必然要从学校回归家庭和社
会，因此，大学生生命价值观教育是一项学校、家庭和社会以及大学
生自身四者共同配合的系统性工程。家庭教育、学校教育、社会教育
不仅在时空上有所不同，而且在教育内容、教育方法、教育效果上也
各有特点。家庭教育过程常常伴随着丰富的感情色彩和信任气氛，对
培养大学生的生命情感有着得天独厚的优势。学校教育具有完整性、

系统性、统一性和集中性的特点，有利于大学生系统而坚实地打下生命价值观形成的基础。社会教育在内容上具有多样性、实用性、及时性、开放性和补偿性的特点，所采用的方式更加灵活多样，这既有利于大学生在更加广阔的范围内了解自然和社会，也有利于他们在奉献和创造中实现自我，形成服务社会、奉献他人的人生价值观。由于家庭、学校和社会各有特点和优势，自我教育贯穿于其中，所以，对于一个特定的生命价值观教育目标，有时通过学校教育或社会教育的方式不能顺利完成的，通过家庭教育方式却能顺利解决；反之亦然。四者协调行动、取长补短，才能够取得最佳的整体教育效益。

总之，在学校、家庭、社会、自我四位一体的教育网络中，学校是主导，它固然不能代替家庭教育、社会教育、自我教育，但它有很强的辐射力，能够对社会、家庭和自我进行引导和渗透，如果学校能主动思考、配合、引导、帮助家庭教育、社会教育和自我教育，构成四者的"合力"，那么大学生的生命价值观教育必将形成一个良好的运行机制，推动大学生生命健康成长。

附录1　大众文化与大学生生命价值观状况的调查问卷

亲爱的同学：

　　您好！

　　大众文化是以大众媒介为手段、按商品规律运作、旨在使普通市民获得日常感性愉悦的文化形态，包括畅销书、流行音乐、电视剧、电影和广告等。大众文化已渗入到人们生活的各个方面。为了弄清大学生对大众文化的接纳状况以及大学生生命价值观的基本取向，以便有效地开展生命价值观教育，本课题组特设计该调查问卷。本问卷采取不记名方式，所有数据仅用于统计研究，请您按照实际情况和真实想法回答。衷心感谢您对本次调查的大力支持！

课题组全体成员

2014.3.10

（一）基本信息

1. 您的性别：A. 男　　　B. 女

2. 您的专业类别：

A. 理工类　　　　　B. 文史类　　　　　　C. 艺体类

D. 农林类　　　　　E. 医药类

3. 您的年级：

A. 大一　　　　　　B. 大二　　　　　　　C. 大三

D. 大四　　　　　　E. 研究生

4. 您的家庭所在地属于：A. 城镇　　　B. 农村

5. 您的家庭经济状况：　　A. 富裕　　　B. 一般　　　C. 贫困

6. 您与家人的关系：　　　A. 亲密　　　B. 一般　　　C. 疏远

（二）大学生对大众文化喜好、接纳、依赖状况的调查

7. 您认为身边对您影响较大的大众文化形式有（　　）（不超过三项）

A. 偶像明星　　　B. 电影、电视剧　　C. 流行歌曲　　D. 综艺节目

E. 畅销书　　　　F. 网络游戏　　　　G. 新媒体(微信、微博、QQ 等)

H. 动漫　　　　　I. 广播　　　　　　J. 其他

8. 您认为当前中国大众文化的主要特征有（　　）（可多选）

A. 娱乐消遣性　B. 无深度感　　　　C. 通俗性　　　D. 易变性

E. 商业功利性　F. 时代性　　　　　G. 教育性

H. 创新不够，盲目跟风

9. 您喜欢的电影、电视剧类型有（　　）（不超过三项）

A. 喜剧片　　　　B. 爱情片　　　　C. 武打片　　　D. 恐怖片

E. 科幻片　　　　F. 纪录片　　　　G. 警匪片　　　H. 悬疑片

I. 战争片　　　　J. 动画片　　　　K. 家庭伦理片L. 其他

10. 您喜欢的影视剧出自的地区主要是（　　）（不超过三项）

A. 欧美　　　　　B. 大陆　　　　　C. 港台　　　　D. 日韩

E. 泰国　　　　　F. 印度　　　　　G. 其他

11. 您喜欢的综艺节目类型有（　　）（不超过三项）

A. 求职类　　　　B. 访谈类　　　　C. 婚恋类　　　D. 明星秀

E. 选秀类　　　　F. 其他

12. 您上网经常做的事情有（　　）（不超过三项）

A. 查资料　　　　B. 看视频　　　　C. 玩游戏

D. 接收通知和邮件　　　　　　　　　E. 聊天

F. 网购　　　　　G. 发微博看微博　H. 浏览网页　I. 其他

13. 您喜欢的音乐类型有（　　）（不超过三项）

A. 励志音乐　　　B. 轻音乐　　　　C. 摇滚音乐　　D. 伤感音乐

E. 经典老歌　　　F. 红歌　　　　　G. 说唱音乐　　H. 其他

14. 您喜欢的偶像类型有（　　）（不超过三项）

A. 政治人物　　　B. 明星　　　　　C. 商业精英　　D. 学术名人

E. 草根英雄　　　F. 作家　　　　　G. 其他

15. 您平均每天用于上网的时间是（　　）（单选）

A. 1 小时以内　B. 2 小时左右　C. 3 小时左右　D. 4 小时以上

16. 网络对您的最大吸引力是（　）（单选）

A. 获取信息　　B. 消遣放松　　C. 沟通交流　　D. 方便快捷

E. 其他

17. 您对以下观点的基本看法

【说明】：以下是对大众文化看法方面的陈述，请您逐一阅读，并在与您的看法基本一致的相应空格中画"√"。注意：请不要多画或漏画选题。	非常符合	基本符合	不确定	不太符合	不符合
（1）好莱坞电影比国内电影更有魅力					
（2）影视节目、流行音乐只是用来缓解现实生活的枯燥与压力					
（3）我一起床就想玩手机，睡觉的时候也玩手机，我无时无刻不想玩手机					
（4）《中国好声音》等选秀类节目能够满足草根阶层自我实现的愿望					
（5）微博、博客我只是看看，不会对我的价值造成太大影响					
（6）网络提高了我的人际交往能力、扩大了我的交往范围					
（7）在网络游戏等虚拟世界里，会找到一种归宿感和自我价值感					
（8）网络游戏中的"死而复生"容易让青少年失去对真实生命的敬畏					
（9）动漫可以让人从中体会到不同的文化，受到鼓舞或明白一些道理					
（10）拿着苹果等名牌手机更能体现自己的身份和品位					
（11）"网络恶搞"实质是以一种诙谐、搞怪、恶作剧的方式颠覆经典、张扬个性和宣泄情感					
（12）"90后"大学生唱红歌显得落伍和老土					
（13）为了不落伍，我会积极地使用网络流行语来表达自己的观点					
（14）对网络流行语或者微表情的过分依赖会弱化自己的文字表达能力					

续表

【说明】： 以下是对大众文化看法方面的陈述，请您逐一阅读，并在与您的看法基本一致的相应空格中画"√"。注意：请不要多画或漏画选题。	非常符合	基本符合	不确定	不太符合	不符合
（15）我会通过微博等新媒体时刻关注自己喜欢的明星					
（16）我会以自己崇拜的偶像明星为榜样激励自己					
（17）我有时会超出自己平时的消费水平购买超喜欢的品牌衣服					
（18）在我遇到挫折时，励志的影视节目总能给我以正能量					
（19）虽然也会关注偶像明星、综艺娱乐、网络游戏，但并没有影响我的正常学习和生活					
（20）不幸事件的报道，让我感到生命的脆弱和无常，从而更加珍惜生命					
（21）我是从电视、电影和自杀事件报道中了解到自杀手段的					
（22）"复旦投毒案"等伤人、杀人、自杀事件报道多了，会降低人们对生命的敬畏之心					
（23）当焦虑、伤心时，综艺节目、电视、电影、音乐等能给我以安慰和缓解					
（24）经常看法治在线等节目对个人安全和自我保护很有用					
（25）求职类节目对个人求职很有启发，我能学到更多的求职知识					
（26）《人与自然》等纪录片让我了解并珍爱其他物种的生命					
（27）意义深刻的影视节目如《少年派的奇幻漂流》、《士兵突击》能够给我诸多人生启迪					
（28）影视节目中的温馨画面会提高自我感受幸福的能力					
（29）社会新闻和时事政治、经济报道，使我更多地思考对他人和社会的责任					
（30）网络QQ群传播绝望情绪如同传染病，有时会使一个人的自杀演变成多个人的行为					

（三）大学生生命价值观和人生态度的调查

18. 您是否对人的生命及生命价值进行过思考（　　）（单选）

A. 经常思考　　　B. 偶尔思考　　　C. 从不思考

19. 面对突发性危机，如火灾、溺水、中毒、交通事故等，您是否了解各种生存常识、处理方法和逃生技能（　）（单选）

A. 非常了解　　　B. 一般了解　　　C. 不太了解

D. 不了解　　　E. 漠不关心

20. 您认为人生最大的幸福是（　）（单选）

A. 有知心朋友　　　B. 自由自在　　　C. 身体健康、家庭幸福

D. 受到社会的认可和他人的尊重

E. 有较高的社会地位和一定的经济实力

F. 有确定的人生信仰和内心的宁静

G. 实现了自己的理想　　　H. 其他

21. 您认为自己一生中最想要的东西是什么（　）（单选）

A. 健康的身体　　　B. 有大的作为　　　C. 幸福美满的家庭

D. 稳定的生活　　　E. 金钱或权力　　　F. 得到他人的认可

G. 良好的社会人际关系　　　H. 其他

22. 在您的个人成长中，您的生命价值观形成主要源自（　）（可多选）

A. 个人的生活经历　　　B. 父母的言传身教

C. 学校教育　　　D. 大众传媒

E. 同伴影响　　　F. 社会形势和发展变化

G. 其他

23. 当遇到某种强大压力或挫折时，您是否有过自杀的念头（　）（单选）

A. 经常有　　　B. 偶尔有　　　C. 很少有

D. 曾经有，现在没有　　　E. 没有

24. 您对大学生自杀行为的看法是（　）（可多选）

A. 是对家人极端不负责任的表现　　　B. 是一种摆脱痛苦的方式

C. 是对生命的轻视　　　D. 是一种勇敢的行为

E. 不关我的事，我不关心

25. 您认为大学生自杀的主要原因是（　）（　）（　）（选三项并按重要性从高到低排序）

A. 社会竞争过于激烈，无以应对

B. 个人心理承受力弱，无法处理生活冲突

C. 对人的生命及生命价值的漠视

D. 信仰虚无，找不到存在的意义

E. 家庭关系或家庭教育方式不当

F. 学校心理辅导部门工作不到位

26. 您认为"人生成功的标志"是什么（　）（　）（　）（选三项并按重要性从高到低排序）

A. 身体健康 　　　　　　B. 经济收入可观

C. 拥有丰富的知识和较强的能力 　D. 拥有较高的社会地位

E. 做自己想做的事 　　　F. 对社会有重大贡献

G. 实现自我价值

H. 人生境界宁静、高远、超脱

27. 您对以下观点的基本看法

【说明】： 以下是关于大学生生活态度和生命价值观的陈述，请您逐一阅读，并在与您的看法基本一致的相应空格中画"√"。注意：请不要多画或漏画选题。	非常符合	基本符合	不确定	不太符合	不符合
（1）我热爱生活，每天过得充实而有意义					
（2）我有理想抱负，并为之不断努力					
（3）我经常锻炼身体，提高身体素质					
（4）我不知道到底有什么值得我去努力奋斗					
（5）我很少对自身的发展做规划					
（6）遭遇挫折时，我总是积极想办法应对					
（7）前路茫茫，我不知道我未来的生活是什么样子					
（8）不管做什么事，我都很难坚持下去，常常半途而废					
（9）我相信存在前世、今世、后世，一切都是早有安排的					
（10）一个人成为有权有势的人才没白活					
（11）活着比任何事情都重要，无论什么时候都不能放弃生命					

续表

【说明】： 以下是关于大学生生活态度和生命价值观的陈述，请您逐一阅读，并在与您的看法基本一致的相应空格中画"√"。注意：请不要多画或漏画选题。	非常符合	基本符合	不确定	不太符合	不符合
（12）我的生命并不完全属于自己，还属于家人、朋友、社会					
（13）伤害自己和他人都是对生命价值的否定					
（14）在生命中，死并不难，活下去才是更困难的事					
（15）竞争越来越激烈，工作越来越难找，没有安全感					
（16）我择业的首要标准是工作稳定、轻松，生活有保障					
（17）我与人为善，心胸开阔，善于接纳他人					
（18）金钱不是幸福的决定因素，但幸福生活也不能缺少金钱					
（19）生命的意义在于为国家和社会做贡献					
（20）我努力使自己成为一个对国家和社会有用的人					

问卷填写完毕，再次感谢您的真诚合作！祝您学习愉快！

附录2 关于大学生生命价值观与
人生态度的访谈提纲

1. 请用"生命"、"生活"或"死亡"开头写下几句话，说明您对生命、生活和死亡的态度。

2. 您认为您生命的意义或价值是什么？

3. 请谈谈您的人生目标是什么？您打算怎样实现它？

4. 您是否遇到过困难？您怎样对待困难的？

5. 您怎么看待除自己以外的其他生命体（包括其他人、动物、植物的生命）？

附录3 关于大学生对大众文化依赖
与喜好状况的访谈提纲

1. 您喜欢的偶像明星有哪些？原因是什么？他们对您有哪些方面的影响？您会为自己喜欢的偶像明星做哪些事（如在微博里添加为他们的粉丝，时刻关注他们等）？您如何看待大学生"偶像崇拜"现象？

2. 您最喜欢，或者说给你印象最深的影视节目有哪些？原因是什么？这些对您有何影响？

3. 您平时喜欢什么类型的流行歌曲？可列举您最喜欢的几首。您一般会在什么情况下听流行歌曲？这些流行歌曲对您有哪些影响？

4. 您平均每天上网多长时间，主要在网上做些什么？您觉得网络对您的学习和生活产生怎样的影响？

5. 您平时玩博客、微博、QQ、微信吗？在这里您喜欢关注哪些方面的内容？您觉得这些内容对您的思想、行为和价值观念会产生哪些影响？

参考文献

1. 《马克思恩格斯选集》第一卷，人民出版社 1995 年版。

2. 《马克思恩格斯选集》第三卷，人民出版社 1995 年版。

3. 《马克思恩格斯全集》第 1 卷，人民出版社 1956 年版。

4. 《马克思恩格斯全集》第 2 卷，人民出版社 1957 年版。

5. 《马克思恩格斯全集》第 3 卷，人民出版社 2002 年版。

6. 《马克思恩格斯全集》第 12 卷，人民出版社 1962 年版。

7. 《马克思恩格斯全集》第 21 卷，人民出版社 1965 年版。

8. 《马克思恩格斯全集》第 23 卷，人民出版社 1972 年版。

9. 《马克思恩格斯全集》第 25 卷，人民出版社 1974 年版。

10. 《马克思恩格斯全集》第 26 卷，人民出版社 1972 年版。

11. 《马克思恩格斯全集》第 40 卷，人民出版社 1982 年版。

12. 《马克思恩格斯全集》第 42 卷，人民出版社 1979 年版。

13. 《马克思恩格斯全集》第 44 卷，人民出版社 2001 年第 2 版。

14. 《马克思恩格斯全集》第 46 卷，人民出版社 1979 年版。

15. 《马克思恩格斯全集》第 48 卷，人民出版社 1985 年版。

16. 《马克思恩格斯论艺术》第 4 卷，人民文学出版社 1966 年版。

17. 马克思：《1844 年经济学哲学手稿》，人民出版社 2000 年版。

18. 胡锦涛：《坚定不移沿着中国特色社会主义道路前进　为全面建成小康社会而奋斗》，人民出版社 2012 年版。

19. 胡锦涛：《胡锦涛在中共中央政治局第三十八次集体学习时强调：以创新的精神加强网络文化建设和管理　满足人民群众日益增长的精神文化需要》，《人民日报》2007 年 1 月 25 日。

20. 习近平：《习近平谈治国理政》，外文出版社 2014 年版。

21. 习近平：《把我国从网络大国建设成为网络强国》，http：//

news. xinhuanet. com/politics/2014 – 02/27/c_119538788. htm，2014 年 2 月 27 日。

22. 刘云山：《更加自觉、主动地推动文化大发展大繁荣》，《人民日报》 2007 年 10 月 29 日。

23. 包卫：《现代道德人格教育论》，上海交通大学出版社 2011 年版。

24. 柴志明、何仁富：《大学生命教育论》，中国广播电视出版社 2010 年版。

25. 仓理新：《流行语折射的流行文化》，旅游教育出版社 2011 年版。

26. 车文博：《弗洛伊德主义论评》，吉林教育出版社 1992 年版。

27. 陈刚：《大众文化与当代乌托邦》，作家出版社 1996 年版。

28. 陈桂生：《"教育学视界"辨析》，华东师范大学出版社 1997 年版。

29. 陈家麟：《学校心理健康教育》，教育科学出版社 2002 年版。

30. 陈建宪主编：《文化学教程》（第 2 版），华中师范大学出版社 2011 年版。

31. 陈灵强：《多维视野中的大众文化》，浙江大学出版社 2007 年版。

32. 陈学明、吴松、远东编：《社会水泥——阿多诺、马尔库塞、本杰明论大众文化》，云南人民出版社 1998 年版。

33. 迟云等：《自觉自信自强——涵养当代中国文化建设的内驱力》，济南出版社 2013 年版。

34. 段联合主编：《当代中国马克思主义文化观》，中国社会科学出版社 2011 年版。

35. 冯建军：《当代主体教育论》，江苏教育出版社 2001 年版。

36. 冯建军：《生命与教育》，教育科学出版社 2004 年版。

37. 冯建军：《教育的人学视野》，安徽教育出版社 2008 年版。

38. 傅敏编：《傅雷家书》，天津社会科学出版社 2006 年版。

39. 高清海：《人就是"人"》，辽宁人民出版社 2001 年版。

40. 高小康：《大众的梦：当代趣味与流行文化》，东方出版社 1993 年版。

41. 高宣扬：《流行文化社会学》，中国人民大学出版社 2006 年版。

42. 郭永玉、贺金波主编：《人格心理学》，高等教育出版社 2011 年版。

43. 郭湛：《主体性哲学》，云南人民出版社 2002 年版。

44. 韩庆祥、邹诗鹏：《人学——人的问题的当代阐释》，云南人民出版社 2001 年版。

45. 贺麟：《文化与人生》，上海人民出版社 2010 年版。

46. 何仁富等：《大学生命教育的理论与实践》，中国广播电视出版社 2012 年版。

47. 何小忠：《偶像亚文化与青少年榜样教育》，江西人民出版社 2007 年版。

48. 扈海鹏：《解读大众文化：在社会学的视野中》，上海人民出版社 2003 年版。

49. 胡智锋：《影视文化论稿》，北京广播学院出版社 2001 年版。

50. 黄会林主编：《当代中国大众文化研究》，北京师范大学出版社 1998 年版。

51. 黄俊瑛：《网络文化与大众传播》，西南师范大学出版社 2003 年版。

52. 贾明：《现代性语境中的大众文化》，上海人民出版社 2007 年版。

53. 江畅：《幸福之路》，湖北人民出版社 1999 年版。

54. 江文富主编：《生命文化教育导论》，高等教育出版社 2013 年版。

55. 蒋孔阳：《蒋孔阳全集》第 5 卷，安徽教育出版社 2005 年版。

56. 金民卿：《大众文化论——当代中国大众文化分析》，中共中央党校出版社 2002 年版。

57. 金民卿：《文化全球化与中国大众文化》，人民出版社 2004 年版。

58. 李鹏程：《当代文化哲学沉思》，人民出版社 1994 年版。

59. 李智：《文化外交：一种传播学的解读》，北京大学出版社 2005 年版。

60. 林岳新：《多元文化背景下青少年价值观培养研究》，中国社会科学出版社 2011 年版。

61. 刘怀光、赵昆鹏：《当代媒体文化与青少年》，中西书局 2011 年版。

62. 刘恩允：《大学生生命教育研究》，中国社会科学出版社 2012 年版。

63. 刘慧：《生命德育论》，人民教育出版社 2005 年版。

64. 刘慧：《陶养生命智慧——社会转型时期教育的一种价值追求》，教育科学出版社 2008 年版。

65. 刘济良：《青少年价值观教育研究》，广东教育出版社 2003 年版。

66. 刘济良：《生命教育论》，中国社会科学出版社2004年版。

67. 刘济良等：《生命的沉思——生命教育理念解读》，中国社会科学出版社2004年版。

68. 刘军主编：《校园文化视野下的学校德育研究》，合肥工业大学出版社2012年版。

69. 刘翔平：《寻找生命的意义——弗兰克尔的意义治疗学说》，湖北教育出版社1999年版。

70. 刘自雄、闫玉刚编著：《大众文化通论》，中国广播电视出版社2007年版。

71. 鲁迅：《鲁迅全集》第11卷，人民文学出版社1981年版。

72. 陆扬、王毅：《大众文化与传媒》，上海三联书店2000年版。

73. 陆扬：《大众文化理论》（修订版），复旦大学出版社2008年版。

74. 罗子明：《消费者心理学》，清华大学出版社2002年版。

75. 梅萍等：《当代大学生生命价值观教育研究》，中国社会科学出版社2009年版。

76. 孟繁华：《众神狂欢》，中国编译出版社2003年版。

77. 孟鸣岐：《大众文化与自我认同》，江西教育出版社2005年版。

78. 莫林虎等：《大众文化新论》，清华大学出版社2011年版。

79. 区培民主编：《大众文化传播与青少年成长》，中央广播电视大学出版社2001年版。

80. 欧巧云：《当代大学生生命教育研究》，知识产权出版社2008年版。

81. 欧阳谦：《20世纪西方人学思想导论》，中国人民大学出版社2002年版。

82. 潘知常：《美学的边缘：在阐释中理解当代审美观念》，上海人民出版社1998年版。

83. 舒扬：《当代文化的生成机制》，中央编译出版社2007年版。

84. 宋元林：《网络文化与人的发展》，人民出版社2009年版。

85. 孙立群：《中国古代的士人生活》，商务印书馆2003年版。

86. 孙占国主编：《当代中国大众文化研究》，吉林人民出版社1999年版。

87. 孙正聿：《探索真善美》，吉林人民出版社2007年版。

88. 谭好哲、马龙潜主编：《文艺学前沿理论综论》，山东大学出版社 2001 年版。

89. 陶东风：《文化研究 西方与中国》，北京师范大学出版社 2002 年版。

90. 陶东风主编，何磊、贺玉高执笔：《大众文化教程》（修改版），广西师范大学出版社 2012 年版。

91. 陶东风：《当代大众文化价值观研究：社会主义与大众文化》，辽宁教育出版社 2014 年版。

92. 王冰蔚、杨宾峰、王永铎主编：《大学生朋辈心理辅导》，清华大学出版社 2011 年版。

93. 王希军、葛星主编：《审美教育》，中国石油大学出版社 2007 年版。

94. 王一川主编：《大众文化导论》，高等教育出版社 2009 年版。

95. 吴世彩：《大众文化的和谐价值》，中央编译出版社 2009 年版。

96. 奚洁人主编：《科学发展观百科辞典》，上海辞书出版社 2007 年版。

97. 夏晓红：《梁启超文选》（下），中国广播电视出版社 1992 年版。

98. 夏中义：《大学人文读本——人与自我》，广西师范大学出版社 2002 年版。

99. 徐海波：《意识形态与大众文化》，人民出版社 2009 年版。

100. 许文郁、朱忠元、许苗苗：《大众文化批评》，首都师范大学出版社 2002 年版。

101. 杨长征：《中国青少年流行文化现象报告》，中国青年出版社 2003 年版。

102. 杨德广、晏开利主编：《中国当代大学生价值观研究》，上海教育出版社 1997 年版。

103. 姚大志：《人的形象——心理学与道德哲学》，吉林教育出版社 1999 年版。

104. 叶虎：《大众文化与媒介传播》，学林出版社 2008 年版。

105. 叶松华：《大学生生命教育》，浙江大学出版社 2011 年版。

106. 叶志良：《大众文化》，上海文艺出版社 2003 年版。

107. 于德山：《当代媒介文化》，新华出版社 2005 年版。

108. 袁贵仁：《价值学引论》，北京师范大学出版社 1991 年版。

109. 岳晓东：《我是你的粉丝——透视青少年偶像崇拜》，上海人民出版社 2007 年版。

110. 张捷鸿：《大众文化的美学阐释》，中国海洋大学出版社 2006 年版。

111. 张品良：《网络文化传播：一种后现代的状况》，江西人民出版社 2007 年版。

112. 张曙光：《生存哲学——走向本真的存在》，云南人民出版社 2001 年版。

113. 张贞：《"日常生活"与中国大众文化研究》，华中师范大学出版社 2008 年版。

114. 赵汀阳：《论可能生活》，生活·读书·新知三联书店 1994 年版。

115. 赵勇：《整合与颠覆：大众文化的辩证法：法兰克福学派的大众文化理论》，北京大学出版社 2005 年版。

116. 赵勇：《透视大众文化》，中国书籍出版社 2013 年版。

117. 郑晓云：《文化认同与文化变迁》，中国社会科学出版社 1992 年版。

118. 郑雪、严标宾、邱林、张兴贵：《幸福心理学》，暨南大学出版社 2004 年版。

119. 朱效梅：《大众文化研究——一个文化与经济互动发展的视角》，清华大学出版社 2003 年版。

120. 邹诗鹏：《实践——生存论》，广西人民出版 2002 年版。

121. ［奥］维克多·弗兰克：《活出意义来》，赵可式等译，生活·读书·新知三联书店 1991 年版。

122. ［澳］约翰·多克尔：《后现代与大众文化》，王敬慧、王瑶译，北京大学出版社 2011 年版。

123. ［德］卡西尔：《人论》，甘阳译，上海译文出版社 1985 年版。

124. ［德］康德：《道德形而上学原理》，黄力田译，上海人民出版社 2002 年版。

125. ［德］马克斯·舍勒：《人在宇宙中的位置》，陈泽环译，上海译文出版社 1989 年版。

126. ［德］鲁道夫·奥伊肯：《生活的意义与价值》，万以译，上海译文出版社 2005 年版。

127. ［德］威廉·赫舍尔：《人是谁》，槐仁莲译，贵州人民出版社
　　　1994 年版。

128. ［东德］凯特琳·勒德雷尔主编：《人的需要》，邵晓光等译，辽
　　　宁大学出版社 1988 年版。

129. ［法］杜尔凯姆：《自杀论》，钟旭辉等译，浙江人民出版社 1988
　　　年版。

130. ［法］萨特：《存在主义是一种人道主义》，周煦良、汤永宽译，
　　　上海译文出版社 1988 年版。

131. ［古希腊］亚里士多德：《尼各马可伦理学》，苗力田译，中国社
　　　会科学出版社 1999 年版。

132. ［荷］冯·皮亚森：《文化战略》，刘利圭等译，中国社会科学出
　　　版社 1992 年版。

133. ［加］马歇尔·麦克卢汉：《理解媒介——论人的延伸》，何道宽
　　　译，商务印书馆 2000 年版。

134. ［美］艾温·辛格：《我们的迷惘》，郜元宝译，广西师范大学出
　　　版社 2001 年版。

135. ［美］安吉拉·默克罗比：《后现代主义与大众文化》，田晓菲译，
　　　中央编译出版社 2006 年版。

136. ［美］丹尼尔·贝尔：《资本主义文化矛盾》，严蓓雯译，江苏人
　　　民出版社 2007 年版。

137. ［美］费斯克：《理解大众文化》，王晓珏、宋伟杰译，中央编译
　　　出版社 2001 年版。

138. ［美］菲斯克：《解读大众文化》，杨全强译，南京大学出版社
　　　2001 年版。

139. ［美］弗洛姆：《为自己的人》，孙依依译，生活·读书·新知三
　　　联书店 1988 年版。

140. ［美］弗罗姆：《占有还是生存：一个新社会的精神基础》，关山
　　　译，生活·读书·新知三联书店 1989 年版。

141. ［美］弗洛姆：《弗洛姆文集：我相信人有实现自己的权利》，改
　　　革出版社 1997 年版。

142. ［美］赫伯特·马尔库塞：《审美之维》，李小兵译，广西师范大学出版社2001年版。

143. ［美］豪赛尔：《艺术史的哲学》，陈超南、刘天华译，中国社会科学出版社1992年版。

144. ［美］拉兹洛：《决定命运的选择：21世纪的生存抉择》，李吟波等译，生活·读书·新知三联书店1997年版。

145. ［美］尼尔·波兹曼：《娱乐至死》，章艳译，广西师范大学出版社2004年版。

146. ［美］诺尔曼·丹森：《情感论》，魏中军、孙安迹译，辽宁人民出版社1989年版。

147. ［美］威尔伯·施拉姆、威廉·波特：《传播学概论》，陈亮等译，新华出版社1984年版。

148. ［苏联］瓦·阿·苏霍姆林斯基：《给教师的建议》（上），杜殿坤编译，教育科学出版社1980年版。

149. ［苏联］瓦·阿·苏霍姆林斯基：《睿智的父母之爱》，罗亦超译，河北人民出版社2001年版。

150. ［英］爱德华·泰勒：《人类学——人及其文化研究》，连树声译，上海文艺出版社1993年版。

151. ［英］安东尼·吉登斯：《现代性与自我认同》，赵旭东译，生活·读书·新知三联书店1998年版。

152. ［英］戴维·钱尼：《文化转向：当代文化史概览》，戴从容译，江苏人民出版社2004年版。

153. ［英］雷蒙德·威廉斯：《文化与社会》，吴松江、张文定译，北京大学出版社1991年版。

154. ［英］马林诺夫斯基：《文化论》，费孝通译，华夏出版社2002年版。

155. ［英］迈克·费瑟斯通：《消费文化与后现代主义》，刘精明译，译林出版社2000年版。

156. ［英］默克罗比：《后现代主义与大众文化》，田晓菲译，中央编译出版社2000年版。

157. ［英］尼尔·巴雷特：《数字化犯罪》，郝海洋译，辽宁教育出版社 1998 年版。

158. ［英］约翰·斯道雷：《文化理论与大众文化导论》（第 5 版），常江译，北京大学出版社 2010 年版。

159. ［英］苏珊·格林菲尔德：《人脑之谜》，杨雄里等译，上海科学技术出版社 1998 年版。

160. ［英］英格利斯：《文化与日常生活》，周书亚译，中央编译出版社 2009 年版。

161. ［英］洛克： 《教育漫话》，傅任敢译，教育科学出版社 1999 年版。

162. 车文博、张林等：《大学生心理压力感基本特点的调查研究》，《应用心理学》2003 年第 3 期。

163. 程建军、赵硕：《转型时期中国大众文化的特征分析》，《江海学刊》2011 年第 3 期。

164. 陈飞：《生命叙事：一种值得运用的道德教育实践策略》，《现代大学教育》2008 年第 2 期。

165. 陈立旭：《改革开放以来的中国文化发展》，《中共中央党校学报》1999 年第 1 期。

166. 陈龙：《大众文化的异化功能与现代人格》，《首都师范大学学报》（社会科学版）2000 年第 1 期。

167. 邓牛顿：《趣——国人的审美生态系统》，《上海大学学报》（社会科学版）2005 年第 2 期。

168. 丁纯：《审美教育与大学生生命教育刍论》，《华南师范大学学报》（社会科学版）2007 年第 5 期。

169. 冯刚：《新形势下推动高校网络文化建设的思考与实践》，《思想教育研究》2015 年第 8 期。

170. 韩震：《生成的存在：人类实践本体论》，《江海学刊》2002 年第 4 期。

171. 方泽宏：《高校如何应对当代大学生价值取向的变化》，《集美大学学报》（哲学社会科学版）2004 年第 1 期。

172. 冯建军：《让教育与生命同行》，《人民教育》2006 年第 9 期。

173. 高震、刘路：《电视综艺节目的文化解读》，《中国电视》2002 年第 3 期。

174. 何碧如、王占岳、俞林伟：《大学生生命教育的探索与思考》，《学校党建与思想教育》2013 年第 3 期。

175. 何兴隆：《大众文化传播的特点及其文化价值观的导向》，《江西师范大学学报》（哲学社会科学版）1992 年第 1 期。

176. 何中华：《关注人的精神世界》，《前线》2002 年第 3 期。

177. 臧传军、刘昕霞：《西方文化渗透对我国意识形态安全的影响研究》，《人民论坛》2013 年第 8 期。

178. 姜爱林：《中国信息化的涵义与一般特征》，《经济纵横》2003 年第 4 期。

179. 金元浦：《定义大众文化》，《中华读书报》2001 年 7 月 26 日。

180. 李刚文：《美国中情局对华的十条诫令》，《党政论坛》2001 年第 9 期。

181. 李萍、钟明华：《教育的迷茫在哪里——教育理念的反省》，《上海高教研究》1998 年第 5 期。

182. 李若衡、杨静：《大学生生命价值观的投射测验与内容分析》，《重庆邮电学院学报》（社会科学版）2006 年第 2 期。

183. 李须战：《封杀"问题明星"对青少年思想道德观念的影响探析》，《南阳理工学院学报》2015 年第 5 期。

184. 李艳兰等：《大学生生命价值观与人格特征的相关研究》，《现代预防医学》2010 年第 6 期。

185. 刘恩允：《生命教育：高校德育的缺失与补救》，《山东师范大学学报》（人文社会科学版）2011 年第 3 期。

186. 蔺桂瑞：《学校心理咨询中的价值观教育》，《教育研究》2001 年第 12 期。

187. 聂丽琴：《大众文化境遇下思想政治教育价值期待》，《内蒙古师范大学学报》（教育科学版）2013 年第 9 期。

188. 刘慧、朱小蔓：《生命叙事与道德教育资源的开发》，《理论经纬》2003 年第 8 期。

189. 刘明君、汪志言：《转型期中国社会"泛功利化"倾向透视》，《江汉论坛》2002 年第 8 期。

190. 刘巍:《关于城乡大学生差异性的思考与研究》,《中国青年研究》
　　　2009 年第 2 期。

191. 莫克、李群:《做"比尔"的同时做"保尔"》,《青年参考》2002
　　　年 11 月 6 日。

192. 彭雪、孙守安:《浅议当代大学生偶像崇拜》,《辽宁工业大学学
　　　报》2011 年第 6 期。

193. 覃雪源、陈鹤松:《论偶像文化对大学生成长的影响》,《湖南第一
　　　师范学院学报》2009 年第 5 期。

194. 沈杰:《中国现代化进程中的大众文化与青年社会化》,《中国青年
　　　政治学院学报》2002 年第 1 期。

195. 孙莹:《家庭生命价值观教育与大学生生命价值观的相关研究》,
　　　硕士学位论文,西南大学,2007 年。

196. 陶东风:《畸变的世俗化与当代中国大众文化》,《探索与争鸣》
　　　2012 年第 5 期。

197. 陶甜美、刘新民、金明琦:《亲子关系与大学生自我和谐的相关研
　　　究》,《皖南医学院学报》2012 年第 6 期。

198. 万俊人:《信仰危机的现代性根源及其文化阐释》,《清华大学学
　　　报》(哲学社会科学版)2001 年第 1 期。

199. 万美容、彭红艳:《青春镜像:〈中国好声音〉的文化意义解读》,
　　　《中国青年研究》2013 年第 4 期。

200. 万美容、夏博艺、曾兰:《"90 后"大学生思想行为特点及其影响
　　　因素》,《思想教育研究》2013 年第 10 期。

201. 王小桃:《转型期大学生生命价值观与心理健康相互影响机制的研
　　　究》,《宜春学院学报》2010 年第 8 期。

202. 王一川:《当代大众文化与中国大众文化学》,《艺术广角》2001
　　　年第 2 期。

203. 王一川:《大众文化的含义》,《文艺报》2001 年 10 月 12 日。

204. 王兆林:《学会负责与学校责任教育再探》,《中国教育学刊》2003
　　　年第 4 期。

205. 谢忠保:《互联网对大学生的影响》,《青年研究》2000 年第 8 期。

206. 徐志远、鲜于纯子:《论当代大学生生命教育的途径与方法》,《求

索》2012 年第 4 期。

207. 徐宗良：《幸福问题的伦理思考》，《道德与文明》2008 年第 4 期。

208. 颜伟红：《高校开展生命价值教育的必要性及其途径》，《福建论
坛》（社科教育版）2008 年第 4 期。

209. 杨文华：《大众文化的流行对大学生道德人格的挑战》，《现代教育
管理》2010 年第 1 期。

210. 衣俊卿：《人之存在与哲学本体论范式——兼论马克思哲学的本体
论意蕴》，《江海学刊》2002 年第 4 期。

211. 张淼：《在校大学生偶像崇拜及其思想政治教育引导研究》，硕士
学位论文，西南大学，2012 年。

212. 张曙光：《生命及其意义——人的自我寻找与发现》，《学习与探
索》1999 年第 5 期。

213. 赵继轮：《当代中国大众文化的道德追寻》，《道德与文明》1999
年第 3 期。

214. 钟恩富：《试论润泽生命的音乐教学路径》，《东北师大学报》（哲
学社会科学版）2011 年第 1 期。

215. 邹广文：《当代中国大众文化及其生成背景》，《清华大学学报》
（哲学社会科学版）2001 年第 2 期。

216. 国家统计局：《关于统计上划分城乡的暂行规定》，http：//nhs. sa-
ic. gov. cn/wcms2/actsociety/normal/html/1219. htm，2016 年 2 月 14 日。

217. 中国互联网络信息中心：《2013 年中国网民网络视频应用研究报
告》，http：//www. cnnic. net. cn/hlwfzyj/hlwxzbg/spbg/201406/P02014
0609392906022556，2014 年 6 月 9 日。

218. 中国互联网络信息中心：《2014 年中国青少年上网行为研究报
告》，http：//www. cnnic. net. cn/hlwfzyj/hlwxzbg/qsnbg/201506/P02
0150603434893070975，2015 年 6 月 3 日。

219. 中国互联网络信息中心：《2014 年中国手机网民娱乐行为研究报
告》，http：//www. cnnic. net. cn/hlwfzyj/hlwxzbg/201507/P0201507
15645290153392，2015 年 7 月 15 日。

220. 中国互联网络信息中心：《第 36 次中国互联网络发展状况统计报
告》，http：//www. cnnic. cn/gywm/xwzx/rdxw/2015/2015　07/t201

50723_ 52626. htm, 2015 年 7 月 23 日。

221. Andrew Garrod, *Learning for Life*: *Moral Education Theory and Practice*, New York: Praeger, 1992.

222. Maslow, A. H. , "A Theory of Human Motivation", *Motivation and Personality* (2nd ed.), New York: Harper and Row, 1970.

223. May, R. , *Freedom and Destiny*, New York: W. W. Norton & Company, Inc.

224. Conger, R. D. et al. , "A Family Process Model of Economic Hardship and Adjustment of Early Adolescent Boys ", *Child Development*, Vol. 63, No. 3, 1992, pp. 526 – 541.

225. Hitlin, S. and J. A. Piliavin, "Values: Reviving a Dormant Concept", *Annual Review of Sociology*, Vol. 30, No. 30, 2004, pp. 359 – 393.

226. Philip H. Phenix, "Transcendence and the Curriculum", *Teachers College Record*, Vol. 73, No. 2, 1971, pp. 271 – 283.

227. Sanders, C. E. , T. M. Field, M. Diego and M. Kaplan, "The Relationship of Internet Use to Depression and Social Isolation among Adolescents", *Adolescence*, Vol, 35, No. 138, 2000, pp. 237 – 243.

228. Carr, C. A. , "A Model Syllabus for Death and Dying Courses", *Death Education*, Vol. 1, No. 4, 1978, pp. 433 – 457.

后 记

本书是我主持的 2013 年度教育部人文社会科学研究规划基金一般项目"大众文化对大学生生命价值观的影响及教育策略研究"（13YJA710031）的最终成果。本书可以说是《当代大学生生命价值观教育研究》（中国社会科学出版社 2009 年版）的姊妹篇。前者主要建构大学生生命价值观教育体系，尝试开拓一个新的研究领域。本书则侧重研究现实问题，即面对大众文化对人类生活影响的新样态，具有世俗化和商业化特征的大众文化会不会消解大学生对生命意义的深度思考，大众文化将把大学生的生命价值观引向何方，思想政治教育工作者又该如何加强对大学生的引导。具体来说，通过探讨大众文化影响下的大学生生命价值观的现状、特点与形成规律，寻找科学有效的方法引导大众文化与大学生生命价值观，推动大学生生命健康成长。

本书的完成是全体课题组成员集体智慧的结晶。首先由梅萍提出研究的基本思路、内容和方法，设计调研方案，然后召开全体课题组成员会议，共同讨论确定研究的基本框架，分工合作完成。其中，第一章由罗佳（贵州大学）撰写，第二章由耿鹏丽（山西能源学院）撰写，第三章由梅萍、宋增伟撰写，第四章由梅萍撰写，第五章由韩静文、张艳斌、梅萍撰写，第六章由梅萍、卢爱新（洛阳理工学院）、任晓玉撰写，第七章由刘俊霞、梅萍撰写。全书由梅萍修改和统稿，张耀灿教授做了认真审稿，并提出了宝贵的修改意见。

本书不仅凝聚着全体撰稿人员的心血，也凝聚着课题组其他成员和协助人员的心血。作为课题组的成员，华中师范大学学工部的邵莉莉老师主要负责武汉市高校的调研工作，而华中师范大学思想政治教育专业 2012 级、2013 级、2014 级博士、硕士研究生杨珍妮、罗佳、侯明川、贾月、许婷婷、张建芳、索振美、耿鹏丽、黄小兰、徐志萍、宋增伟、张凡不仅参与编制了调查问卷和访谈提纲，还对北京、天津、上海、南京、贵州部分高校进行了问卷调查和访谈，他们非常及时地、保质保量地完成了全部调研任务。另外，我们也非常感谢支持我们调研工作的西安交通大学纪委副书记陈红老师、湖南大学蒋飞云副教授、四川师范大学董朝霞副教授、广西医学院黄静婧老师、湖北民族学院姜素凤老师，等等，正是他们的无私奉献和友情援助才使我们的调研任务圆满完成！

在课题写作过程中，我们还参考和引用了近年来国内外的有关研究成果，在此，特向这些学者和研究人员表示深深的谢意！

本书能够出版，既得益于教育部人文社会科学研究基金的项目支持，也得益于"张耀灿思想政治教育学术研究基金"的大力资助，更得益于我国思想政治教育学科创始人之一的张耀灿教授的苦心栽培，还得益于中国社会科学出版社的宽容接纳以及卢小生老师和责任编辑谢欣露老师的辛勤劳动。在此，我要向他们表示我最诚挚的敬意和最衷心的感谢！

由于作者水平有限，书中难免会有诸多错误和不足之处，敬请读者批评指正！

梅萍

2016 年 3 月